# 宗教と社会の
# フロンティア

宗教社会学からみる現代日本

高橋典史
Takahashi Norihito

塚田穂高
Tsukada Hotaka

岡本亮輔
Okamoto Ryosuke

［編著］

勁草書房

## はじめに

　本書は大学の講義やゼミを通じて，初めて学問的に宗教にふれる大学生を念頭に編まれた教科書である．だが目次を一読していただければ分かるように，日本宗教史とその上に成り立つ現代日本社会の宗教文化の状況，そしてそれを読み解くための理論と概念の解説という形はとっていない．新宗教と「カルト問題」から始まると，すぐに社会参加，スピリチュアル，ツーリズム，政治，教育，生命倫理といった「宗教以外」の言葉が並ぶ．本書がこのような章立てで書かれたことには理由がある．

　もしも本書がヨーロッパやアメリカで出版されて読まれるものだとしたら，はるかにシンプルかつストレートな構成になっていたと思われる．いくつかやり方はあるが，呪術に対するキリスト教の救済の優位を解説し，宗教改革，ピューリタン革命，北米でのリバイバル運動，政教分離の確立といった近代の到来に至るキリスト教史を概観する．さらに，そうした宗教史の知識を前提に，ウェーバーとデュルケムの古典の位置づけと重要性を説き，モース，トレルチ，レヴィ゠ストロースの魅力を語る．マルクスやジンメルのエッジな仕事に言及しても良いかもしれないし，パーソンズやルーマンの深遠さを伝えるのも手だろう．近年の動向については，キリスト教の影響力の低下と新たな宗教性の興隆，イスラームの欧米社会での政治化と社会問題化，キリスト教内部でのさまざまな運動の展開と変容を紹介する．このような形で書けば，現代宗教社会学へのイントロダクションとして大きく外すことはないだろうし，実際，筆者は英語・ドイツ語・フランス語で書かれたこうした構成の教科書で学んできた．

　しかし，日本の宗教と社会を考えるためには，上のような知識と視点だけでは十分でない．日本宗教の特徴の1つは，宗教が必ずしも宗教として認識され

はじめに

ないことである。定期的な教会出席，一般信徒とは明確に区別される聖職者，体系立った教義をもつキリスト教とは異なり，社会のさまざまな領域と結びつき，慣習や価値観の中に溶け込んだ形でも存在するのが日本の宗教である。だからこそ，宗教について語りつつ非宗教の動きに注目し，非宗教を入口にして宗教について論じるというスタイルが可能であるし，また必要とされる。

宗教研究は他の多くの学問と同じように西欧で誕生し，日本ではそれを明治以降に輸入することから始まった。キリスト教を背景とする社会文化を分析するための方法を，欧米とはまったく異なる宗教伝統に根ざす日本社会に適用しようと試行錯誤し，両者の齟齬に悩むことは日本宗教研究の大切な課題であり続けてきた。「宗教社会学からみる現代日本」という本書の副題は，主題に「フロンティア」という挑戦的な言葉を選んでしまったことに対する不安や羞恥を和らげるという意味だけでなく，欧米に対する特殊性に悩み続けてきた日本の宗教社会学であるからこそ，現代社会を考える上で新鮮な視角になりうるはずであるという期待を表現してもいる。

宗教というと何か自分には関係のない遠い世界のことだと感じるかもしれない。少し変わった人々が得体の知れない神や教祖を信じていたりする奇怪な現象だと思う人も少なくないだろう。しかし，本書を読み進めていただければ分かるように，一見奇妙に見える信仰や儀礼の背後には，それらを信じる人々が置かれた社会状況の影響がみてとれる。言葉の通じない異国の地への移住，貧しさや日常への倦怠がもたらす生きづらさ，より善く幸せに生きたいという希望。意識的であれ無意識的であれ，さまざまではあるが実にありふれた理由から人々は宗教と関わっている。あるいは，映画や音楽に癒しを感じたり，賛成であれ否定であれ臓器移植や中絶をめぐる議論を聞く時に言いようのない違和感を覚えたり，一度も見たこともないはずの田園風景に懐かしさを感じたりすることにも宗教が関わっているのである。

宗教研究は学問の「正規軍」ではなく，「制服」もいらない。未開拓の領域に忍び込んで「奇襲攻撃」をかけ，他の学問が到着して何か言い出す頃にはさっさと引き上げてしまう。日本の宗教研究者ならば誰もが知るこの言葉を柳川啓一が書いてからちょうど40年がすぎた。「ゲリラ戦としての宗教研究」というビジョンは，柳川の当初の意図とは異なるかもしれないが，現代の宗教と社会

## はじめに

を読み解く際には必須の構えとなっている。宗教研究に限らず，現在の諸学問は領域横断性が高まっており，どの分野においても正規軍とゲリラ軍の境界は揺らいでいる。

　本書の章立ては，宗教が教団という明確な形をとるものから，他の領域と融合したり，価値観として内面化したりして，次第に目には見えない状態へと解体してゆくプロセスを念頭に編まれている。最初から順番に読んでゆけばそのような流れの中で現代宗教のさまざまな側面を理解することができるかもしれないが，だからといって，前半の方が基本的な内容であり，後半につれて難しくなってゆくというわけではない。宗教と非宗教が互いに影響を与えながら変化しているのが現代日本宗教の特徴であり，双方に目配りすることで初めて宗教をキーワードに社会を理解することが可能になる。したがって，どの章から読み始めてもまったく問題ない。本文内にある他の章への参照をたどり，いつのまにか全章を読んでいるというのも1つの形だろう。

　さらに，あるテーマについて特に深く知りたい場合には，各章やコラムで紹介される文献もぜひ手にとってみて欲しい。いずれも読みごたえのある想像力を刺激するもので，読んで後悔することはない。本書がこれら名著への入口となり，宗教から社会を考えることの面白さを知るきっかけになることがあるとしたら，執筆者一同にとってそれ以上の喜びはない。

岡本　亮輔

# 目　次

はじめに

## 第1章　総論——日本社会における宗教の特徴 …………………高橋典史　3
1　はじめに　4
2　現代日本における宗教の諸相　5
3　宗教のさまざまな定義と宗教社会学の立場　9
4　日本の「伝統的」な宗教生活　12
5　近代における宗教の変化　16
6　戦後社会の宗教　19

## 第2章　新宗教の展開と現状 ……………………………………塚田穂高　23
1　新宗教とは何か　24
2　新宗教の歴史と発生基盤　25
3　新宗教の特徴　30
4　最大の新宗教・創価学会　33
5　新宗教はどうなるか　39

## 第3章　社会問題化する宗教——「カルト問題」の諸相………塚田穂高　45
1　「カルト問題」とは何か　46
2　オウム真理教——宗教的殺人と続く問題性　48
3　統一教会——正体隠しの伝道と金銭収奪　54
4　続発する「カルト問題」　59
5　「カルト問題」の問題性とは——「精神の自由」の侵害を考える　62

コラム（1）　宗教法人とは何か……………………………………大澤広嗣　66

## 第4章　生きづらさと宗教 ……………………………………… 白波瀬達也　73
　　　　──宗教の新しい社会参加のかたち
　1　生きづらさが広がる日本社会　74
　2　宗教による生きづらさへの対応　75
　3　日本におけるFROの歴史的展開　78
　4　FROの活動パターン　81
　5　FROの可能性とジレンマ　87

## 第5章　拡散・遍在化する宗教 ……………………………………… 平野直子　91
　　　　──大衆文化のなかの「スピリチュアル」
　1　はじめに　92
　2　「スピリチュアル」と宗教　92
　3　「スピリチュアル」のケース・スタディ　94
　4　「スピリチュアル」へのアプローチ　103
　5　おわりに　107

## 第6章　聖地巡礼とツーリズム ……………………………………… 岡本亮輔　109
　1　はじめに　110
　2　聖地巡礼とその時空　110
　3　巡礼ツーリズムの展開　114
　4　作られる聖地巡礼　118
　5　おわりに　126

## 第7章　日常／生活のなかの宗教──〈民俗〉を越えて ……… 門田岳久　129
　1　伝統なき時代の民俗宗教　130
　2　民俗学的宗教研究の視角　131
　3　日常における宗教の変貌　137
　4　民俗学的宗教研究の展望　145

目　次

## 第8章　変わりゆく葬儀・墓　………………………………碧海寿広　151
1　はじめに　152
2　葬墓文化の「伝統」と変容　153
3　データからみる葬儀・墓の現在　159
4　「新しい葬儀・墓」の諸相　162
5　死者・社会・仏教　166

### コラム（2）　沖縄の宗教　………………………………新里喜宣　170

## 第9章　生命倫理学とスピリチュアルケア………………山本佳世子　177
　　　　──死生の臨床と宗教
1　はじめに　178
2　生命倫理学と宗教　178
3　生命倫理の諸問題　182
4　スピリチュアルケアと宗教　189
5　おわりに　194

## 第10章　政治と宗教──現代日本の政教問題……藤本龍児・塚田穂高　197
1　はじめに　198
2　近代日本の政治と宗教　198
3　「靖國問題」の形成と展開　202
4　政教分離訴訟の展開　207
5　宗教団体の政治進出・関与　211
6　政教問題における衝突克服のために　215

## 第11章　日本における宗教教育の歴史とその課題・高橋典史・山本佳世子　219
1　はじめに　220
2　日本における宗教教育の歴史　221
3　宗教教育の現状と諸問題　226

4　日本における「生と死の教育」 230
　5　おわりに 236

第12章　グローバル化する日本の宗教‥高橋典史・李賢京・星野壮・川﨑のぞみ 239
　　　　――日本宗教の海外進出と外来宗教の到来
　1　はじめに 240
　2　日本宗教の海外進出 242
　3　日本における新旧の韓国系キリスト教会の展開 247
　4　南米系日系人の急増とキリスト教 252
　5　日本におけるイスラームの広がり 258
　6　おわりに 264

第13章　社会を読み解くツールとしての宗教社会学 ………岡本亮輔 269
　1　はじめに 270
　2　近代社会研究としての宗教社会学 270
　3　宗教復興論と宗教定義の問題 273
　4　日本の宗教社会学――理論から意味世界の探究へ 280
　5　まとめ――宗教の社会学と「宗教＋α」の社会学 283

コラム（3）現代日本の「宗教と社会」についてさらに学ぶ／調べるには
　　　　……………………………………………塚田穂高・高橋典史 287

おわりに…………………………………………………………………294
索　　引…………………………………………………………………296
執筆者紹介………………………………………………………………301

【凡例】
- 文中敬称略，肩書等は執筆時点のもの
- 強調点は各章筆者による
- 「宗教法人」「檀家」などのゴチックの語は，キーワードや重要概念であることを示す
- （→第○章）は，内容的に参照すべき他の章を示す
- ［井上編 2011］［島薗 2010］は，各章末「参考文献」掲載の文献を参照したことを示す
- 文中の URL は，すべて 2012 年 7 月 20 日にアクセスを確認した
- 各章末の「さらに学びたい人のためのブックガイド」ならびに「コラム（3）」中の文献は，タイトルと編著者名のみ示してある。「コラム（3）」中で紹介した検索方法を用いて探してみてほしい

# 宗教と社会のフロンティア

## 宗教社会学からみる現代日本

# 第1章　総論
　　　　──日本社会における宗教の特徴

高橋　典史

「宗教」という言葉からどんなものをイメージするだろうか？　本章では，宗教社会学の視点から，現代日本人の宗教との関わりの実態とその歴史的背景について解説しよう。

寺院の法要に集まる多数の参詣客
（池上本門寺（東京都），高橋撮影）

第 1 章　総論

## 1　はじめに

「宗教」という言葉を聞くと，自分とは馴染みの薄い遠い世界の話であるように感じる人も多いかもしれない。ごく一部の信仰に熱心な人々を除き，現代日本では「宗教」と日々の生活は無関係なものであると考えている人も少なくないだろう。果たしてそうした日本の宗教の現状に対する見方は正しいのだろうか。

たとえば，日本では冬の風物詩の1つとなっているクリスマスは，もともとはキリスト教の始祖であるイエス・キリストの誕生を祝う宗教的な行事である。また，牧師が司式して讃美歌などを歌うキリスト教式の結婚式や，神職が司式し，三三九度の杯を交わす神前式（神道式の結婚式）に出席したことのある人も多いだろう。仏教式の通夜・葬式・法事などへの参列や墓参りに至っては，経験したことのない人の方がわずかかもしれない。

そう考えてみると，私たちの身の回りには宗教に関わる事がらが無数にあることに気づくだろう。とはいえ，多くの人々にとって宗教というものはどこか縁遠くて捉えがたく，また場合によっては怖い存在であるとすら感じられている[1]。どうしてそうした宗教に対する意識と実態のずれが生まれてしまっているのだろうか。そこにはどうやら「宗教＝宗教団体（教団）」という根強い一般的なイメージがあるようだ。

本書全体の総論にあたる本章では，まず現代日本の宗教団体の概要と，人々の宗教意識や生活のなかにおける宗教との関わりの実態について紹介する。次に，そうした現象を理解するうえで有用な宗教社会学の基本的な考え方について解説する。そして，現在の宗教状況が形作られた背景を理解してもらうために，近世以来の日本の宗教史の概観を示したい。

それらを通じて，宗教団体だけではなく，社会に広がっている宗教に関わる

---

1) この傾向はとくに新宗教について顕著である。全国の満20歳以上の男女2,000人を無作為抽出して実施したある調査によれば，系統別の宗教に対するイメージに関して，「怖い・ぶきみ」といったイメージを抱くのは新しい宗教団体（新宗教）（33.1%），キリスト教（1.5%），神道（1.1%），仏教（0.6%）となっており，新宗教が突出している（國學院大學21世紀COEプログラム「日本人の宗教団体への関与・認知・評価に関する世論調査」2004年）。

多様な現象も「宗教」と見なす本書の基本的な視点を理解し，本書のいう「宗教」というものが，私たちの生きる社会のさまざまな局面において決して小さくない影響力を持っていることに気づいてもらいたい。

## 2　現代日本における宗教の諸相

### 宗教団体としての宗教

そもそも現代の日本にはどのような宗教が存在しているのだろうか。「宗教」と聞くと，キリスト教，仏教，神道，新宗教といったもののほかに，カトリック，天台宗，創価学会などのより具体的な宗教団体（教団）を想像する人も少なくないだろう。こうした宗教団体は日本国内に無数に存在しており，その実態や数を正確に知ることは不可能に近い。ただし，**宗教法人**として認証を受け登記されている団体の数ならば，その数を知ることができる（→コラム（1））。

文化庁が毎年発行している『宗教年鑑』には，日本国内の宗教法人として登記されている団体の情報が掲載されているので，ここではそれを見てみよう。

同書（『宗教年鑑 平成22年版』）によれば，全国には182,521もの宗教法人が存在している（2009年12月31日現在）[2]。

しかも，その信者数の合計となると，2億730万4,920人という膨大な数となっており，これは現在の日本の総人口1億2,753万人（2012年6月1日現在の人口推計，総務省統計局による概算値）をはるかに超える数字だ。

総人口よりもずっと多い数の宗教団体の信者がいるということは，にわかには信じられないかもしれない。実際に周囲を見渡してみても，宗教団体の信者であるという人々が，それほどまでに多いとはとても考えられないというのが，ごく一般的な感想のように思われる。

なぜこのようなことが起こるのだろうか。その原因の1つには，この文化庁による信者数の統計データは，宗教法人側からの自己申告（公称）による数字に依拠していることが挙げられる。たとえば，各地域の神社における祭祀を基盤とする**神社神道**では近隣住民を氏子＝信者として計算し，伝統仏教の寺院でも

---

[2) 内訳としては，神道系85,323法人，仏教系77,700法人，キリスト教系4,509法人，諸教14,989法人である。

第1章 総論

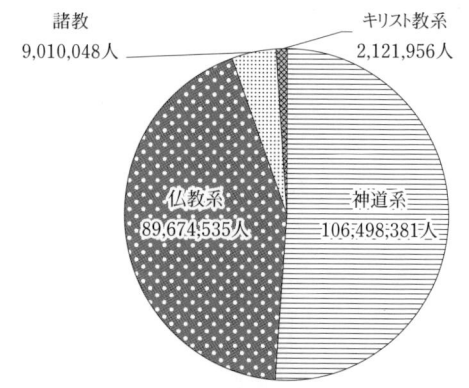

図1-1　日本における宗教別の信者数(2009年12月31日現在)

檀家である家庭の全員を檀徒としてカウントするなどしているため，神社や寺院の信者であるという意識を特に持っていない数多くの人々も統計に含みこんでしまっているのである。

　また，同一の人物が神社の氏子と寺院の檀徒（そして，新宗教の会員なども）を同時に兼ねていることがしばしばみられるように，複数の宗教団体への重複所属は日本ではごく一般的に見られる傾向である［石井 2007］。それゆえ，日本における信者と宗教団体との関係の実態は，かなり緩やかで重層的であるといえる。

　こうした状況を考えてみると，現代日本には数多くの宗教団体があるものの，やはり「そうした宗教に熱心に関わっている人々の実際の数は，もっと少ないのではないか？」といった疑問が湧いてくるかもしれない。確かに「自分は○○という宗教の信者である」という明確な意識を持つ人々はそれほど多くはないだろう。しかしながら，先述した通り，大半の人々は宗教的な事がらと何らかの接点を持って日々生活しているのである。

## 日常生活における宗教との関わり

　そもそも宗教には，宗教団体の数やそれらに所属する信者の数だけでは見えて来ない側面も存在する。たとえば，本書の冒頭でも挙げたような，結婚式・

葬儀のほか，初詣・地域のお祭りといった儀礼や行事などを通じて，多くの人々は日常生活のなかで宗教と関わっている。しかしだからといって，彼ら／彼女らは特定の神社，寺院，教会の信者であるという意識を持っているとは限らない。むしろそうした意識を持っている人々の方が少数だろう。

こうした事態は，日本の人々にあっては特定の宗教団体に所属することと個人的な宗教意識・行動とがずれていることに由来している。そうした実態を知るには，各種の社会調査のデータを見るのが便利だ。

たとえば，NHK 放送文化研究所が 16 歳以上を対象に 5 年に 1 回実施している「日本人の意識」調査には，宗教意識・行動に関する調査項目がある。2008年実施の同調査（有効数：3,103 人）によれば，「ふだんから，礼拝，お勤め，修行，布教など宗教的なおこないをしている」は，「している」が 12.3％，「あの世，来世」は「信じる」が 14.6％ となっている［NHK 放送文化研究所編 2010］。別の大学生たちを対象にした 2010 年実施の学生宗教意識調査（有効回答数：4,311 人）では，信仰の有無を尋ねた項目は「あり」11.9％・「なし」87.0％ である［井上編 2011］。また「特定の宗教団体に入っている」と答える人々の割合は，わずか 1 割にも満たないという質問紙調査の結果もある[3]。

これらのデータは，現代の日本の人々は宗教への信仰・関心や宗教団体への帰属意識を低下させているという見方を証明しているようにも思われる。しかしながら，宗教的な行動面に関するデータを眺めると全く別の印象を受ける。たとえば，「墓参り」に行くかどうかについて，前述の学生宗教意識調査では「去年のお盆の墓参りはどうしましたか」という問いに「行った」79.9％・「行かない」16.8％，同じく「日本人の意識」調査（2008 年実施）においては，「年に 1, 2 回程度は墓参りをしている」が 68.4％ となっており，いずれも過半数以上の割合で定期的に墓参りを行っていることがうかがえる。また，「初詣」に関しても，同学生宗教意識調査では「今年の初詣はどうしましたか」という問いに対し，「行った」52.8％・「行かない」38.9％ であり，やはり過半数以上の人々が行っている宗教的な行動であるといえる。その他，同「日本人の意識」調査では，

---

3) 全国の満 20 歳以上の男女 2,000 人を無作為抽出して実施した國學院大學 21 世紀 COE プログラム「日本人の宗教意識・神観に関する世論調査」（2003 年）によれば，「何か特定の宗教団体に入っている」と回答したのは 8.8％ である。

表 1-1　2009 年の初詣客ベスト 10（警察庁発表[4]）

| 順位 | 場所 | 人数 |
| --- | --- | --- |
| 1 位 | 明治神宮（東京） | 319 万人 |
| 2 位 | 成田山新勝寺（千葉） | 298 万人 |
| 3 位 | 川崎大師（神奈川） | 296 万人 |
| 4 位 | 伏見稲荷大社（京都） | 277 万人 |
| 5 位 | 鶴岡八幡宮（神奈川） | 251 万人 |
| 6 位 | 浅草寺（東京） | 239 万人 |
| 7 位 | 熱田神宮（愛知） | 235 万人 |
| 7 位 | 住吉大社（大阪） | 235 万人 |
| 9 位 | 大宮氷川神社（埼玉） | 205 万人 |
| 10 位 | 太宰府天満宮（福岡） | 204 万人 |

出典：『読売新聞（東京版・夕刊）』2009 年 1 月 9 日付

お守り・お札などを日常的に身につけているのが 34.9％，祈願を行うのは 29.7％となっており，これらは 3 分の 1 程度の人々が習慣として行っている宗教的な行動であることがわかる（受験の合格お守りや合格祈願はその代表例だろう）。

また，表 1-1 で示したように，毎年正月には膨大な数の人々が神社や寺院へ初詣に出かけている。イスラームの聖地マッカ（メッカ）への巡礼でも，世界中からたくさんの信者たちがサウジアラビアにある同地を訪れるが，1 年のうちの最盛期でも 300 万人ほどの人出であることを考えてみると，日本の初詣客の多さは特筆すべきだろう。そして，ここで重要なのは，神社や寺院への参拝というものが宗教的な行動であるということを，多くの日本人はあまり自覚していないという点である。

これまで紹介した調査のデータからいえるのは，現代日本の多くの人々は狭い意味での教団的な宗教への関心はそれほど高くないものの，より広い意味での宗教的な行動は日常的に行っており，相応の関心も持っているという状況である。たとえば，先述の学生宗教意識調査では，「神」や「仏」の存在を信じる人の割合は，「信じる」および「ありうると思う」の両回答を合わせると過半数を超えている。以上のように，一般社会の人々にとっては，「宗教＝宗教団体」といったイメージが強く，それ以外の宗教に関わる幅広い文化現象に関しては，「宗教」というカテゴリーに入りうるものとはあまり意識されていないのだ。

---

4) 2009 年までは警察庁が全国の初詣客のランキングを公表していたが，2010 年より発表を取り止めている。

そうした「宗教＝宗教団体」というイメージが社会に浸透している背景には、「宗教」という言葉自体がはらんでいる問題がある。

## 3 宗教のさまざまな定義と宗教社会学の立場

### 「宗教」という言葉がはらむ問題

　「宗教」という言葉を聞いて、一体どのようなものをイメージするだろうか。今日では広く一般的に用いられているこの「宗教」の語であるが、実のところ日本においてはそれほど長い歴史を持ってはいない。そもそも現在用いられている「宗教」という言葉は、明治維新の頃に外来語（英語）の「religion」の訳語として使用されるようになり、その後、社会一般へと広まっていったものなのだ。

　元来、「宗教」とは仏教語であり、「〈宗〉とは教えのなかにひそむ究極の理、つまり要義（奥義）・要旨（宗旨）を意味し、〈教〉とはそれを相手に応じて教え説いたもの」とされ、「仏教」そのものを意味していた（『岩波仏教辞典 第二版』岩波書店、2002年）[5]。それゆえ、現在、私たちが用いている「宗教」の語は、近代以降に新たに用いられるようになった翻訳語としての特有の問題もはらんでいる点には注意が必要だ。

　英語の「religion」はキリスト教の伝統が色濃い西洋発祥の言葉であり、一神教的な神への信仰に基づく教義や聖典、教会組織、聖職者と信者、といったものが整備されているキリスト教の強いイメージが内包されている。そのためか、近代以降の日本人の多くは、新たに広まるようになった「宗教」という言葉から、キリスト教のようなはっきりとした組織とそれに対する帰属意識を持った信者の姿を想像する傾向がある。それゆえ、「宗教」と聞くと、キリスト教や新宗教は思い浮かべても、日常生活のなかで広く一般的に触れている伝統宗教（神社神道、伝統仏教、宗教的な習俗など）のようなものも、「宗教」であるとはあまり意識されないのである。

　たとえば、キリスト教の立場からすれば、祈りや祈願のために教会や寺社に

---

[5) その他にも宗門・宗旨・聖道といった、似たような意味の仏教語があった。

第1章 総論

定期的に通うことは，特定の宗教に対する明確な信仰心を持っている証拠と見なされうるが，現代においても日本の多くの人々が行っている初詣などは，特定の宗教に対する自覚的な帰属意識はないまま行われている行動である。

　それでは研究者たちは，「宗教」や「religion」といった語をどのように定義して用いてきたのだろうか。「宗教という語の定義は宗教学者の数だけある」などとしばしば言われたりもするのだが，ここではその代表的な例を挙げておきたい（→第13章）。

エミール・デュルケム（1858-1917，フランスの宗教社会学者）
　宗教とは，神聖すなわち分離され禁止された事物と関連する信念と行事との連帯的な体系，教会と呼ばれる同じ道徳的共同社会に，これに帰依するすべての者を結合させる信念と行事である（デュルケム，E. 1975(1912)『宗教生活の原初形態（上）』古野清人訳，岩波文庫，86-87）。

クリフォード・ギアーツ（1926-2006，アメリカの文化人類学者）
　(1) 象徴の体系であり，(2) 人間の中に強力な，広くゆきわたった，永続する情調（mood）と動機づけを打ち立てる。(3) それは，一般的な存在の秩序の概念を形成し，(4) そして，これらの概念を事実性（factuality）の層をもっておおい，(5) そのために情調と動機づけが独特な形で現実的であるようにみえる（ギアーツ，C. 1987(1973)『文化の解釈学 1』，吉田禎吾ほか訳，岩波現代選書，150-151）。

岸本英夫（1903-1964，日本の宗教学者）
　宗教とは，人間生活の究極的な意味をあきらかにし，人間の問題の究極的な解決にかかわりをもつと，人々によって信じられているいとなみを中心とした文化現象である。……宗教には，そのいとなみとの関連において，神観念や神聖性を伴う場合が多い（岸本英夫 2004(1961)『宗教学』原書房，17）。

　また，現代の一般の国語辞典においては，「宗教」という語を次のように説明している。

神または何らかの超越的絶対者，あるいは卑俗なものから分離され禁忌された神聖なものに関する信仰・行事。また，それらの連関的体系。〔中略〕多くは教祖・経典・教義・典礼などを何らかの形でもつ（『広辞苑 第六版』岩波書店，2008年）。

このように「宗教」という語の定義は多様である。しかしながら，いずれにしても仏教・キリスト教・イスラームのような特定の宗教集団に限定されるものではなく，神・仏・超越的存在・聖なるものといったものへの「信仰」や，人間の営みとしての儀礼・祭祀・行事といった「実践」を広く含むものだとはいえるだろう。

本書においても，現実社会の状況を考慮し，「宗教」という語を教団的な宗教などには限定されない，かなり幅広い現象を含むものとして使用していく。そのため，本書でいうところの「宗教」には，ある程度はっきりとした組織や信者の集団を持つようなものだけでなく，日常生活におけるさまざまな習俗，スピリチュアル文化，代替療法，生命倫理など，広い意味で宗教に関わる諸現象も含んでいく。また，たとえばキリスト教のような特定の宗教の内側にも，教えや思想，組織，制度，聖職者と一般の信者，儀礼，地域ごとの特徴といった，さまざまな要素がある点も理解しておいてもらいたい。

## 宗教社会学の基本的な立場

さて，こうした宗教のどのような側面に注目するのかにより，研究分野も細分化されてきた。たとえば，ある宗教の歴史的展開について研究する宗教史学，宗教の思想的側面に注目する宗教哲学，信仰者の「こころ」の内側を考察する宗教心理学，異文化社会における宗教生活を調査する宗教人類学などが挙げられる。

それでは本書の基本的な立場である宗教社会学とは，いかなる研究分野なのだろうか。「宗教」の定義は古今東西の宗教学者の数だけあることはすでに述べたが，ある社会学の事典では「宗教社会学」は以下のように説明されている。

宗教と社会との相互関係，および宗教自体のもつ集団的，組織的な次元を

研究対象とする。社会学の一分科とも，宗教学の一分科とも見られるが，どちらのばあいも，宗教を，社会体系の構造のうちの文化の一部門とみなし，社会を超越する，超経験的な領域として把握するものではない（見田ほか編『社会学事典』弘文堂，1988年）。

なかなか専門的で難解な文章であるので，もう少しポイントを絞ってかみくだいて説明しよう。すなわち，宗教社会学とは，①宗教と一般社会との関係や宗教の社会的な側面（集団／組織）を研究対象とし，②社会における文化の一現象として宗教を扱うものであり，③神・仏・霊魂・天国や地獄といった一般社会を超えた「超越的なもの」自体は研究対象としない研究分野である。

さらにいえば，それぞれの宗教の崇拝対象や世界観についても，基本的には客観的・中立的な立場を取る学問であるため，「本当の宗教とは何か？」，「正しい宗教とは何か？」といった価値判断をともなう問いに答えるものでもない。また，「神は存在するのか？」，「死んだらどうなるのか？」といった信仰上の諸問題には踏み込まずに，社会科学的に観察可能な宗教の社会的・文化的な側面を研究対象とする。

これらのことを踏まえれば，宗教社会学とは「宗教と社会」の関係性を実証的に解明する学問であるといえるだろう。そして本書では，特に現代日本における「宗教と社会」の諸相を取り上げるのである。

## 4 日本の「伝統的」な宗教生活

### 「伝統的」な宗教生活を支えたイエとムラ

当然のことながら，ひと口に「宗教と社会」といっても，時代や地域によってその内実は多種多様である。アメリカにはアメリカなりの，インドネシアならばインドネシアなりの，中国には中国なりの，「宗教と社会」の特徴があるし，それも時代によって変化してきた。本書の各章では，現代日本における「宗教と社会」に関わるさまざまな重要トピックを取り上げていくのだが，その前提となる知識としてそれ以前の日本の「宗教と社会」の状況を知っておくことが不可欠だ。従来のあり方を把握しておくことにより，現在における変化という

ものを適切に理解できるのだから。

　本節では多くの読者にとって関わりがあると思われる日本の「伝統的」[6]な宗教生活について取り上げ，それがどのように時代とともに変化して現代に至っているのかを説明してみよう。

　「伝統的」な日本の宗教といえば，全国にある神社やお寺などがまずイメージされるのではないか。確かに日本人は昔から地域のお祭りなどを通じて神社に関わり，故人の葬儀や法事などで寺院と関わってきた。このような昔ながらの日本の宗教生活は，農村などの地域社会がその中心的な舞台であり，それは中世頃から徐々に形成され始め，近世くらいに固まっていったといわれている。

　そうした地域社会では，年中行事，人生儀礼といった宗教的な行事が行われてきた。年周儀礼とも呼ばれる年中行事とは，集団で行われる季節にまつわる儀礼で，初詣・節分・節句・七夕・お彼岸・お盆・農作物の豊穣を祈るムラ（村）の祭などがこれにあたる。日本のムラにおける年中行事は，主要な産業である農業の豊穣を祈る儀礼と先祖祭祀が結びついている点がその特徴とされる。一方，人生儀礼とは，通過儀礼ともいわれ，人間の一生のうちの各段階で行われる儀礼であり，典型的には「(誕生→)お宮参り→七五三→成人式→結婚式→(死去→)葬式→追善供養（三十三回忌＝弔い上げ）」といった流れになる。

　日本の民俗学の創始者である柳田国男（1875-1962）は，著書『先祖の話』（1946年）のなかで，日本人の典型的な霊魂観を説明している。柳田によれば，人は死ぬと肉体と霊魂（死霊）が分離し，残された子孫たちは故人の死霊を祀り上げる。この祀り上げが進むと，その死霊は上の世代の先祖の霊（祖霊）と融合し，子孫を見守る神（氏神）へと昇華していくのだという。

　さて，この先祖の霊を祀る人々の共同体が，日本社会に特徴的な集団とされるイエ（家）である。このイエを単位とした先祖祭祀こそが，長きにわたり日本社会の重要な信仰形態であった。

　イエは宗教の面だけでなく，経済や労働などの生活のあらゆる面の基本単位であった。イエについては，これまで多くの研究者たちが論じてきたが，その

---

[6]「伝統的」といった表現は，ある現象がはるか昔から変わらずに存在してきたということを，所与の前提としてしまう恐れがある。本章では，「その現象は一般的に伝統的であると見なされている」といった意味でこの語を括弧付きで用いていく。

第1章　総論

ポイントをまとめるならば次のようになる。イエとは、いわゆる「家族」とイコールなものではなく、そのリーダーである家長を中心に家業・家産を共有する生活共同体（親族だけでなく血縁関係のない奉公人なども含む）であり、個々の構成員はイエに従属し、イエはおもに一子相続制により世代を超えて継承・永続されなければならないものとされる。それゆえ、宗教面では先祖を重視する祖先崇拝にもとづく先祖祭祀が特徴となる。

そしてこの近世に形成されていったイエは、近代以降も温存された。近代的な国民国家を建設しようとした明治政府は、その一方でイエを利用して国民を統合させようとしたのである。そうした意図が明確に表れているのが、大日本帝国憲法下の民法（旧民法）の制定である。

民法（明治二十九年四月二十七日法律第八十九号）
　第八百九十七条　系譜、祭具及び墳墓の所有権は、前条の規定にかかわらず、慣習に従って祖先の祭祀を主宰すべき者が承継する。ただし、被相続人の指定に従って祖先の祭祀を主宰すべき者があるときは、その者が承継する。

この民法の条文により、イエ制度および家父長権を中核とした先祖祭祀権が法的に成文化されるのである。

「伝統的」な地域社会における神社と寺院

さて、こうしたイエが複数集まって構成された集合体が、ムラ（村落共同体）であった。そして、村々にはたいていその地域を守護する神社が設けられてきた。そうした神社の形成には、大きく分けて2つのタイプがある。1つは氏神を祀る神社で、同一の本家－分家関係にある家々（同族集団）が地域社会を構成している場合に、共通の祖先神＝氏神を祀ったものである。もう1つは産土もしくは鎮守の神を祀る神社であり、複数の同族集団が地域社会を構成している場合に、その土地を守護する神を祀ったものである。ただし、時代が下るにつれてこうした違いはあまり意識されなくなり、いずれのタイプでも、各地の地域社会の人々は氏子として祭りや年中行事などを通じて神社に関わってきた。

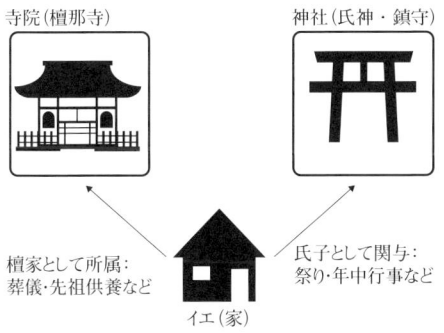

図1-2 イエと神社・寺院との関係

　日本の地域社会におけるもう1つの有力な宗教施設が伝統仏教の寺院である。伝統仏教は家々の葬儀や**追善供養**(回向)を執り行う宗教であり，現在でもなお先祖祭祀の主要な担い手である。もともとは仏教と先祖祭祀は必ずしも結びつくものではなかったが，中世以降，庶民のあいだでも先祖を祀ることに仏教の追善供養が密接に関わっていった。特に江戸幕府がキリスト教を禁じるために，全ての民衆に檀家として寺院に所属していることを証明させる**寺請制**を定めたことによって，寺院と人々の先祖供養との結びつきは確固たるものになった。その結果，各家々は檀家というかたちで特定の寺院（檀那寺）に所属して，永続的に先祖祭祀を執り行ってもらうことが一般化していったのである。
　かくして，イエの先祖祭祀と仏教は密接に結びついて今日まで至っている。日本の伝統仏教がしばしば**葬式仏教**などと呼ばれるのには，こうした歴史的な背景があるのだ（→**第8章**）。
　ちなみに，ここでは便宜的に神社（神道）と仏教を分けて説明してきたが，近世以前において両者は明確に区別できるものではなかった。というのも，古代の仏教伝来以降，いわゆる**神仏習合**というかたちで仏教と神祇信仰（日本の神々への信仰）は混淆してきたためである。神社に付属した寺院である神宮寺や，神社のご神体が仏像であるといったことは，しばしばみられることであった。ただし，近世の幕藩体制下では，為政者たちが民衆の管理・統制に寺院を利用したこともあって仏教の勢力は大きかった[7]。
　また，近世においては，政治や倫理のあるべき姿を説く儒教（儒学）の思想が

社会に広まった点も重要である。中国からもたらされた朱子学や陽明学は武士たちのあいだに浸透し，特に主君への忠誠や父母への孝行を重視する朱子学は封建体制を下支えする思想となった。さらにそれは，国学や幕末の尊皇攘夷思想の展開にも大きな影響を与え，また石田梅岩の心学（石門心学）や二宮尊徳の報徳思想などに表れるような勤勉・孝行・倹約・正直といった徳目を重んじる民衆の思想（通俗道徳）の基盤にもなった。

## 5　近代における宗教の変化

### 近代国家の形成と宗教

　近世に形成されていったイエとムラを基盤とした宗教のあり方は，幕藩体制から近代国民国家へと移行するなかで変容していった。

　近世から近代への移行の歴史的なプロセスは，しばしば「近代化」という言葉で表現されてきた。近代化という語も論者によってその意味に違いが見られるが，たとえば，経済領域における産業化，政治領域における民主化，社会領域における血縁的・地縁的共同体からの諸個人の自由化・平等化，文化領域における呪術・迷信・因習的な要素の減少である合理化によって構成される社会変動を「近代化」とする議論がある［富永 1990］。

　もちろん，これら4つはあくまで近代化の指標に過ぎず，相互に密接に関わり合ってはいるものの，必ずしも同時並行的に進行する訳でも，不可逆的なプロセスである訳でもない。日本についていえば，明治政府によって樹立された新国家は，欧米列強に対抗して富国強兵の必要に迫られたため，急激な産業化を進めていった。その一方で，民主化，自由化・平等化が加速するのは第二次世界大戦後のことである（もちろん，自由民権運動と大日本帝国憲法の公布（1889年）およびそれにともなう議会制度の開始，大正デモクラシーと普通選挙法の公布（1925年）などに示されるように，それらもそれ以前から徐々に進行していったのであるが）。

　いずれにせよ，日本の近代化という大きな変動のなかで，宗教の領域にも新

---

7）神社や寺院だけでなく，修験道・宗教講・民間宗教者なども，互いに深く絡み合いながら民衆の宗教生活を構成していた。

たな動きが生じていく。その最たるものが近代**天皇制**の形成である。近世に展開した国学（特に平田篤胤の復古神道）や水戸学は,『日本書紀』や『古事記』に書かれた神々の時代から続く天皇を中心とする日本特有の国家体制を理想化し,幕末の尊皇攘夷や倒幕運動の思想的な基盤となった。そのため,徳川幕府を倒した明治新政府は,天皇による王政復古を目指し,「祭政一致」という理念のもと,天皇を頂点として全国の民衆を「国民」として統合しようとした。そこでは「祭」としての神道的な思想や実践が重視された。その過程で,旧体制である徳川幕府との結びつきの強かった仏教と神道の区別化も要請され,**神仏分離**（神仏判然）**政策**が進められた（その際に発生した極端な仏教への攻撃や強引な寺院の統廃合が,いわゆる廃仏毀釈である）。

そして,大日本帝国憲法・皇室典範（ともに1889年制定）,**教育勅語**（1890年発布）などを通じて,日本の統治者としての天皇の地位は確立する。『古事記』や『日本書紀』の記紀神話に依拠して,皇祖の神々から続く「万世一系」の天皇は,日本民族（大和民族）を統治する長の地位に位置づけられた。前述したように,そこでは個々の国民たちが,イエを通じて国家に統合されていった。さらに,天皇の祖先神である天照大神を祀る伊勢神宮を中心に全国の神社がまとめられていった。

ただし,明治の初めこそ神道の国教化が目指されたのだが,ほどなくしてその試みは頓挫し,近代的な法制度が整備されていくなかで憲法上の**政教分離**の原則に抵触しないように,神道は祭祀であり非宗教であるとされるようになっていった（神道非宗教論）。ちなみに,近代に入り皇室の宮中祭祀と神社神道が結びつけられて形成されていったこうした新たな神道の形態は,「**国家神道**」とも呼ばれている［村上1970］。

また,大日本帝国憲法では**信教の自由**が規定されたものの,実際に国家によって「宗教」として公認されたのは,「非宗教」とされた神社神道以外の神道系の宗教団体（教派神道）,伝統仏教各宗派,キリスト教（カトリック,プロテスタント諸教派,正教会）などだけであり,先に挙げた政教分離と同様,そこで謳われた信教の自由にも一定の制限があった。

第1章　総論

## 近代におけるキリスト教と新宗教

　以下では，近代に入って新たに起こった重要な宗教の動きとして，キリスト教と新宗教について取り上げよう。

　そもそも，キリスト教は，1549年にスペイン人宣教師フランシスコ・ザビエル（カトリック・イエズス会）が来日したことにより，初めて日本に伝来する。その後，ドミニコ会などの修道会が来日して布教を展開していくなかで，多くの信者を獲得していった。戦国時代から安土桃山時代にはキリシタン大名なども誕生し，織田信長や豊臣秀吉による優遇も受けた。しかし，豊臣政権の後半からキリスト教の布教は次第に抑圧されていき，徳川政権の幕藩体制下においてキリスト教は禁圧されることになる。宗門改，寺請制度，鎖国などの諸政策によって，キリスト教は厳しい取り締まりの対象となった（キリシタンではないことを証明するために用いられた踏絵などはよく知られているだろう）。

　近代に入っても，当初，明治政府は禁制を継続したが，諸外国からの圧力もあり，1873年，カトリック，プロテスタントともに禁制が解かれた（もっとも，キリスト教が国家によって正式に許可されるのは，信教の自由が規定されている大日本帝国憲法が制定・公布される1889年のことである）。

　こうした経緯もあって，明治に入ると海外から宣教師たちが次々と到来するようになった。彼ら／彼女らの多くはさまざまな資格や専門技術（医師・教師・技術者など）を有していたこともあったため，都市部の若い知識層のなかにはキリスト教に改宗する者も多かった[8]。

　しかしながら，昭和に入り日本が戦争へと向かっていく時期になると，キリスト教も国家による統制と監視の対象となり，その活動は制限されてしまった。とはいえ，近代においてキリスト教は，西欧近代的な理念・思想の浸透，教育事業（ミッション・スクールの設立や女子教育の展開），病院・障がい者施設・孤児院の運営といった社会事業など，多岐にわたって日本社会に大きな影響を与えた。

　ただし，キリスト教は重要な社会的役割を果たしてはきたものの，実際にキリスト教徒になった数自体はそれほど多くはなかった。しばしば「1％の壁」

---

[8] その一方で，近代以降，キリスト教は農村伝道も積極的に行っており，一部の地方の地域社会にも広まっていった［森岡2005］。

という言葉が語られるように，その後も日本におけるキリスト教人口は総人口の1％前後以上にはなかなか拡大しないまま現在に至っており，宗教的には少数派である。

　近代日本における宗教の新たな動きとして注目すべきもう1つのものは，新宗教の登場と広がりである（→第2章）。「新宗教」と総称される集団は，代表的なものを挙げるだけでも，創価学会・立正佼成会・霊友会・天理教・金光教・世界救世教……といったように多数存在してきた。そもそも新宗教とは，幕末維新期以降，日本の近代化の過程で発生してきた，それまでの既存の宗教（既成宗教）とは異なる特徴を有する，民衆を主体とした宗教運動群であり，幕末維新期や第二次世界大戦直後などの社会が大きく変動した時期に多くの宗教団体が台頭してきた。ただし，新宗教に関しては，その発生以来，国家や一般社会とのあいだに緊張や衝突を生むことが少なくなかった。特に20世紀に入り，国家による国民の思想統制が強化されていくなかにあっては厳しい取り締まりの対象となった。

　以上のように，近代日本には政治的・社会的な変動に起因するさまざまな宗教運動の活発な展開と，それに対する国家による統制・抑圧という2つの側面があった。こうした近代日本の宗教状況に関しては，天皇制と結びついて社会の公的領域を司った「国家神道」と人々の私的領域へと追いやられた諸宗教（仏教・キリスト教・教派神道）という二重構造が存在していたと指摘する議論もある［島薗 2010］。

## 6　戦後社会の宗教

### 戦後の社会変動

　第二次世界大戦後，日本社会は大きく変化する。宗教に関していえば，戦前のような国家による宗教団体に対する統制や抑圧は無くなり，新たに制定された日本国憲法の下では政教分離と信教の自由の原則がより明確に保障されるようになった。そうした状況を受けて，「神々のラッシュアワー」と呼ばれるように，新宗教教団が雨後の筍のごとく次々と出現し，多くの信者を獲得した。また戦後，アメリカ主導の日本の社会改革が進められていくなかで，キリスト教

に入信する者も少なくなかった。

　そして，その後の急激な経済成長により，それまでの日本の主要な産業であった農業に従事する人口が減少していった一方で，工場労働者や事務労働者の数が増加していった。その結果，都市人口が急増し，人々は故郷を離れて，都市部に核家族を新たに形成していくようになっていく。それにともない，従来の「伝統的」な宗教生活の基盤であった地方の地域社会の変容も進展していった。

　かくして，大戦後の産業化と都市化の急激な進展により，従来のイエとムラという共同体の解体が進んでいった結果，伝統宗教が衰退に向かってきた一方で，そこから切り離されてきた人々の需要を満たすものとして，さまざまな新宗教や新しいタイプの宗教現象が広がってきたのである［西山 2000］。

## 各章の紹介

　こうした大戦後の社会変動にともなって展開してきた宗教現象の具体的な諸事例を，宗教社会学的な視点から解きほぐして説明していくことが，本書の主要な目的である。

　まず教団的な宗教に関しては，大戦後，新宗教の伸長が顕著になっていく（第2章）。ただし，台頭する新宗教の一部においては，いわゆる「**カルト問題**」といったネガティヴな社会問題も発生してきたことも看過できない（第3章）。

　他方，現代では多くの人々が，特定の宗教団体の枠をこえて社会に広がる宗教文化に関わるようになっている。こうした現象は**拡散宗教**などとも呼ばれ，本書でも取り上げるニューエイジ，スピリチュアル文化（第5章），宗教と結びついた観光・ツーリズム（第6章）などはその代表例である。

　これらの現代的な宗教文化の興隆の一方で，従来「伝統的」といわれてきたような宗教生活にも大きな変化が起こっている。「伝統的」な習俗を支えてきたイエやムラといった共同体を中核とする「民俗」は大きく変質し（第7章），それとともにイエの先祖祭祀の中心にあった葬送・墓にも新たな展開が起こっている（第8章）。

　さらに，社会のさまざまな局面に拡散している現代宗教を考えるうえでは，特定の宗教集団や宗教現象の内部のみに限定するのではなく，宗教と一般社会との関わりにも着目することが重要になってくる。たとえば，宗教組織による

社会参加（第4章），宗教と政治や教育との関係（第10章，第11章），医療や生命倫理の領域において宗教が関わる諸問題（第9章）などがそれにあたる。また，日本から多くの人々が海外へと渡り，国内では在日外国人が増加しつつある状況にあっては，グローバルに移動する宗教の動向に注目することも重要だ（第12章）。

　以上のように，旧来の静態的な共同体（イエ，ムラ）に根ざしたあり方から変容してきた現代日本の宗教現象を捉えるには，これまでのように宗教集団や習俗だけに注目するのではなく，それに関わるさまざまな要素も視野に入れていくことが不可欠になっている。詳しくはそれを理論的に解説する第13章の議論に譲るが，宗教が社会一般に拡散している状況にある現代の宗教社会学には「宗教＋$\alpha$」の視点が要請されているといえるだろう。本書を通じてそのことを具体的な事例に基づいて学んでもらいたい。

---

◆さらに学びたい人のためのブックガイド

　近現代日本の宗教の概要や宗教社会学の研究成果について知ることのできる文献としては，まずは『現代日本の宗教社会学』（井上順孝編）が手に入りやすく薦めたい。『現代人の宗教』（大村英昭・西山茂編）も読んでおきたい。『リーディングス日本の社会学19 宗教』（宮家準・孝本貢・西山茂編）は，日本における宗教社会学の必読文献（1980年代中盤まで）がコンパクトにまとめられている。ゼミなどで各論文を読み進めるのもよいだろう。『よくわかる宗教社会学』（櫻井義秀・三木英編著）では，近年の宗教社会学の多様なトピックが見開きに収まる形で取り上げられている。文化庁が毎年出している『宗教年鑑』（文化庁編）は，宗教法人や教団の基礎情報をおさえるには不可欠である。『データブック現代日本人の宗教 増補改訂版』（石井研士）も統計データが豊富なので活用したい。

---

**参考文献**

阿満利麿 1996『日本人はなぜ無宗教なのか』ちくま新書。
文化庁編 2011『宗教年鑑 平成22年版』ぎょうせい。

第 1 章　総論

井上順孝 2007『宗教社会学がよ〜くわかる本』秀和システム。
―――編 1994『現代日本の宗教社会学』世界思想社。
―――編 2005『現代宗教事典』弘文堂。
―――編集責任 2011『第 10 回学生宗教意識調査報告』2010 年度文部科学省科学研究費補助金（基盤研究 A）「大学における宗教文化教育の実質化を図るシステム構築」・國學院大學日本文化研究所。
石井研士 2007『データブック現代日本人の宗教　増補改訂版』新曜社。
マクガイア, M. B. 2008(2002)『宗教社会学―宗教と社会のダイナミックス―』山中弘・伊藤雅之・岡本亮輔訳，明石書店。
宮家準・孝本貢・西山茂編 1986『リーディングス日本の社会学 19 宗教』東京大学出版会。
森岡清美 2005『明治キリスト教会形成の社会史』東京大学出版会。
村上重良 1970『国家神道』岩波新書。
――― 1988『日本宗教事典』講談社学術文庫。
NHK 放送文化研究所編 2010『現代日本人の意識構造［第 7 版］』NHK ブックス。
西山茂 2000「家郷解体後の宗教世界の変貌」宮島喬編『講座社会学 7　文化』東京大学出版会，123-155。
大村英昭・西山茂編 1988『現代人の宗教』有斐閣。
櫻井義秀・三木英編著 2007『よくわかる宗教社会学』ミネルヴァ書房。
島薗進 2010『国家神道と日本人』岩波新書。
富永健一 1990『日本の近代化と社会変動―テュービンゲン講義―』講談社学術文庫。

# 第2章　新宗教の展開と現状

塚田　穂高

「新宗教」はいくつある？　「新宗教」は実は新しくない？　大きな社会的勢力でありながら，知らないことばかりの日本の「新宗教」について，その歴史的展開と特徴を見てみよう。

立正佼成会の法座（2012年3月，佼成出版社提供）
悩みや体験が，教えに結びつけられて共有・理解される。

第 2 章　新宗教の展開と現状

## 1　新宗教とは何か

　日本人の「宗教」イメージに強い影響を与えているのが，いわゆる**新宗教**の存在と活動だろう。新宗教に関わっている日本人は約 1 割とも 2 割とも言われてきており［井上ほか編 1990：iii］，無視できない社会的勢力だ。しかし，「アブナイ」「アヤシイ」「カネ儲け」「布教がウザい」などの印象といくつかの教団名は言えても，そもそも新宗教とは何か，どんなものなのかと問われると，なかなか答えがたい。確かに，ひとたびウェブで検索すれば大量の新宗教に関する情報がヒットする。だが，どれが正確な情報でどれがウワサレベルなのか，判別するのは容易ではない[1]。

　本章では，宗教社会学の立場から，主に日本の新宗教に焦点をしぼり，その系譜・特徴などを概観する。また，最大の新宗教である創価学会については，やや詳しく触れたい。それらを通じて，近現代の日本社会における新宗教の持つ性格をつかみ，その現在についての視角を得ることを目指したい。

　どんな宗教もはじめは新宗教だった，のではない。萌芽期の宗教運動には共通の特徴もあろうが，歴史的・社会的な文脈を無視した議論は乱暴だ[2]。社会変動期や混乱期にいつも起こるのが新宗教だ，という論もあるが，歴史的な法則性を追いすぎる感がある。こうした論を，ここでは取らないことを断っておく[3]。

　ここで論じる「新宗教」とは，端的に言えば，近代化への民衆の宗教的世界からの応答の形態である。宗教社会学者の**西山茂**による定義が，宗教社会学的な「新宗教」の見方をよく表しているので引いておこう。「既存の宗教様式とは相対的に区別された新たな宗教様式の樹立と普及によって，急激な社会変動下

---

1) もっとも本章は，新宗教に関するこうした一般的なイメージを否定し，言及した各教団の安全性なり正当性を保証しようという意図はない。たとえば，新宗教の社会的関わりと「カルト問題」には連続性があると考える（→第 3 章）。
2) なお，この論理は，「釈迦もキリストも最初は新興宗教の教祖で，迫害されていた。だから我々もなかなか社会に認められないのだ」といった，社会問題を起こすような団体の正当化のために援用されやすい点は，注意が必要だ。
3)「新興宗教」という語は，主に戦後マスコミが新奇な宗教団体に対して否定的・侮蔑的なニュアンスを込めて用いてきたものであり，本章では用いない。

の人間と社会の矛盾を解決または補償しようとする，19世紀なかば以降に世界各地で台頭してきた民衆主体の非制度的な成立宗教」というものだ［西山1995］。ここに新宗教の特徴が集約されているといってよい。

## 2　新宗教の歴史と発生基盤

　まずは，代表的な日本の新宗教の立教年・教祖・本部等所在地・国内信者数の一覧を見てみよう（表2-1）。「こんなにあるの」と驚くかもしれない。新宗教がいったいいくつあるのか，正確にはわからない。代表的な事典［井上ほか編1996］には，約340の教団が載っている。万単位以上の動員力がある教団は，そのうち数十程度と思われる。もっとも信者数はあくまで公称であり，実態に近いものから実際はその1割以下というものまで幅がある。

　これらの新宗教が続々と発生・展開した19世紀後半以降とは，日本では幕末維新期から現在までに至る近代化の過程にあたる。その間，日露戦争の勝利に至るまでの富国強兵化と戦後の高度経済成長という大きな変化をはじめ，いくつかの変化の波があった。新宗教の発生・展開には種々の要因が絡むが，なかでもこうした時代ごとの社会・経済変動や政策変遷の影響は大きい。そういった背景に注意しながら，時期ごとにその発生・展開を見ていこう。

### 江戸後期から明治初期

　新宗教の始まりをどこに設定するかは諸説あるが，ここでは黒住教・天理教・本門佛立宗・金光教あたりを先駆けと見ておく。黒住教は岡山の神職の黒住宗忠が，天理教は奈良の先進農村の地主の主婦中山みきが，金光教は瀬戸内の先進農村の農夫赤沢文治（金光大神）が，それぞれ独自の神秘体験により天啓を得て開いた。日蓮宗の僧から還俗した長松日扇による本門佛立宗は，既成仏教を改革しようという性格が強く，在家講（信徒集団）を基盤に，南無妙法蓮華経の題目を唱えることによる現世利益を強調した。これらは先進農村や都市部など近代化の波が徐々に押し寄せつつあった状況下で，既存の宗教伝統と教祖独自の宗教体験を基盤に起こったもので，それぞれ呪術的実践と倫理的教えをそなえ，人々の現実生活での「救い」を目指した点で共通していた。

第 2 章　新宗教の展開と現状

表 2-1　代表的な新宗教の基礎情報一覧

| 立教年 | 教団名 | 教祖 | 本部等所在地 | 国内信者数 |
|---|---|---|---|---|
| 1814 | 黒住教 | 黒住宗忠（1780-1850） | 岡山県岡山市 | 298,526 |
| 1838 | 天理教 | 中山みき（1798-1887） | 奈良県天理市 | 1,185,123 |
| 1857 | 本門佛立宗 | 長松日扇（1817-1890） | 京都府京都市 | 348,246 |
| 1859 | 金光教 | 赤沢文治（1814-1883） | 岡山県浅口市 | 430,090 |
| 1892 | 大本 | 出口なお（1837-1918）<br>出口王仁三郎（1871-1948） | 京都府亀岡市 | 170,294 |
| 1912 | 中山身語正宗 | 八坂覚恵（1870-1942） | 佐賀県基山町 | 304,055 |
| 1913 | ほんみち | 大西愛治郎（1881-1958） | 大阪府高石市 | 318,949 |
| 1919 | 円応教 | 深田千代子（1887-1925） | 兵庫県丹波市 | 460,906 |
| 1924 | ひとのみち教団<br>（1946 年，PL 教団） | 御木徳一（1871-1938）<br>御木徳近（1900-1983） | 大阪府富田林市 | 965,569 |
| 1925 | 念法眞教 | 小倉霊現（1886-1982） | 大阪府大阪市 | 367,255 |
| 1928 | 霊友会 | 久保角太郎（1892-1944）<br>小谷喜美（1901-1971） | 東京都港区 | 1,516,416 |
| 1929 | 解脱会 | 岡野聖憲（1881-1948） | 東京都新宿区 | 105,456 |
| 1930 | 生長の家 | 谷口雅春（1893-1985） | 東京都渋谷区 | 682,054 |
| 1930 | 創価学会 | 牧口常三郎（1871-1944） | 東京都新宿区 | 827 万世帯（公） |
| 1935 | 世界救世教 | 岡田茂吉（1882-1955） | 静岡県熱海市 | 835,756 |
| 1936 | 真如苑 | 伊藤真乗（1906-1989） | 東京都立川市 | 887,702 |
| 1938 | 立正佼成会 | 庭野日敬（1906-1999）<br>長沼妙佼（1889-1957） | 東京都杉並区 | 3,494,205 |
| 1945 | 天照皇大神宮教 | 北村サヨ（1900-1967） | 山口県田布施町 | 478,972 |
| 1947 | 善隣教 | 力久辰斎（1906-1977） | 福岡県筑紫野市 | 211,170 |
| 1950 | 妙智會教団 | 宮本ミツ（1900-1984） | 東京都渋谷区 | 797,199 |
| 1950 | 佛所護念会教団 | 関口嘉一（1897-1961） | 東京都港区 | 1,348,926 |
| 1951 | 白光真宏会 | 五井昌久（1916-1980） | 静岡県富士宮市 | 500,000（新） |
| 1952 | 辯天宗 | 大森智辯（1909-1967） | 大阪府茨木市 | 112,245 |
| 1953 | 大山祇命神示教会 | 供丸斎（1906-1988） | 神奈川県横浜市 | 840,662（新） |
| 1954 | 阿含宗 | 桐山靖雄（1921-） | 京都府京都市 | 348,289 |
| 1954 | 霊波之光教会 | 波瀬善雄（1915-1984） | 千葉県野田市 | 825,636（新） |
| 1959 | 世界真光文明教団 | 岡田光玉（1901-1974） | 静岡県伊豆市 | 99,954（新） |
| 1969 | GLA 総合本部 | 高橋信次（1927-1976） | 東京都台東区 | 34,627（公） |
| 1970 | 神慈秀明会 | 小山美秀子（1910-2003） | 滋賀県甲賀市 | 440,000（新） |
| 1978 | 崇教真光 | 岡田恵珠（1929-） | 岐阜県高山市 | 約 80 万（公） |
| 1984 | オウム真理教 | 麻原彰晃（1955-） | （1996 年解散） | （1 万 4,000 程度） |
| 1986 | 幸福の科学 | 大川隆法（1956-） | 東京都品川区 | 約 1,100 万（公） |
| 1881 | ものみの塔聖書冊子協会(エホバの証人)* | チャールズ・T・ラッセル（1852-1916） | 神奈川県海老名市<br>（本部ニューヨーク） | 165,000（新） |
| 1954 | 世界平和統一家庭連合（旧・統一教会）* | 文鮮明（1920-2012） | 東京都渋谷区<br>（国際本部は韓国） | 470,000（新） |

信者数は，［宗教年鑑 平成 22 年版］を参照。善隣教は平成 21 年度版を参照。
（新）は，［井上ほか編 1996］を参照。（公）は，教団の公称。
＊エホバの証人，旧・統一教会は外来新宗教のため，参考までに挙げた。

26

明治維新による政治体制の変化は，宗教政策にも大きな変化をもたらした（→第1章・第10章）。民衆を主たる担い手とする新宗教にとって重要だったのは，神仏分離・「神道非宗教」路線をとる国家体制下で，いかに公認を得て宗教活動を展開するかであった。その一つの方向性が，教えを広める「宗教としての神道」たる神道十三派（教派神道）としての別派独立ないしその傘下への所属である。1876年の神道黒住派（黒住教）の独立にはじまり，神理教・禊教・金光教などが続き，大幅に教えを改変した天理教が1908年に最後に独立を認められた。傘下所属では，蓮門教が神道大成教に所属し，病気直しで都市部に展開したが，1894年の大衆紙『萬 朝 報』の批判キャンペーンで衰退し，ほぼ消滅した。富士信仰の系譜から出た丸山教は，扶桑教・神道本局に所属し伸張した。

## 明治末期から大正期

　日露戦争に勝利した日本は，大国への仲間入りを果たした。富国強兵という近代化の一応の達成は，代わって非合理・神秘なるものへの関心を喚起し，千里眼・念写実験なども含む神秘・呪術（霊術）ブームが起こった［西山1988］。この時期には，大本・ほんみち・太霊道などが立教・伸張した。独立教派の公認は天理教以降なかった。

　大本は，出口なおと出口王仁三郎による霊的思想と技法（霊学・鎮魂帰神法など）を武器に発展し，1920年には信者30万となった。だが，大胆な変革を唱える「立替立直し」思想と急激な教勢の伸張は当局の警戒を呼び，1921年と1935年に二度の大弾圧を受けることとなった。とりわけ後者の第二次大本事件は，王仁三郎以下数百名が不敬罪と治安維持法違反容疑で検挙され，本部はダイナマイトで爆破されるなど未曾有のものだった。

　ほんみちは，1913年に大西愛治郎が天啓を得て，天理教から分派したもので，大正末から教勢が拡大した。こちらも終末予言と天皇批判により，1928年と1938年に不敬罪などで検挙された。

　また，この時期には天理教・金光教などの都市布教がさらに進んだ。文書・新聞などのメディア利用も活発化し，新宗教の都市大衆へのアピールが進んだ。

## 大正末期から昭和前期

　戦争の足音が近づくとともに，国家の統制は強まった。不敬罪に加え，1925年には治安維持法が制定された。
　この時期には，中山身語正宗・円応教・ひとのみち教団・念法眞教・霊友会・解脱会・生長の家・世界救世教などが立教した。
　ひとのみち教団（戦後のパーフェクト リバティー（PL）教団）は，「お振替」などの呪術的儀礼と倫理的心直しにより都市部で教勢を拡大した。その教えは比較的体制に沿ったものだったが，1936-37年には教祖らが不敬罪などで検挙された。霊友会は，民間の法華経信仰を基盤に，父母双系の先祖供養を強調し都市部で発展した。解脱会は，愛国・愛郷主義に立脚する修養的教えを説いて展開した。大本で活躍していた谷口雅春は生長の家を立教し，文書伝道を軸に伸張した。
　こうして体制協力的な姿勢を取るなどした教団は，戦争へと突き進むなかで発展をなした。戦後に大きく伸張する大衆運動としての新宗教の基盤が形成されたのは，この戦間期である。だが，大本・ほんみち・ひとのみち教団のように，国家体制とラディカルに対峙するような言動を展開したり，あるいは教勢の伸張が目立ちすぎたりした運動は，苛酷な弾圧・取締を受けることとなった。

## 終戦から高度経済成長期

　終戦は，宗教政策を大きく変えた。1947年施行の日本国憲法は政教分離と信教の自由を保障した。1945年の宗教法人令に続き，1951年には宗教法人法が出された。多くの教団が産声をあげ，「神々のラッシュアワー」と目される状況が現出した。
　この時期には，創価学会・立正佼成会・天照皇大神宮教・善隣教・妙智會教団・佛所護念会教団・白光真宏会・辯天宗などが立教・伸張した。戦前すでに発足していた教団も新たなスタートを切り，いずれも教勢を伸張させた。とりわけ法華・日蓮系の教団群の伸張は目立った。朝鮮戦争特需から1950-60年代の高度経済成長は，産業構造の転換と人口移動を引き起こし，さまざまな問題状況にある人々が新宗教と出会う状況を準備した。新宗教運動が最も隆盛を迎えたのはこの時期であった。

## ポスト高度経済成長期

1970年代以降，高度経済成長という近代化の一段落期には，真如苑・大山祇命神示教会・阿含宗・霊波之光教会・世界真光文明教団・崇教真光・GLA総合本部，1980年代以降にはオウム真理教（→第3章）・ワールドメイト・幸福の科学などの教団が立教・伸張した。その多くは，霊的な実践や世界観を強調するため，従来の新宗教と区別して「新新宗教」と呼ばれることもある［西山1988］。

以上のように新宗教とは，時代ごとにその社会状況の影響を受けながら，明治維新から約150年，黒住教立教からは200年近くにわたって展開してきた宗教運動のまとまりなのである。

## 発生基盤と影響関係

このようにいくつかの発生・展開の波がある日本の新宗教だが，その（ほぼ）いずれもが基本的には民俗宗教を発生基盤としている点は見逃してはならない。ここでいう民俗宗教とは既成の伝統宗教（仏教・神道）と民間信仰（先祖供養・呪術・占いなど）とのはざまにあって人々の宗教性が表出し結節するような領域のことである［島薗1992］。拝み屋（シャーマン）とその信奉者，山岳講・法華講や，広くとらえれば修養道徳運動（石門心学・報徳運動）などが例である。これらの基盤が近代化のインパクトを受けて発展・変容を遂げ，そこから新宗教が成立している。新宗教は，全く新奇な宗教運動というわけではないのだ。

そうした日本の新宗教は，さまざまな既存の宗教・思想伝統を摂取している。仏教伝統では，日蓮・法華系が多いが，浄土系・禅宗系は少ない。その他，霊学（神道的思想の一種）や言霊思想，古事記・日本書紀，偽史偽典（実証性がない文献や史観）もあれば，スピリチュアリズムなどの西洋思想も取り入れる。それらを習合させ，相対的に新しい宗教様式を樹立している。

新宗教には分派も多い。あるいは過去に所属がなくとも，先行する新宗教から影響を受けることもある。天理教系（ほんみちなど）・大本系（生長の家・世界救世教など）・霊友会系（立正佼成会・妙智會・佛所護念会など）には，多くの分派教団がある。大本の分派の世界救世教からは，さらに世界真光文明教団（さらに数教団が分立）・神慈秀明会などが出ている。分派の理由は，権力争いや教祖への幻滅の場合もあれば，教団の現状を批判し原点回帰を目指すためや，教祖

没後の「聖なる中心」の正統性をめぐる場合などさまざまだ。分派教団は，元の教団とはある程度の差異化をはかる。こうして新宗教は多様になっていく。

## 3　新宗教の特徴

　こうした多様さを持つ日本の新宗教であるが，ではその共通の特徴にはどのようなものがあるだろうか。
　近代化への応答であること，民俗宗教を発生基盤とすることをすでに見てきたが，加えて多くの新宗教に共通して見られるとされる救済観・世界観が**生命主義的救済観**である［対馬ほか1979］。その構成を少し詳しく見よう。①宇宙＝神／仏＝生命といった根源的な生命・存在からエネルギーが溢れ出ている。②この根源的生命は，「親」のような存在であり全てのいのちを生み育てる。③人間は，そのエネルギーを内部に宿しており，生かされている（分霊、神／仏の子）。④病気や不幸といった問題は，根源的生命と断絶し不調和の状態にあるために起こるのであり，生命力あふれるつながりを回復することが「救済」である。⑤そのための方法は，日常生活において利己的な考えや行いを改め，また平易な呪術的実践を行うことである。⑥その根源的生命と人間とを媒介する存在が教祖である，というものだ。
　こうした世界観をどう感じるだろうか。違和感があったり，教祖の特別性のくだりには「やはり新宗教っぽいなあ」と思ったりするかもしれない。結局は，当該宗教にコミットし，その世界観に基づいた活動が求められるのだから。だが，意外に共感を持てる面もないだろうか。それはまさに，新宗教の世界観が民衆の宗教意識にわりあい近いことを示しているのではないか。
　これらは強い**現世主義**であり，来世主義や浄土信仰とは対照的である。また，「神」の連続性・内在性や「悪」の非本来性という点で，キリスト教的・欧米的な宗教観（神の隔絶性・外在性，来世主義，原罪観，呪術と救済の隔たりなど）とも著しい対照性を示す。なお，こうした現世主義や調和を重んじる性格は，葬儀や墓は信徒旧来の既成仏教に委ね，他宗教に寛容さを示す棲み分け姿勢としてもあらわれている。
　もちろん，この世界観は全ての新宗教の例をもって検証されたものではない

が，それでも複数の教団の世界観にこうした共通部分を見出せることは興味深いといえよう。

こうした世界観を持つ新宗教には，どのような人がコミットするのか。いくつかの社会学的調査の結果を総合すると，社会変動下（近代化）で何らかの問題状況や不満感・欠乏感を抱えた都市大衆・都市浮動層が中心だといえそうである［鈴木1970；井上ほか編1990：202-210］。従来の入信動機の代表格は，**貧**（経済的問題）・**病**（身体的問題）・**争**（人間関係の問題）といった**相対的剥奪感**である（→第4章）。高度経済成長期以降には，生きがい模索（精神的問題）や神秘それ自体への興味なども指摘されてきた。だが，こうした状況の人々全てが新宗教に参画するわけでもない。実際には要因は複合的で，時代状況や教団特性にも左右されるものである。

新宗教は，こうした人々を惹きつける。その「魅力」としては，自力と他力，倫理的実践と呪術的実践，自利と利他それぞれの結びつき，をまずは指摘できる［西山2012］。それらは，具体的には以下のようなものである。

新宗教の中心的な実践として，「心直し」と呼ばれる倫理的実践がある。これは自己中心的な考えを反省し，日常生活における心の持ち方を改善し他者への態度を変革する自力的・自助努力的な実践である。

もう一方の中心的な実践が，呪術的・儀礼的実践である。いわば，新宗教の「秘儀」だ。そうした秘儀を誰ができるかは教団により異なる。教祖のみのもの（善隣教「おすがり」など），教団内特定者のみのもの（円応教「修法」，真如苑「接心」など），信徒全員ができるもの（真光「手かざし」など）がある。研鑽を積むことで階梯が上がるものもあり，大きな導引力となっている。

倫理的実践やだれもができる呪術的実践は，基本的には自力で行うが，それだけが独立しているのではない。それらは必ず他力と一体となっている。すなわち，教団という信仰と目的を共にする共同体に属し，神仏や教祖といった超自然的な力に「すがる」「任せる」ことで，初めて可能になり効力があるとされる。

これらの実践により，状況や見方が変わり，問題解決や補償がなされる。こうした「御利益信仰」が新宗教の特性と思われがちだが，それだけではない（いけないとされる）。現世利益（自利）と，他者を助ける／救うこと（利他）とをつ

なぐシステムがある［西山 2012］。「助かりたければ助けよ」「人に素直になることで，病気もよくなる」といったように，自らの姿勢を転換し人助けをすることで，結果的には自らにも返ってくるという教えである。

信徒全員が同時に布教者でもある，という新宗教の性格は，このシステムに起因する。それはまた，個人の救いのみではなく社会の矛盾や問題の解決をも目指すもので，「人類救済」「世界平和」といった運動内の究極的な目標とも連結している。活発な海外布教も，そのあらわれと理解できる（→第 12 章）。新宗教は，現世利益から入り普遍的救済を志向する**救済宗教**としての性格を持つのである。

新宗教には，行事や集会がつきものだ。年中行事や，教祖・後継者に関わる行事が多い。大規模な動員は，信徒のモチベーションと信仰共同体の一体感を高め，「救済」の歩みと教団の「使命」を実感させる。そのためにも多くの信徒が参集できる聖地や独特な教団施設を整えようとする。教団の理想世界像を具現化させたり，その場所の特別な聖性を証しようとしたりするものも多い。

他方，日常の信仰活動で大切なのは小集団活動である。創価学会の「座談会」，霊友会や立正佼成会の「法座」といった場では，各信徒の悩みや体験談が発表される。一信徒の悩みはその場の信徒全員に共有され，それに対し役職者から教えに沿った指導がなされる。信徒の教化育成と組織の紐帯強化が並行して行われているのである。

教えを広めようとする新宗教は，そのために多様な手段を用いる。ニューメディアの導入にも臆することなく，活字・印刷（書籍・機関紙誌・マンガなど），音声（テープ・CD・ラジオなど），映像（ビデオ・DVD・映画など）の各メディアを積極的に用いる。ウェブ上での情報発信も精力的である。

このように，新宗教は宗教思想と実践により大衆を大量動員する近代的な大衆思想運動［高木 1959］という性格が色濃く，拡大志向と柔軟性を持った**組織宗教**なのである[4]。なお，この組織力により，新宗教は大人数から定期的あるいは機会に応じて，カネを集める。年（月）会費・布施・儀礼や研修費用・書籍や

---

4) 新宗教は，組織化する過程で多様な事業を展開する。その 1 つに教育事業がある。信徒子弟を育成するためだが，教団の社会事業の一環という面もある。宗派教育を行うところはそれほど多くはない（→第 11 章）。また，いわゆる「社会貢献活動」を精力的に展開する教団も多い（→第 4 章）。

機関紙誌購読費などである。宗教法人の場合，これらは「公益性」の観点から無税あるいは課税減免となるため（→コラム（1）），規模の大きさも相まってしばしば批判や議論を呼ぶ。

　以上，新宗教の共通的特徴を見てきた。だが，これらは意図的に共通性の析出を試みたものであり，実際は千差万別である。概括が新宗教に関する安易なイメージを生まないよう，個別への目配りが不可欠な点には注意を促しておく。

## 4　最大の新宗教・創価学会

　新宗教の概要から具体例に論を進めよう。日本の「代表的」な新宗教といえば創価学会の名が挙がると思われる。だが，どのような教団であるかは，意外なほど知られていないのではないか。

### 創価学会の基礎情報

　創価学会（以下，学会）は，東京都新宿区信濃町に本部を有し，現在公称827万世帯，海外192の国・地域に175万5,000人の会員を擁する，国内最大の新宗教である[5]。

　その活動目的は，以下の通りである。

　　創価学会は，大乗仏教の真髄である日蓮大聖人（1222-1282）の仏法を信奉する団体である。その目的は，仏法の実践を通して，一人一人が真の幸福境涯を確立するとともに，生命の尊厳を説く仏法哲理を根本に，恒久平和，豊かな文化，人間性あふれる教育の創造を推進し，人類社会の発展に寄与することにある。〔中略〕

　　「創価」とは価値創造を意味する。その価値の中心である「生命の尊厳」の確立に基づく「万人の幸福」と「世界の平和」の実現が，創価学会の根本の目標である。

---

[5] 以下の学会に関する記述は，『SOKA GAKKAI ANNUAL REPORT 2011年 活動報告』（創価学会広報室刊）ならびに［西山1980,2004；大西2009］ほかを参照している。

第2章　新宗教の展開と現状

　このように学会は自らを日蓮仏教の系譜に位置づけており，根本経典は法華経と「御書」(日蓮の著作・書状の総称)である。会員の日々の実践には，勤行(朝夕，法華経の一部を読経し「南無妙法蓮華経」の題目を唱える)，布教，月1の座談会，機関誌紙購読，教学学習，平和・文化活動，選挙活動などがある。また，年末には「財務納金制度」により寄付が集められる。入会条件は，①勤行・唱題の実践，②機関紙『聖教新聞』3ヵ月以上購読，③定例座談会に2回以上参加，となっている。

　組織は，13方面―県―区・圏―本部―支部―地区―ブロック―会員といった地域別の縦割り組織[6]と，壮年部・婦人部・青年部(男子部275万・女子部168万)・学生部・未来部といった性別・年齢別の横割り組織からなる。教育事業では，東京・関西にそれぞれ小・中・高校があり，創価大学(東京都八王子市)・創価女子短期大学(同)・アメリカ創価大学などがある。文化・出版事業には，聖教新聞社(宗教法人の出版部門)，潮出版社，第三文明社や，民主音楽協会などがある。機関誌紙には，『聖教新聞』(日刊・約550万部[7])・『大白蓮華』などがある。学会が支持母体の政党としては，公明党がある。

　こうした基礎情報だけでは，まだまだわからない。なぜこれほど巨大になったのか。なぜ池田大作(1928-)名誉会長が崇拝されるのか。なぜ「学会」というのか。なぜ政治に出ているのか。それには，歴史をひもとく必要がある。

## 戦前・創価教育学会の創立と宗教伝統

　学会の歴史は戦前まで遡る。1930年11月18日，地理学・教育学者で東京の白金尋常小学校長などを歴任した，牧口常三郎(1871-1944，初代会長)らが，創価教育学会を創立した[8]。牧口は，独自の価値哲学の構築を模索し，民俗学者の柳田国男らのサークルにも所属して，『人生地理学』なども著した知識人だった。草創期には，教育者など比較的階層の高い人々が多かった。

　牧口は会創立に先立つ1928年，日蓮正宗(以下，正宗)の熱心な信徒に出会い，教育・出版などに携わっていた戸田城聖(1900-58)とともに正宗に入信し

---
6) これは，地方選や国政選挙の選挙区に対応しているとされる。
7) これは，国内全国紙では，読売新聞(約992万部)・朝日新聞(約779万部)に次ぐ部数である。
8) 同日は牧口の『創価教育学体系』第1巻の発刊日であり，正式な発会は1937年である。

た。正宗は，鎌倉時代に日蓮没後，弟子の六老僧の一人・日興（1246-1333）が身延山久遠寺（山梨県身延町，現在の日蓮宗総本山）を離れて興した富士（日興）門流に始まる。総本山は，大石寺（静岡県富士宮市）である。牧口らは，1937年には，学会を正宗の在家講（法華講）として発足させている。すなわち，学会に入ることは同時に，個々の正宗寺院に所属し，本尊を受け取り正宗の信徒となることだったのだ（1991年の分立まで）。教えや実践の基盤は正宗のそれであり，この点で学会という新宗教が，正宗の講という既成の宗教伝統の基盤上に成立していることを強調しておこう。

その上で注目したいのが，その排他性・他宗排撃の姿勢である。これは，日蓮が他宗を批判し（四箇格言「念仏無間 禅天魔 真言亡国 律国賊」），法華経の真正性のみを強調した思想に淵源を求められる。それが「折伏」という相手の論を説き伏せ，日蓮仏法に帰依させようとする強い布教姿勢[9]としてあらわれるのである。また，宗教実践としては，日蓮仏法を謗るような他宗のシンボルや儀礼，崇拝物など（神棚・御札や御守，祭り，民間信仰や習俗など）をタブーとして排する「謗法払い」という形をとる[10]。こうした強い排他性は，日蓮系の一部の流れには見られるものだが，他宗や伝統宗教との棲み分けが一般的である多くの日本の新宗教のなかでは特殊といえるだろう。

こうした姿勢が，「神道非宗教」論をとる戦前の「国家神道」体制（→第1章・第10章）との間で軋轢を生むのは当然だった。戦時の挙国一致体制のなかで，国家が正法（正宗）に帰依しなければ勝てないと主張し，伊勢神宮の大麻（神札）の授受を拒否した牧口・戸田らは，治安維持法違反と不敬罪容疑で検挙された。高齢の牧口は獄中で没した。幹部らは転向し，5,000人程度だった組織は散り散りとなった。

## 戦後・創価学会の復興と大教団化

獄中を生き抜いた戸田は，戦後に組織の復興をはかる。1946年，「創価学会」

---

9）対照的に，相手の論を聞きながらもソフトに正法に導く布教姿勢を「摂受」という。
10）地域の祭りに参加しない，初詣や修学旅行などで寺社を参詣しない，などの形であらわれる。もっとも，近年ではある程度の融和路線をとり，「つきあい」として許容される場合もある。会員個人や世帯ごとの判断に左右されるのが実際だと思われる。

に改称。1951年，戸田は第二代会長となり，本格的な布教活動「折伏大行進」を始める。戸田は，自分の在世中に75万世帯折伏という目標を打ち出した。1952年，東京都より宗教法人認証を受ける。以後，激しい布教活動は社会的注目と批判を浴びつつも，急激に教勢を拡大させていった。

　戸田の打ち出した路線は，①「人間革命」と勤行による現世利益の実現，②「王仏冥合論（おうぶつみょうごう）」による政教一致と「国立戒壇」建立による救済，とまとめられる。獄中で仏＝大生命であることを感得した戸田は，正宗の本尊は「幸福製造機」であり，日蓮仏法に帰依し，題目を唱え，心を変えていく（人間革命）ことで，その生命力が得られ問題解決がなされるとした。そして，民衆を折伏教化し，正法を広め（広宣流布（こうせんるふ）），大石寺に国立の戒壇（僧侶に受戒する場）の建立を目指す。そうすることによる，一国民衆の救済を目指したのだ。そのために，政治進出が導き出される。1954年，学会文化部が設置されて政治進出の準備が進められ，翌55年の地方選で53人，1956年参院選で3人当選と成果を挙げはじめる（→第10章）。戸田は「王仏冥合論」(1956-57年)において，「われらが政治に関心をもつゆえんは，三大秘法の南無妙法蓮華経の広宣流布にある。すなわち，国立戒壇の建立だけが目的なのである」として，政治進出の目的が宗教的ユートピアの実現にあると明確に謳っていた。

　戸田没後，1960年に32歳で第三代会長に就任したのが，池田大作である。池田は戦後まもなくから戸田に従い，青年幹部として教勢拡大にあたった人材だった。戸田の路線を基本的に継承し，組織の拡大・整備がこの間も進んだ。1964年，池田は正宗の法華講総講頭となった。学会の会長であり，同時に正宗の信徒のトップ（宗門のトップは法主（ほっす））となったのだ。正宗内での影響力は強まった。1972年，大石寺に壮大な正本堂（しょうほんどう）が建立された。学会の音頭で大量の寄進がなされ，4日間で355億円が集まったとされる（分立後，1998年に取り壊された）。

　海外布教も活発化し，1975年にはSGI（SOKA GAKKAI International）が設立され，池田が会長に就任した。また，1971年には創価大学が設立された。

　政治進出は池田時代もさらに進み，1964年には，公明党が結成された。1967年，当初は出ないと言っていた衆院選にも候補を立て，25名が当選し，野党第三党となった。こうした急速な拡大にともない，進出当初からの政教一致路線

写真 2-1　在りし日の大石寺正本堂（写真提供：共同通信社）

は，戦後日本の政教分離体制からいっても強い批判を受けた。また，1969-70年には，学会批判書の出版妨害工作をした「言論出版妨害事件」が起こり，大きな批判を呼んだ。これらを受け，学会と公明党との人事・組織面での分離，「国立戒壇」論の実質的放棄などがなされていった。

　このように，戦前にスタートした学会が，急激に伸張し，今日の組織基盤を確立させたのは戦後1950年代から1970年代初頭，すなわち高度経済成長期にあたる。では，なぜそれほどまでに伸びたのか。要因は複合的だが，①高度経済成長期という急激な社会変動期に「離村向都」（単独で地方を離れ，都市に職を求めてきた）型の都市下層の人々に信仰共同体を提供したこと［鈴木1970］，②彼らが抱える諸問題に対し教えへの帰依と勤行という平易な実践による明快な解決法を示したこと，③「国立戒壇」建立という究極的目標と選挙という具体的目標を提示し集団の凝集力を高めたこと，④他宗教や文化との軋轢を謗法払いという決然とした形で処置したこと，などが挙げられるだろう[11]。こうして同時期に伸張した戦後新宗教のなかでも，特に大教団化したのだ。

## 正宗からの離脱と現在

　1979年，さまざまな軋轢の余波を受け，池田は会長を辞任し，名誉会長となっ

---
11) こうした特殊な要因を持つため，創価学会を単純に新宗教の「代表」と見なすことはできない。

た。

　さて、国境を越えて巨大化し、大きな政治力を持つ信徒集団が、一伝統宗教に内棲している状態は、そのままではいられなかったのだろう。1991年、ついに学会は正宗から破門され、分立した。すでに自立性を持っていた学会だったが、2つほど困ったことがあった。1つは信仰のシンボルに関わる問題である。かつての信仰の聖地・大石寺への参詣はできなくなった。信仰の根本対象だった大石寺の御本尊をどう位置づけ、また正宗寺院で新入会員に受け渡していた御本尊をどうするかという問題が出てきた。これについては、すでに各地の会館に本尊を模刻してあったので、会員への受け渡しもこれに準じて行うこととなった。もう1つは、従来は正宗僧侶に拠っていた葬儀をどうするかであった。これは既成仏教に葬儀を委ねたままが多い他の新宗教では考えにくい問題だ。学会は、「友人葬」という学会員のみで執り行う形式を整えた[12]。このように、学会は宗門離脱にともなう問題に対応を取った。

　2002年に改定された「創価学会会則」では、「前文」に「……「三代会長」に貫かれる師弟不二の精神と広宣流布実現への死身弘法(ししんぐほう)の実践こそ「学会精神」であり、永遠の規範である」との言が、また「第一章　総則　第三条」に「牧口常三郎初代会長、戸田城聖第二代会長、池田大作第三代会長の「三代会長」は、広宣流布実現への死身弘法の体現者であり、この会の永遠の指導者である」との言が盛り込まれた。池田以降、会長は現在までに四代・五代・六代と替わったが、それはあくまで実務職にすぎない。牧口・戸田と現前の池田の「三代会長」こそが、学会をここまで大きくした象徴であり、宗門離脱後の信仰の中心なのである[13]。

　以上見てきたように、正宗の基盤に、牧口の価値哲学、戸田の生命論・王仏冥合論、池田時代の展開、脱宗門路線などが堆積し現在の学会があるのである。
　2009年、衆議院総選挙で公明党は大敗を喫し、1999年から続いた自民党との連立政権与党の座から離れた（2012年の衆院選で返り咲いた）。

---

12) ただし、一部では僧侶による葬儀を望む声もあり、正宗離脱の際に学会側に随った僧侶らが各地にある「会館寺院」で葬儀を執り行う場合もある。
13) 学会内部には池田を日蓮の生まれ変わりとみたり、池田こそ仏の本体であるとしたりする「池田本仏論」なども、非公式に流布しているとされる。

また，池田の高齢化にともない，ポスト池田体制が取りざたされている。

巨大化した学会は現在，日本社会のなかの一つのコミュニティとなっている。二世・三世信者が増え，ゆりかごから墓場まで学会内ということもありうる。他方で，現在の学会は，必ずしも教勢が伸びているとはいえない。それでも，その社会的存在感は圧倒的だ[14]。以上の理解を踏まえ，そうした新宗教が日本社会とどのように関わっていくのか，見ていく必要がある。

## 5　新宗教はどうなるか

ここまで論じてきたとおり，新宗教が「近代化への応答」であるなら，「近代」そのものに変化や終焉が訪れた場合，新宗教もまた当然変化を迫られることになるだろう。

### 最後の新宗教か——幸福の科学

新宗教の現在と今後を考える手がかりとして，表 2-1 中で最も新しく，現在諸方面で活発な活動を展開している幸福の科学のケースを取り上げよう。

幸福の科学は，1986 年 10 月，東京大学法学部卒で大手商社社員だった大川隆法（りゅうほう）（1956-，総裁）らが，東京都杉並区にて設立した。会員数は公称約 1,200 万人（うち海外 95 カ国・約 100 万人），国内拠点は宇都宮・日光・那須の総本山をはじめ約 1 万カ所としている。

大川は高級霊からのメッセージ（霊言）を受け，1985 年に初の著作『日蓮聖人の霊言』を刊行。1990 年代初頭まで毎年 20〜30 冊の書籍を刊行していった。当初は読書と講演を中心とした学習団体的な性格だったが，1990 年ごろから伝道を本格化させ，活発なメディア展開をなしていった。1991 年，宗教法人格を取得し，東京ドームに 5 万人を集め「エル・カンターレ宣言」（大川総裁は，九次元霊界の中心的存在で，釈迦やヘルメスの本体意識であるエル・カンターレが現代に

---

[14] こうした大きな社会的影響力を有する学会に対してなされてきた，数々の問題点の指摘や批判は看過できない。しかし，ここで十分に取り上げる余裕はない。元公明党委員長・矢野絢也による『乱脈経理』『私が愛した池田大作』などの一連の著作をはじめ，藤原弘達や『赤旗』，脱会者などによる書を参照のこと。

生まれた者だと明かした）を行った。このように，バブル期のムードを背景に，活発なメディア利用で注目を浴び，動員をはかった運動だと言える。

その活動目的は，「仏法真理」に基づき「幸福」を広げていくこととしている。だが，先行する新宗教，生長の家と GLA 総合本部の影響は指摘できるものの，伝統仏教や民俗宗教との連続性はほぼ見当たらない。霊界と現世との照応関係，魂修行と進化のための輪廻転生，自助努力による現世での成功・繁栄・発展とユートピア建設が説かれる。根本経典は『仏説・正心法語(しょうしん)』。その他，『太陽の法』『黄金の法』『永遠の法』など，大川の著作類は 1,000 冊を超える。日常実践としては，経文類の読誦，祈り，心直し，伝道，各種祈願や研修，寄附などがあるが，やはり重要なのは大川の著作を読み・学び・広めることだ。その特徴は，「出版・読書宗教」と呼ぶにふさわしいだろう。こうした大量の書籍伝道や祈願料・研修費用などを勘案すると，比較的高学歴ないし富裕層が参集しているといえそうである。また，学生をはじめ若年層の姿も目立つ。

メディアを通じ社会的注目を集めた 1990 年代前半を経て，その後 10 年ほどは，組織整備・施設建設などに力を注いできた。そして 2009 年には，政治団体「幸福実現党」を結成し，同年の衆院選に 337 名の候補を擁立した（が全員落選）（→第 10 章）。教育事業では，2010 年に栃木県那須町に幸福の科学学園中学校・高等学校を開校している[15]。こうして従来の大量書籍刊行・情報発信（映画公開も含む）に加え，政治・教育・言論活動に海外布教と，きわめて精力的に活動を展開しているのである。

このように見てくると，立教から 25 年ほどの新しい教団だが，ある程度の規模と教勢をそなえているようである。また，先行する創価学会のケースを当然参照しながら，各種の活動を展開しているとみてもよいだろう。

だが，両者の間には大きな隔たりがあるのも事実だ。わかりやすいのは，実質的な動員規模である。公称信者数はともかくも，2009 年の衆院選比例区の得票数を比較すると，公明党は約 805 万（21 人当選）だったが，幸福実現党は約 46 万だった（2010 年参院選では約 23 万）。幸福実現党は，国政では議席ゼロのままである。現時点では議員を送り込めないのだ。もっとも大きいのは組織基盤

---

[15] 2015 年には，千葉県長生村に幸福の科学大学の創立を予定していたが，不認可となった。

写真 2-2　幸福の科学の講演会の様子（2010年7月，横浜アリーナ，教団提供）

の違いだろう。選挙区に対応した堅固な地区別組織を成す学会に比べて，幸福の科学は書籍伝道に対応した緩やかなネットワーク型・個人参加型［島薗 2001］の組織がそもそもの基盤だ。地区別・年齢別組織もあるが，それほど強固ではない。

### これからの新宗教——適応か，新たな形態か

　こうした違いは，組織の性格や戦略の違いに起因する面もあるが，他方で運動の発生・展開期と切り離して考えることはできないだろう。はたして，戦後再興した学会と同様の戦略を，現代において 25 年間とったとしても，70 年代の学会と同じ規模になるだろうか。その見込みは薄いだろう。組織にあまり束縛されない緩やかな個人単位の関わりを基盤とする運動とは，それを望む同時代の人々のニーズに対応したものと考えられる。

　ならば，学会のケースは「最大の例外」だとしても，そうした大衆を動員して組織化する「新宗教」とは，幕末維新期以降，日本の近代化とともに歩み，戦後の高度経済成長期にもっとも大きく開花した，そうした社会状況に適合的な宗教運動の形態だということが確認できるのではないか。翻って，オイルショックとバブル崩壊を経て，近代化とその「成長」神話をもはや素朴には「信仰」しがたい現代日本においては，そのような形態は適さない可能性もある。

幸福の科学は，その最後尾の端境に位置しているように見えてくる。

実際，表2-1中の教団で教勢を伸ばしているところはほぼない。真如苑が，呪術性と倫理性を併せ持ち信徒個別のニーズに細やかに応える「接心」修行を武器に着実な展開を見せる程度だ。大山祇命神示教会や霊波之光教会などのように施設建設が進む教団はいくつかあるが，多くは現状維持がやっとか漸減という状況だろう。

また，幸福の科学以降で「宗教法人」として数万人規模にまで発展した団体はほぼ見当たらない。「スピリチュアル・カウンセラー」江原啓之のファンは，イベント会場には大勢集まるが，教団を組織したり本部聖地に参集したりなどはしない。新たな「宗教」的団体であっても，宗教団体・宗教法人といった確たる組織を形成せず，ウェブやブログでの情報発信や講演会活動を中心とし，NPO法人やセミナー，ネットワーク的な形態を取るケースも見られてきている（→第5章）。なかには，小規模で閉鎖的な組織下で社会問題化する場合もある（→第3章）。

むろん，新宗教がこれで終わりを迎えるというのではない。まだまだその社会的存在感は大きく，これまでどおり柔軟な適応を見せるかもしれない。また，グローバル化のなか，新たな組織形態が生成し再編されていく可能性もある。

新宗教は，こうした社会の変化を映しながら展開してきた。そこに面白さがあり，今後も慎重にそのゆくえを注視していく意義がある。

（表作成・執筆協力：李和珍）

## 第 2 章　新宗教の展開と現状

◆さらに学びたい人のためのブックガイド

「新宗教」を書名に冠した一般書は巷にあふれているが，それらには目もくれず，まずは『新宗教事典』（井上順孝ほか編）を傍らに置こう。【縮刷版】が入手しやすい。事典だが，気になる項目から読み進めてもよく，1980年代までの状況はこれでほぼ網羅できる。教団や教祖について知りたければ，『新宗教教団・人物事典』（同編）がある。この巻末には，新宗教に関する書籍・論文などの膨大なリストがあり，研究をするならここから先行研究を探し始めよう。『新宗教の解読』（井上順孝）も入門書としてオススメである。『現代救済宗教論』『ポストモダンの新宗教』（ともに島薗進）からは，新宗教を捉える際の視角を考えることができる。創価学会については，一般書や新書などよりも「日蓮正宗創価学会における「本門戒壇」論の変遷」「内棲宗教の自立化と宗教様式の革新」（ともに西山茂）などの信頼できる研究論文を探して読むことを薦めたい。

### 参考文献

井上順孝・孝本貢・対馬路人・中牧弘允・西山茂編 1990『新宗教事典』弘文堂。
―――編 1996『新宗教教団・人物事典』弘文堂。
西山茂 1980「創価学会」五来重・桜井徳太郎・大島建彦・宮田登編『講座 日本の民俗宗教 5 民俗宗教と社会』弘文堂，255-267。
――― 1988「霊術系新宗教の台頭と二つの『近代化』」『國學院大學日本文化研究所紀要』61：85-115。
――― 1995「新宗教の特徴と類型」山下袈裟男監修『日本社会論の再検討―到達点と課題―』未来社，147-168。
――― 2004「変貌する創価学会の今昔」『世界』727：170-181。
――― 2012「日本の新宗教における自利利他連結転換装置」『東洋学研究』49：49-59。
大西克明 2009『本門佛立講と創価学会の社会学的研究―宗教的排他性と現世主義―』論創社。
島薗進 1992『現代救済宗教論』青弓社。
――― 2001『ポストモダンの新宗教―現代日本の精神状況の底流―』東京堂出版。
鈴木広 1970「創価学会と都市的世界」『都市的世界』誠信書房，259-336。
高木宏夫 1959『日本の新興宗教―大衆思想運動の歴史と論理―』岩波新書。
寺田喜朗・塚田穂高 2007「教団類型論再考―新宗教運動の類型論と運動論の架橋のための一試論―」『白山人類学』10：1-20。
対馬路人・西山茂・島薗進・白水寛子 1979「新宗教における生命主義的救済観」『思想』665：92-115。

# 第3章　社会問題化する宗教
## ——「カルト問題」の諸相

塚田　穂高

「宗教」による殺人・傷害・虐待・詐欺。「宗教」であることを名乗らない正体隠しの街頭・キャンパス布教。これらは紛れもない現実だ。社会秩序を脅かす「カルト問題」の広がりについて，身を守るためにも知っておこう。

信徒を前に説法をする麻原彰晃
(1991年11月，山梨県上九一色村，藤田庄市氏提供)

第 3 章　社会問題化する宗教

## 1　「カルト問題」とは何か

　宗教は「アブナイ」「コワイ」。あるいは「宗教とカルトは別ものだ」「あれはカルトであって宗教ではない」。こうした断定的あるいは二者択一的な思考法――それはむしろ思考停止なのだが――こそが，実は「カルト的」な在り方そのものなのだ，と言っては皮肉に過ぎるだろうか。
　本章では，次々と生起する宗教団体やその信者による犯罪や事件，社会問題の具体例を通じ，現代日本社会における「カルト問題」を検討する。あらかじめ断っておくが，「どの教団がカルトか」という問いに答えるつもりはない。
　カルト（cult）とは，ラテン語の cultus に由来し，元来は祭儀・崇拝という意である。そこに否定的意味はない。一般的な国語辞典には，「①崇拝。②狂信的な崇拝。③少数の人々の熱狂的支持」などとある（『広辞苑　第六版』）。「狂信的」「熱狂的」と判断される，崇拝・支持だということである。
　歴史的な用法はさておくが，この語は，20 世紀半ばごろの欧米の宗教社会学において教団類型[1]の 1 つとして用いられるようになった。個人的忘我体験や精神的・身体的な癒しを求める人々による緩やかな結合であり，既存の宗教伝統から逸脱する教えをそなえ，それゆえに周辺社会から不審視される宗教集団で，しばしばカリスマ的指導者崇拝を伴う，といったものだ[2]。ここには「不審視」といった他者判断が見られるが，まだ否定的意味合いはあまりない[3]。
　だが，この語は「無色透明」ではいられなかった。1978 年に南米ガイアナでジム・ジョーンズに率いられて集団自殺し 910 名超が死亡した人民寺院，1993 年に FBI との銃撃戦の末，数十名が死亡したブランチ・ダヴィディアンなど，主にアメリカでの事件の続発にともない，徐々に「カルト＝アブナイ教団」といった否定的意味合いが付与されていったのである。

---

[1] 宗教社会学における代表的な教団類型としては，チャーチ（一社会一教会型）・セクト（自発的参加・排他的）・ミスティーク（個人的神秘主義）・デノミネーション（米での多教派並存型）があり，これらは「チャーチ-セクト論」と呼ばれる。
[2]［井上編 2005］所収の「カルト」「カルト運動」「カルト・セクト問題」などの項目を参照。
[3] 文化人類学では，異文化における呪術的崇拝やその小規模集団などを指すときに「カルト」と呼ぶ用法もある。

日本での「カルト」という語の初出は未詳だが[4]、少なくとも1980～90年代初頭くらいまでは、一般的には「カルト映画」あるいはクイズ番組「カルトQ」(1991-93) など、サブカル的な文脈で「マニアック」程度の意味だった。

大きな転機は1990年代である。後述するが、1990年代前半の世界基督教統一神霊協会（以下、統一教会）脱会をめぐる報道や、1995年のオウム真理教事件などを経て、「カルト＝危険な宗教集団」という認識と用法が定着していった。現在、こうした認識から自由になることはほぼ不可能である。

だが、こうした一般的な意味と並行して、実は領域ごとに「カルト」の捉え方にはある程度の振幅が存在する。例えば、弁護士など法曹界においては、違法性や欺瞞性があるかどうかが焦点化され、被害救済・人権救済が主眼である。一方、精神医学や社会心理学では、そこに「洗脳」や「マインド・コントロール」と言われる技術が使われているか、そのメカニズムに注目が集まる。マスメディアでは、スキャンダル性が前面に出ることも多い。

では、宗教社会学ではどうだろう。ここでは、「社会問題」としてみる視角が基本だ。すなわち「カルト」とは、事件化したり軋轢を生むなど社会的に問題化した教団への一種の「ラベル」であり、教団・信者と他者（家族・住民・被害者など）との相互行為のなかで「社会問題」化した際に貼られるものだ、というラベリング論的・社会構築主義的な視角を基本に据えたい。しかしだからといって、「カルト」とは社会的な構築物なのだから、「被害」とか「問題」なんてものは相対的で虚構に過ぎないなどと言うのでは全くない。重要なのは、「どの教団がカルトか」といった本質主義的な議論ではなく、どういう教団・信者がどういう行動を取ったときに、どのような「カルト問題」が起こっているか、その問題性とは何かを具体的に見ていくことなのである。以下では、それを行っていく[5]。

さて、そうした「カルト問題」にもさまざまなタイプがある[6]が、ここではそ

---

4) 比較的早い時期の用法として、『朝日ジャーナル』1979年2月2日号に「新興宗教に逃避する孤独な若者たち―カリフォルニアで「人民寺院」の集まりに参加して思ったこと―」という記事がある。これは、アメリカの教団とその事件を紹介したものである。

5) こうした「カルト問題」とは何も宗教集団にかぎらず、企業や教育、サークルなどの場においても起こりうるものとし、また個人間の関係にまで拡張する議論もある。そうした議論にも有効性・妥当性はあるが、本章ではあくまで宗教集団に主眼を置く。

の問題性に着目するため，①生命の破断，②性的虐待，③暴力的布教，④児童虐待，⑤金銭収奪，⑥正体隠しの詐欺的布教，といった問題行為・犯罪行為別のタイプ［藤田2008：338-339］を提示して論じていきたい。

以上のような前提に立ち，2節ではオウム真理教，3節では統一教会，4節ではそれ以外のケースを取り上げる。そしてこれらの「カルト問題」が提起するものを考察したい。

## 2　オウム真理教──宗教的殺人と続く問題性

**オウム真理教**（以下，オウム）とその教祖の**麻原 彰晃**（本名・松本智津夫, 1955-）の名（と風貌）は，ほとんどの人が知っているだろう。だが，オウムがどのような教団だったのか，その引き起こした事件とはどのようなものだったのかについては，事件から歳月が経つにつれ風化と忘却が進んでいる。**地下鉄サリン事件**は，何年のことであったか。特に，現在の大学生や若い世代にとっては幼少期のことで，事件後の狂騒についてすら記憶にない場合が多いだろう。

本節でオウムを詳しく取り上げる意義は，主に3点ある。1つは，地下鉄サリン事件を頂点とする一連の事件が，戦後日本史・日本宗教史（のみならず世界宗教史）上，とても等閑視できない宗教的無差別テロ事件だという点である。2つ目に，オウムは前掲の①〜⑥全ての問題性を認めることができ，なかでも①生命の破断，ならびに全財産を供出させての出家制度という⑤金銭収奪，の側面が著しいという点である。そして3つ目として，一連の裁判は終結した（特別手配犯だった3人を除く）が，オウムに関する問題は今なお終わっていない眼前の問題だという点である。

オウムは，麻原が1984年に東京都渋谷区で創設したヨーガ・サークル「オウムの会（オウム神仙の会）」を発端とする。当初は，麻原は「ヨーガの先生」だった。オウムの宗教的世界は，ヨーガ，原始仏教，チベット密教などへの傾倒を

---

6）櫻井義秀は「癒し系・霊感商法カルト」「覚醒系・自己実現型カルト」「使命感系・世界変革型カルト」「救済系・ファンダメンタル型教団」という類型を挙げている［櫻井2008］。弁護士の紀藤正樹はカルトの社会的問題性による類型として，①対社会妨害攻撃型，②資金獲得型，③家族破壊型，④信者・構成員収奪型の4つを挙げている［紀藤・山口2007］。

中心とするが，それ以外にもヒンドゥー教，占星術，キリスト教的終末観やメシア思想，ニューエイジ，偽史偽典などさまざまな要素が混在している。最高の「グル」（宗教上の師）の存在の強調，無常観（「人は死ぬ，必ず死ぬ」）と輪廻転生観，修行システムと出家制度，各種のイニシエーションなどに加え，高い所に転生させるとするポア，カルマ（業）を蓄積させてでも目的を遂行すべきとするタントラ・ヴァジラヤーナ，煩悩からの解放として世俗の論理を相対化するマハームドラー（聖無頓着）といった諸思想，「誰かが救済を邪魔している」という陰謀論的思想，「1999年に間に合わない」という終末観，などが一体となっていた。

　オウムが「新宗教」（→第2章）と言えるかどうかは判断が難しいところだ。確かに麻原が所属していた新宗教の阿含宗の影響もあろうが，民俗宗教との連続性はほぼない。その意味では，伝統との連続性が希薄で諸要素が「ごった煮」的なハイパー宗教［井上1999：156-162］であると言える。

　以下で，オウムの展開と事件史を見てみよう（表3-1）。

　このわずか10年ほどの間の歩みには，驚きを禁じえないであろう。付言すれば，これら一連の犯罪行為（国土利用計画法違反事件を除く）がオウムによるものだとは，1995年の強制捜査後まで明らかにならなかった。それまでにいったいどれほどの人が亡くなっているだろうか。

　オウムの展開史を見る場合，2つのパースペクティヴがある。

　1つは，麻原はそもそも犯罪者的な性向を有しており，教団形成と展開も結局はそれが露見していく過程だったというものである。その場合，教団設立前の麻原の暴力的なエピソードや傷害事件による罰金刑（1976年），薬事法違反（1982年）歴などが好んで取りざたされる。

　もう1つは，オウムは元々穏やかなヨーガ実践の集まりだったが，ある時期から（社会との摩擦などにより内閉化していき）変質し，ついには前代未聞の無差別テロにまで至ったという見方である。

　前者は，事件の原因をあまりにも単純に過去に求め過ぎであり，当初のヨーガの集まりの実態を看過している。他方，後者は，「カルト」とされる団体は社会との軋轢によって生み出されるものだということを暗黙の前提にしており，地下鉄サリン事件前後に知識人・文化人が「私が麻原と会ったころから教団は

第3章　社会問題化する宗教

表 3-1　オウム真理教の展開と事件概要

| 年 | 月 | 出来事 |
|---|---|---|
| 1984 年 | | 東京都渋谷区でヨーガ・サークル「オウムの会（オウム神仙の会）」設立 |
| 1985 年 | 9 月 | オカルト雑誌『トワイライトゾーン』『ムー』に麻原の「空中浮揚」「空中飛行」写真が掲載 |
| 1986 年 | 3 月 | 初の著作『超能力「秘密の開発法」』出版 |
| 1987 年 | 6 月 | 「オウム真理教」に改称 |
| 1988 年 | 9 月 | 信者の真島照之氏が修行中に死亡。遺体は焼却される |
| 1989 年 | 2 月 | 信者の田口修二氏リンチ殺害事件 |
| | 7 月 | 教団内で政治進出を決定 |
| | 8 月 | 政治団体「真理党」結成 |
| | | 東京都から宗教法人の認証 |
| | 10 月 | 『サンデー毎日』が「オウム真理教の狂気」キャンペーン |
| | | 「オウム真理教被害者の会」設立 |
| | 11 月 | 坂本堤弁護士一家 3 人殺害事件 |
| 1990 年 | 2 月 | 衆議院総選挙で麻原ら 25 人が全員落選 |
| | 3 月 | ボツリヌス菌毒の研究を開始 |
| | 5 月 | 熊本県波野村への進出開始。地元住民と対立 |
| | 10 月 | 国土利用計画法違反容疑で強制捜査。幹部数人が逮捕 |
| 1991 年 | 9 月 | 「朝まで生テレビ！」に麻原ら生出演。幸福の科学幹部らと対決 |
| | | ※この間，メディアなどへの露出も続く。91-92 年，各地の大学学園祭に出演 |
| | | ※同時期にロシアへ進出。92 年には支部開設。ロシアからラジオ放送も開始 |
| 1993 年 | 6 月 | 信者の越智直紀氏が修行中に死亡。遺体は処理される |
| | | サリン製造研究の開始 |
| | 6-7 月 | 亀戸道場での炭疽菌噴霧失敗 |
| 1994 年 | 1 月 | 元信者の落田耕太郎氏リンチ殺害事件 |
| | 2 月 | 麻原，自動小銃の大量密造を指示 |
| | 5 月 | 滝本太郎弁護士サリン殺人未遂事件 |
| | 6 月 | 松本サリン事件。死者 8 人・負傷者数百人 |
| | 7 月 | 信者の冨田俊男氏リンチ殺害事件。遺体は焼却処分される |
| | 9 月 | ジャーナリストの江川紹子氏へのホスゲン・ガス襲撃事件 |
| | 12 月 | スパイと疑われた濱口忠仁氏 VX ガス殺害事件 |
| | 12-1 月 | 被害者の会会長の永岡弘行氏ら 2 名への VX ガス襲撃事件 |
| 1995 年 | 2 月 | 目黒公証人役場事務長の仮谷清志氏拉致監禁致死事件 |
| | 3 月 20 日 | 東京で地下鉄サリン事件。死者 13 人・負傷者約 6,300 人 |
| | 22 日 | 強制捜査 |
| | 30 日 | (国松孝次警察庁長官が自宅前で銃撃される) |
| | 4 月 23 日 | 幹部の村井秀夫が東京総本部（港区南青山）前で刺殺される |
| | 5 月 5 日 | 新宿の地下街で青酸ガス発生（未遂）事件 |
| | 16 日 | 麻原逮捕 |
| | | 都庁で都知事あての小包が爆発し，職員が重傷 |
| | 10 月 | 東京地裁より解散命令。1996 年 1 月，最高裁が抗告棄却で確定 |

注）太字は主要 8 事件

変わってしまった」などと言い訳した論理とも同型である。

　ここではどちらの見方にも与しない。ここでまず注目するのは，真島事件（1988 年 9 月）―田口事件（1989 年 2 月）―坂本事件（同年 11 月）の，初期 3 事件の連なりだ。真島事件は，激しい修行中の「事故」死だったとされている。麻原らは，「いまこのことが公になれば，救済が遅れる」として，教団内で「高い転生（ポア）をさせる」べく遺体を処理した。田口氏はこの処置を知っており，脱会しようとし，「麻原を殺す」とまで言っていた。それに対し麻原は「（脱会すれば田口氏が）非常な悪業を犯すことになるし，救済も遅れる」と言った。そして，「ポアするしかない」として弟子の幹部らに手をくださせた。こうして教団内での殺人第 1 号が行われた。続く坂本事件[7]は，被害者の会の代理人である坂本弁護士が教団展開の障壁になるとし，「悪業を積ませないよう」に殺したものである［藤田 2008：212-239 ほか］。これらの事件は，いくつかの雑誌報道は始まりつつあったものの，社会との軋轢が全面的に顕在化する――というよりむしろオウムが社会に広く知られる以前に，階段を昇るかのように起きていたものであった。そしてそこには，単なるこじつけや言い訳では片付けられない，宗教的な動機と説明枠組が介在していたことを確認しておきたい。

　その後，1990 年には，世紀末のハルマゲドンまでに国政を担い日本と世界を救うべく，真理党が国政選挙に出た（→第 10 章）。しかし，結果は惨敗で，その後は「マハーヤーナ的（大乗・社会融和路線）なやり方では，救うことはできない」として，細菌兵器類の開発を始めた。

　さて，オウムの特徴として，メディア活用と情報発信に長けていた点が挙げられる。自前の印刷・音声・映像メディアで大量の情報を発信するとともに，一般メディアが自分たちをどう報じるかにも敏感だった［宗教情報リサーチセンター編 2011］。1991〜92 年ごろには，多くの雑誌や TV 番組などに麻原が出た。また，東大・京大・阪大など多くの大学学園祭にも招かれた。これらの場で，島田裕巳・中沢新一・山折哲雄らの宗教学者やビートたけし・荒俣宏らの文化人と対談した。オウム信者には若者，特に理系の技術者が多かったとされる。

---

[7] なお，坂本事件直前の 1989 年 10 月末，TBS は坂本弁護士がオウムを批判する放映前の VTR をオウム幹部らに見せていた（放映は結局されなかった）。TBS は地下鉄サリン事件後の 1996 年 3 月までこのことを認めなかった。

第 3 章　社会問題化する宗教

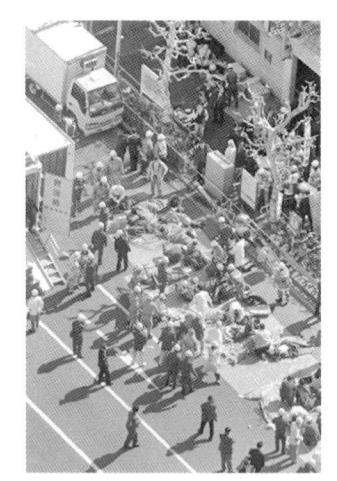

写真 3-1　地下鉄サリン事件(1995 年 3 月，
写真提供：共同通信社）

　こうしたメディアや講演などを通じて表れた「仏教」や「生き方」を雄弁かつ軽妙に説く麻原の姿（そしてその先に続く体験重視の修行階梯）は，彼らにとってとても魅力的に映ったのかもしれない。1995 年 3 月の段階で，オウムは出家信者約 1,500 名，在家信者約 12,500 名の規模だった[8]。
　1995 年 3 月 20 日，地下鉄サリン事件が起こった。同事件は，教団が警察の強制捜査情報を聞きつけ，先手を打って混乱させようとしたこと，霞ヶ関官庁を狙い首都機能をマヒさせようとしたことが，後の捜査や公判で明らかになった。
　事件後，強制捜査を経て，麻原や多くの幹部は逮捕された。1996 年には，オウム真理教という宗教法人自体は解散となった。捜査・裁判は進み，麻原は 2006 年 9 月に死刑が確定した。2011 年中には幹部らの全ての公判が終了し（特別手配犯 3 人を除く），麻原ら計 13 人の死刑判決が確定した（未執行）。
　裁判が終わり刑は確定したが，なぜ事件が起きたか，初期事件からメディア

---
8) これは信徒数十万以上の従来の新宗教教団に比べれば少ないが，同時代ないしそれ以降の組織的宗教の状況を鑑みれば，かなりの規模だといえる。特に，全財産と全ての時間を「宗教生活」（修行，そして不法行為も含む「ワーク」）に捧げた出家信者の存在は大きいと言えよう。

52

露出も盛んだった数年を経て，地下鉄サリン事件にまで至る道筋は，十分に明らかになっているとは言えない。

　オウムを論じる際にしばしば出てくるのが，「オウムは宗教か」という問いだ。「オウムはカルトであって（本当の）宗教ではない」というのは，宗教者や宗教の真正性を信じる人々から多い言である。麻原は欲望にまみれた俗物であり，幹部らは教団内での自己保身のために各事件を起こした，という見方は根強い。だがこれらは，事件をなるべくわかりやすい形に収拾させようとする論理に過ぎない。事件はあくまでオウムという宗教団体が起こしたのであり，その宗教的な動機から目を背けてはならないだろう[9]。

　他方で，オウムのように「宗教とはそもそも反社会性をその本質とするものだ」という論もきわめて浅薄である。事件前に宗教学者や知識人の何人かがこのように声高に主張し，オウムの活動を後押ししたことを書き留めておく。

　さらに，事件の解明という点以外でも，オウム問題は終わっていない。

　1つは，後継団体の展開である。オウムは法人解散後も任意団体として残り，2000年に「アレフ」となった（現・Aleph）。一方，出所した幹部の上祐史浩は，2007年にひかりの輪を分立させた。2011年12月に，公安調査庁が発表した『内外情勢の回顧と展望』（平成24年版）[10]によると，両団体合わせて，国内出家信徒約400人・在家信徒約1,100人がいるという。またAlephは，SNSを勧誘に利用し，2011年で青年層を中心に200人以上の新規信徒を獲得したとされる。これはオウムとその事件を知らない世代だ。2010年には，Alephが足立区で土地建物を購入し，新たな拠点化が進んでいる。世田谷区烏山地域や滋賀県湖南市など，すでに教団拠点がある地元では，住民の反対活動が続いている。Alephは麻原回帰路線，ひかりの輪は脱麻原路線を志向しているとされるが，国は1999年の団体規制法に基づき，観察処分を延長・更新し，ともに監視体制を継続している。事件が明るみに出て，教祖が逮捕され，法人が解散しても，問題の終着点ではないことがわかる。

　主要8事件の被害者は，最終的に計6,583人（死者29人），うち地下鉄サリン事件は6,286人となった（2010年12月の警察庁発表）。ようやく2008年に被害

---

9) もちろん，動機に宗教性があるからといって，その責任を免ずるべきだというのではない。
10) http://www.moj.go.jp/content/000084409.pdf

者救済法が施行され，被害に応じた補償に前進が見られた。しかし，PTSDや後遺症など，被害者・遺族の苦悩は続いている。

一方，社会は事件を忘れつつある。「宗教」，特に教団宗教への忌避感は，依然として強い。だが，非組織的・スピリチュアルな宗教性への関心は隆盛をむかえた（→第5章）。メディアも，一時は自粛していた霊能・スピリチュアル番組を「解禁」した。またなかには，元幹部らを誌面などに登場させ，他宗教や現代社会を批判・論評させるメディアも出た。事件前，麻原を盛んにメディアに登場させた状況と何も変わらない。

悲惨な事件だったから，特異なケースとして社会は忘却してしまえばいいという考え方は，これから起こることへの経験知として働かない。何が起こったのか，社会はそれをどう受け止めたのか，そして今なお何が起こっているのか。現代宗教と社会をめぐる大きな問題の一つとして，無関心でいてほしくない。

## 3　統一教会——正体隠しの伝道と金銭収奪

まずは，写真を見てほしい。街頭での楽しい待ち合わせやおしゃべりの様子……，ではない。統一教会（現・世界平和統一家庭連合）の街頭での勧誘活動の様子だ。信者（「食口」という）二人組で一人に声をかける。最初は一人で声をかけ，途中で「あら，○○さん」などと偶然を装いもう一人が合流するパターン（「協助」という）もある。同性に声をかけることが多いようだ。これが「こんにちは，統一教会です」と言って声をかけるのなら，何の勧誘かくらいはわかる。だが，そうではない。「お顔に転換期の相が出ています」「手相の勉強をしています」「青年アンケートに御協力ください」などと言うのであり，⑥正体隠しの詐欺的布教，の最たるものなのである。

2009年実施の世論調査によると，統一教会の知名度は全世代平均で59.3%（1999年・65.5%，2004年・61.9%）。意外と高いようだが，20-29歳だと25.0%，学生だと12.5%である［石井編2011］。他方，統一教会側の主たる「伝道」のターゲットは，婦人層（「壮婦信者」と呼ばれる）と青年層・学生である。よって，この知名度のギャップが重い意味を持つ。詐欺的布教に加え，実際に数々の事件を信者が起こし，訴訟も絶えない統一教会とはどのような教団であり，どのよ

写真3-2　街頭偽装勧誘の様子(2010年6月,都内,エイト氏提供)
教団名などは名乗らない。

うな問題が起こっているのか。知っておく必要があるだろう。

　統一教会[11]は，端的に言えば，「韓国生まれの土着的キリスト教系新宗教」である。「再臨のメシヤ」であるとされる教祖・文鮮明(ムンソンミョン)(1920-2012)は，現在の北朝鮮に生まれ，1935年にイエスから啓示を受け，いくつかの神秘主義的キリスト教団を経た。1954年，韓国で統一教会を創立。日本には1958年に伝わり，1964年に宗教法人の認証を受けた。本部は，東京都渋谷区松濤にある[12]。

　根本教典は『原理講論』(1966年完成)であり，他に文鮮明の発言集である『聖本』(3,000万円の献金により与えられる)・『天聖経』(同じく430万円の献金)などがある。その宗教的世界観は，聖書的世界の独特な解釈と，陰陽二元論・霊界観・「恨(ハン)」と「解怨(かいおん)」思想・シャーマニズムといった韓国の民俗宗教的世界観や韓国中心主義などが接合されたものである。いくつかを挙げると，エバとルーシェルが不倫を犯し人間がサタンの血統を継承したのが堕落・原罪である，イエスの十字架上の贖罪は失敗である，人間は神から離れた分だけ埋め合わせの

---

11) 以下の記述は主に，[山口1993] [藤田2008] [櫻井・中西2010] などに拠っている。
12) 統一教会の政治部門として，国際勝共連合が1968年に設立された。日本でも，自民党を中心に広く保守系候補への選挙協力・秘書提供などを通じて中央・地方政治とのつながりは深いとされる。

第3章 社会問題化する宗教

条件を立てなければならない（蕩減(とうげん)），再臨主は韓国に現れあらゆる民族は韓国語を使うことになる，文鮮明が選んだ相手同士での「祝福」（合同結婚式）により無原罪の子が生まれ「真の家庭」を創ることができる，などである。教えが特異か，キリスト教的に異端かどうかは，問題性と必ず直結するわけではない。問題は，それが実践として具体的にどういう形で現われるかである。

統一教会が日本において社会問題化したのは，1960年代後半の「親泣かせの原理運動」が始まりであった。1964年に全国大学連合原理研究会が組織され，宗教活動にのめりこみ学業を放棄する学生が相次いだのだ。しかし，このときは街頭で黒板を用いて「原理」を講義するなど，原理運動であることを隠さない活動を展開していた。

それが，1980年代半ばから，姓名判断などと絡めた商品販売方法が「霊感商法」として問題になってきた[13]。ここで展開されたのが，冒頭のような正体隠しの「伝道」だ。被勧誘者は「ビデオセンター」に連れられていく，あるいは姓名判断や印相（≒印鑑販売）を見てくれる「エライ先生」のもとへ連れられていく[14]。その際に，統一教会の勧誘だということは相当先の段階まで知らされないのである[15]。こうしたやり方は，単にアンフェアだというだけではなく，すでにいくつかの判決においてその違法性が認定されている（2003年10月最高裁，2012年3月札幌地裁など）。

この違法ともされる伝道の先に，違法と指弾されてきた物品販売と高額献金という信者・非信者を問わない⑤金銭収奪，がある。そして，被勧誘者は，ビデオセンター→ツーデーズセミナー→ライフトレーニング→フォーデーズセミナー→新生トレーニング→実践トレーニングといったコースをたどり，徐々に統一教会の教説を受容し，今度は自らが街頭で正体隠しの勧誘を行うようになるのである。

---

13) こうした「霊感商法」被害の救済にあたるべく，弁護士らが中心となって1987年に結成されたのが，全国霊感商法対策弁護士連絡会である（http://www1k.mesh.ne.jp/reikan/）。現在まで継続的に，被害者救済・訴訟弁護などにあたっている。
14) なお，こうして連れられていった先で会う「霊能師」に霊能はない。マニュアルに従って，霊能師役と介添え役の二人一組で「トーク」を行い勧誘する［櫻井・中西2010］。
15) 櫻井義秀が脱会者66名を調査した結果，最初の時点で自らが統一教会の布教活動・勧誘を受けていると認識していた者はゼロだった［櫻井・中西2010：206］。

第3章　社会問題化する宗教

表 3-2　近年の統一教会関連の刑事事件

| | | |
|---|---|---|
| 2007 年 | 10・11 月 | 沖縄市の運勢鑑定業者「天守堂」の 5 人が逮捕 |
| 2008 年 | 2 月 | 松本市の印鑑・健康食品等販売会社「煌健舎」の 5 人が逮捕 |
| | 9 月 | 泉佐野市の健康食品販売会社「ファミリーネットワーク」の 3 人が薬事法違反で逮捕 |
| | 11 月 | 新潟市の健康器具販売会社「北玄」の 3 人が逮捕。2009 年 2 月にも 2 人が逮捕 |
| 2009 年 | 2 月 | 渋谷区の印鑑販売会社「新世」が家宅捜索。6 月に 7 人が逮捕 |
| | 5 月 | 福岡市の健康器具販売会社「サンジャスト福岡」の 1 人が逮捕 |
| | 9 月 | 大阪市の印鑑宝石販売会社「共栄」の 4 人が逮捕 |
| | 10 月 | 和歌山市の健康食品販売会社「エム・ワン」の 3 人が逮捕 |
| | 11 月 | 東京地裁は、渋谷の「新世」社長の被告に懲役 2 年（執行猶予 4 年）・罰金 300 万円の判決。同社営業部長の被告にも懲役 1 年 6 月（執行猶予 4 年）・罰金 200 万円，同社にも罰金 800 万円の判決。「相当高度な組織性が認められる継続的犯行」と，教会との関連性を認定 |
| 2010 年 | 1・3 月 | 大分市の印鑑等販売会社「サンハート健美」関係の 4 人が逮捕 |
| | 7 月 | 町田市の神仏具販売会社「ポラリス」の 1 人が逮捕 |

　このように日本の統一教会は，教会部門と事業部門，宗教活動と経済活動が不可分である。というのも統一教会は国別に分業体制を敷いたコングロマリットであり，日本の役割はアンダーグラウンドで人材と資金を調達することだからだ，ということが明らかになっている［櫻井・中西 2010］。

　例を挙げると，2007 年 5 月 1 日の日本の統一教会の目標達成額は，一教区で1,000 万円，一地区で 5,000 万円だった。これに対する同日の全国「売上」は，22 億 8,792 万円だったという（裁判資料より）。そして，そのなかから，現在でも毎年数百億円ほどが韓国やアメリカに送られているのである。

　こうした資金集め／宗教活動の帰結として，いくつもの事件が実際に起きている。近年の主に特定商取引に関する法律（特商法）違反での相次ぐ刑事事件を挙げよう（表 3-2）。

　逮捕されたのは，基本的にみな信者であり，起訴された事件は全て有罪判決を受け，確定している。販売の際の虚偽説明や威迫的言動（「先祖の因縁で家族が不幸になる」「印鑑を買わないと不幸になる」など）によるものである。だが，統一教会側は，信者が逮捕され，教会に売り上げなどを報告する具体的なデータやメールなどが見つかっても，「……当法人と当該会社とは一切関係がない」「……信者が個人的な活動で社会的問題となることがないよう指導を徹底する」といったコメントを出してきた。これらの相次ぐ検挙を受け，2009 年 7 月には

57

第3章　社会問題化する宗教

表 3-3　近年の統一教会とその信者に対する高額献金返還訴訟の判決

| | | |
|---|---|---|
| 2010 年 | 8 月 | 献金を強要したとして教会と信者 3 人に約 1 億 5,000 万円の支払命令（東京高裁） |
| | 11 月 | 先祖祀り儀礼に多額の現金を支払わせたとして，信者ら 8 人に約 1 億円の支払命令（東京地裁） |
| | 12 月 | 多額の献金や印鑑購入を強要したとして，教会に約 3,300 万円の支払命令（東京地裁） |
| 2011 年 | 1 月 | 勝手に献金されたとして教会などに 550 万円の支払命令（福井地裁） |
| | 1 月 | 違法勧誘で物品購入や献金を強要したとして，教会に約 1 億 1,540 万円の支払命令（福岡高裁） |
| | 2 月 | 多額の献金を強要したとして，教会に約 8,100 万円の支払命令（福岡地裁） |
| 2012 年 | 3 月 | 献金強要で教会に約 3 億 9,000 万円の支払命令（福岡高裁。前年地裁から増額） |
| | 3 月 | 違法な伝道と献金勧誘に対し，教会に約 2 億 7,800 万円の支払命令（札幌地裁） |

　当時の日本の統一教会会長が記者会見を開き辞任したが，そこでも「教会は信者の個人的経済（販売）活動の指導はしていない」などと述べた。ようやく 2011 年ごろになり，「持続的改善」「コンプライアンスの徹底」「直接伝道」などを活動方針として喧伝している。それ以前が，いかに悪質で，法令に違反し，「間接伝道」を行っていたかを認めたものと言えよう。また，街頭での販売活動も停止しているという。だが，これらの転換が仮になされたとしても，長年続けてきた違法・反社会的活動が免責されるわけではないだろう。

　次に，高額献金等の返還を求めた民事訴訟の事例を挙げよう（表 3-3）。

　わずか 1 年半ほどの間にかぎってもこれだけの判決が出されているのだ。これらも被害のほんの一部にすぎない。献金は自分で信じて行ったのだから，それを返せというのは甘いと考える人もいるかもしれない。だが，それがきわめて特殊な精神的・霊的呪縛の下で行われたのなら，考えなくてはならないだろう。この点は，最終節で述べる。いずれにせよ，統一教会をめぐる事件や訴訟は数多く，何もない期間を見つける方が難しいくらいだ。

　こうした違法ともされる伝道と献金活動の先に目指されるのが，「祝福」である。これにより韓国人男性とカップリングされ渡韓した日本人女性信者は，7,000 人に上るという[16]。信者同士が望んだことならとやかく言うべきではないだろうか。だが，韓国では結婚難の農村の男性に入信・国際結婚が勧められ，

---

16) 韓国統計庁の調査では，2000 年の在韓日本人女性は計 7,683 人，2005 年は 5,613 人となっている。統計上の誤差などから，渡韓した日本人女性信者の数と完全に合致するわけではないだろうが，その規模の大きさがうかがわれる。なお，渡韓した日本人男性信者は 300 人ほどとされる。

一方言葉もよくわからないまま渡韓した日本人女性信者は農村で信仰も篤くない夫やその家族と貧しい暮らしをするケースもある。そのため後になって子どもを引き連れ，あるいは残して，日本に帰って脱会するような例もあることを指摘しておく（以上，［櫻井・中西 2010］を参照）。

以上，統一教会のケースを見てきた。こうした問題の数々が，歴とした公益法人たる一宗教法人をめぐって実際に，しかも若年層を主たるターゲットの一つとして起こっていることを，まずは知っておこう。

## 4　続発する「カルト問題」

ここでは，大学生を中心に日常生活と接点を持つ可能性が大きいと思われる，その他の「カルト問題」の事例をみる。

顕正会（富士大石寺顕正会）は，③暴力的布教，により2000年代に入ってからはほぼ毎年，監禁・強要容疑などで逮捕者を出し，本部等の家宅捜索を受けるなどしている。同教団は，元々は妙信講（1942年創立）といい，創価学会と同様に日蓮正宗の在家講（→第2章）の一つだった。その後，宗門内での意見の齟齬もあり，宗門からは破門された。1996年に宗教法人格を得て，現名称となった。さいたま市大宮区に本部があり，会員数は2011年時点で公称約151万人である（教団サイトより）。「日蓮大聖人に帰依しなければ日本は必ず亡ぶ」とし，反創価学会・反日蓮正宗，中国・北朝鮮脅威論，亡国・憂国を強調して唱える。暴力的な布教は，「折伏」の実践と他宗排撃の姿勢に裏打ちされたものといえる。「話がある」と言ってファミリーレストランなどに呼び出し，正面と横に座り，教えを延々と説く。施設などに連れていき，入会するまで帰さない。持っていた御守りを切り裂く，などといった被害が出ている。ゲームセンターやイベント会場などに独りでいる若者を狙う，といったやり方もある。

浄土真宗親鸞会（1958年法人化，本部・富山県射水市）は，浄土真宗本願寺派（西本願寺）の僧侶だった高森顕徹（1929-，「現代の善知識」などと仰がれる）による宗門改革運動が発端である。「親鸞聖人に帰れ」とする真宗原理主義とも目される。ここで問題となるのは主に，⑥正体隠しの詐欺的布教，である。各大学にダミーサークルをつくり，大学近くのアパートなどに拠点がある場合もあ

第3章　社会問題化する宗教

る。「世界の名著に学ぶ会」などと謳っておいて,「まずは『歎異抄』（親鸞の弟子唯円（ゆいえん）の著作）から読もう」と進める。新入生に対しては,上級生の信者や大学と関係ない教団職員が派遣され,まだ大学生活に慣れていないのを逆手に取って役に立つ情報を提供するなどと言って,集会に誘い込む。春前に大学近くの空き部屋をチェックしておくこともある。なお,近年ではSNSの機能を利用して,広範囲にわたり遠回しに集会などへ勧誘するやり方も増えている。いずれにせよ,正体を隠した詐欺的な布教により信者を獲得し,それにより充分な判断材料も与えられないまま大学生活を放棄する者も出るようなことは大きな問題である。

　次に,韓国生まれのキリスト教系団体である摂理（JMS）である。韓国のクリスチャンで,統一教会にも所属していた鄭　明析（チョンミョンソク）（1945-）が,1980年にソウルで前身を設立した。教祖が指名する信者同士の合同結婚式である「祝福式」など,統一教会と似ている面もある。1999年,女性信者への性的暴行が韓国で報道され,社会問題化。鄭は国外逃亡したが,2007年5月に北京で拘束され,韓国に引き渡された（懲役10年の判決）。日本では1987年ごろから活動が始まり,女性の若年層を中心に,約2,000人超の信者がいたとされる。2002年に週刊誌で取り上げられた後,2006年に全国紙やテレビでも教祖の猥褻行為（信者から相手を選んでの②性的虐待）・キャンパス布教などが取り上げられ,問題化した。大学におけるその⑥正体隠しの詐欺的布教,は実に巧妙だ。「○○線沿線の大学生が集まるインカレのスポーツサークルです」などと言って,キャンパスあるいは最寄駅の路上で声をかける。料理や合唱などのサークルの場合もある。フットサルやバレーボールなどを実際に定期的に行い,親密な人間関係を形成する。この段階では「摂理」とも「キリスト教」ともひとことも言わない。そして頃合いを見て,聖書の勉強などを勧めるのだ。場合によっては,この間1年以上に及ぶこともある［櫻井2007］。現在もなお,首都圏などで勧誘活動が続いている。自分が所属しているサークルはどうなのか。いつごろできたもので,責任者・代表者は誰かなど,確認してみるといいだろう。

　さらにいくつか,タイプごとに例を見てみよう。

　①生命の破断としては,交通事故にあった子どもの輸血を両親が拒否し死に至ったエホバの証人（ものみの塔聖書冊子協会,1985年など）,重症患者を病院か

ら連れ出し死後もミイラ化するまで「生きている」としたライフスペース（1999年），病気の子どもが施設内で死亡した後ミイラ化させた加江田塾（2000年），小児糖尿病の少女への投薬放棄の結果施設内で死亡した次世紀ファーム研究所（真光元神社，2005年），女性信者を数十人でリンチし死亡させた紀元会（2007年），などのケースが挙げられる。

②性的虐待としては，摂理の他に，牧師が信者少女への性的暴行で逮捕された聖神中央教会（2005年）のケースなどがある。

④児童虐待としては，聖神中央教会や，信奉者の子どもらを通学させず労働に従事させるなどしたセミナー団体ホームオブハート（2004年）の例などがある。

⑤金銭収奪としては，額の多寡はあるが，多くのケースがある。特に多額のものだけでも，損害賠償請求が相次ぎ，トップが詐欺で逮捕され，遂に解散となった本覚寺・明覚寺の霊視商法事件（1995年），高額の損害賠償請求訴訟が続き，教祖・福永法源をはじめ幹部らが詐欺容疑で逮捕され，教団も破産し解散となった法の華三法行[17]（2000年），勧誘行為や高額の講座費用について最高裁で約1億6,000万円の損害賠償が決まった泰道（現・寶珠宗寶珠会，2004年），「高島易断」を名乗り姓名判断などから多額の祈祷料などを収奪した幸運乃光（2008年），「除霊」などを口実に金銭を支払わせた行為に詐欺性が認められ「教祖」と幹部らが逮捕されて公判で罪を認めた神世界（ヒーリングサロン）事件（2007-11年）などの例が挙げられる。

これらは事件化・表面化した主なものに過ぎない。ここに挙がっていないなら安心だ，ということではない。要は，問題の具体相と質なのだ。以上の教団・団体レベルでのもの以外にも，個々の占い師や拝み屋，祈祷師などによる②性的虐待（猥褻行為）や⑤金銭収奪などの例も枚挙に暇がない。「何か団体に入るわけではないから大丈夫」ではすまない。思わぬところで出くわすかもしれない。現代日本社会におけるこうした問題の広がりを実感しておきたい。

---

17) 足裏の様子からガンなどの病気や日常生活の不安を断定したり，セミナーにおいて極度に睡眠時間を削る・人格を攻撃する・大声を出させる（福永が「最高ですかー？」と問いかけ，参加者が「最高でーす！」などと答える）などの極限状態に追い込み判断力を低下させて，金銭収奪を行っていた。

第3章 社会問題化する宗教

## 5 「カルト問題」の問題性とは――「精神の自由」の侵害を考える

　以上，具体例を見てきたが，最後に「カルト問題」の何が問題なのかを考えてみたい。
　まずは，その違法性と遵法精神の欠如である。当たり前と思うかもしれないが，その当たり前を超えてゆく。オウムにみられる殺人を正当化する論理はその最たるものである。宗教的・霊的な威迫をもって金銭を収奪する。そして，事件や訴訟が相次いでも，関与を認めようともせず，姿勢を改めない。また，摂理や法の華三法行，ライフスペースなどのように教祖が服役中であっても，当該団体や信徒らは罪を認め反省するどころか，むしろそこに「迫害」「受難」などと宗教的な意味を添加・転化させることもある。「カルト問題」は，事件の判明や教祖の逮捕，教団の解散・消滅によっても，必ずしも解決するものではないのである。
　それならば，法（刑罰法規）に触れなければOKか。そうではあるまい。2つ目として，社会通念・社会倫理からの逸脱を指摘できる。たとえば，正体隠しの偽装勧誘は，それ自体で刑事犯罪を構成するわけではない（民事訴訟では違法性が複数認定されている）。だが，自らの素性と目的や，そこにコミットするといかなる結果をもたらすかについて明らかにしないのは，いわば被勧誘者の選択する「信教の自由」を侵害していると言ってよいだろう[18]。また，子どもに単一の価値観のみを強要したり，教育の機会を剥奪したりするようなケースも問題をはらんでいる。これは，1つ目と合わせて，公共秩序への挑戦・侵害と括ることができる。
　それに対し，一部の宗教側などはこう言うかもしれない。「宗教とはそもそも反社会的なものだ。世俗の論理を相対化し超えていくのが宗教なのだ」と。確かに現代社会においては，社会通念や公共秩序自体に大きな揺らぎが生じて

---

[18] 前述の2012年3月札幌地裁での統一教会に対する献金返還・賠償請求訴訟の判決は，「入信後に特異な宗教的実践が求められる場合，その宗教の伝道活動においては，入信後の宗教的実践内容がどのようなものとなるのかを知らせるものでなければならない」とし，そうでない場合は「不正な伝道活動である」と認定した。単に教団名と目的が勧誘だと告げればよいというわけではない，という判決である。

いるのかもしれない。しかしだからといって，違法行為や社会倫理からの逸脱を正当化する論理にはならない。殺人や性的虐待，多額の金銭収奪は，時を経ても是とされることなどない。教団もまた，（その批判対象の）社会システムに依拠して活動しているのではないか。また，宗教法人であるならその優遇措置もあろうし，それに伴う責任もあるだろう。

　次に考えたいのは，以上見てきたような宗教事件・「カルト問題」における犯罪性や問題性とは，一般的な犯罪やマルチ商法などの詐欺と同じだろうかということである。換言すれば，「カルト問題」の特殊性である。これについては，「カルト事件の本質は，精神の深部から人間を呪縛し，「精神の自由」を侵す点にある」［藤田2008：48］・「宗教事件の核心は，宗教システムを駆使し，宗教レトリックとりわけ「宗教的脅迫」によって精神を呪縛するところにある」［同：99］のであり，スピリチュアル・アビュース（spiritual abuse：精神的・霊的虐待）なのだとの指摘がある。オウムの幹部らは，麻原に認められ，教団内での地位を上げるだけのために凶悪犯罪を起こしたのだろうか。なぜ，経済的に破綻してまで多額の献金をしてしまうのか。なぜ，教祖や牧師や霊能者の言いなりになってしまうのか。これらの問題を，「宗教性」抜きに考察することはできない。「宗教なのに犯罪を起こす」のではない。宗教だからこそ，宗教的レトリックを用い，宗教体験・神秘体験を介し，人間の精神的・宗教的核心をつかんで隷従状態に至らせるからこそ問題性が深刻なのである。

　関連して重い意味を持つのが，「カルト問題」においてはしばしば「被害者が同時に加害者になる」ということである。正体隠しの違法伝道を受け金銭を収奪された側が，今度は違法伝道と物品販売に従事する側になる。隷従状態に置かれた側が，その宗教的な認知枠組に則って他者に危害を加える[19]。「新宗教」の特徴の1つに，「信徒全員が同時に布教者でもある」という点があった（→第2章）。受けた教えを他者に伝える，そうすることにより自分の教化も進む，というのは広く共有された実践だ。だが，これが特定のシステムやメカニズムと結合することで大きな問題性を生む可能性があることは指摘しておきたい。

---

19)「オウム真理教被害者の会」が事件後に「オウム真理教家族の会」と改称したのは，象徴的である。彼らは家族関係を壊され，財産を収奪される「被害」を受けたが，同時にその家族の属する教団が凶悪事件の「加害」者となったのだ。

第3章　社会問題化する宗教

　最後になるが，大学における「カルト問題」（キャンパスカルト問題）に焦点をしぼる。見てきたように，大学生はターゲットであり，正体隠しの偽装勧誘が横行している。大学側はそれに対して，何らかの対策を取る必要がある。なお，大学生4,311人に「カルト対策」教育が必要か尋ねたところ，肯定的回答が56.5％（否定的回答は22.4％）という結果が出ている［井上編2011］。よって，対策は学生側のニーズに応えるものでもある。対策の主な根拠は，これまでの内容と重複もあるが3つある。1つは，正体隠しの組織的な勧誘は，被勧誘者に判断のための十分な情報を与えていない点である。宗教勧誘は禁止だというのではなく，その方法が問題なのである。次に，当然であるが学生の本分は学業である点だ。入学間もなく（しかも多くの学生が未成年だ），学生生活の見通しも立たないうちに閉塞的状況下での宗教活動に専念させるようなことは看過できない。関連して，大学として保護者・学資支援者への責務がある点である。以上の点に基づき，予防教育が必要となってくる。

　ここまで読み進めてきて，現代日本社会における「カルト問題」のフロンティアを知ることができたはずだ。知っておくことは大きな力になる。その上で，単に「あの教団に注意」とか「宗教ってやっぱりコワイ」という結論でよしとするのではなく（実際のところ，教団名は名乗らず，「宗教ではない」と言ってくる場合もある），その問題性を考えていってほしい。

◆さらに学びたい人のためのブックガイド
　まずは『宗教事件の内側』（藤田庄市）を薦める。事件の「宗教性」に焦点を当てた迫真のルポである。学術的観点を持った入門書としては，『「カルト」を問い直す』『霊と金』（ともに櫻井義秀）が新書で読みやすい。オウム真理教に関する書籍は数多いが，ほとんどがエッセイ的なものか持論を託したようなものである。基礎研究・資料としては『情報時代のオウム真理教』（宗教情報リサーチセンター編）がある。統一教会については分厚いが『統一教会』（櫻井義秀・中西尋子）を読んでみたい。『統一協会　マインド・コントロールのすべて』（郷路征記）は，社会心理学的観点から入信過程に迫ったものである。弁護士による『〔全訂増補版〕Q＆A 宗教トラブル110番』（山口広・滝本太郎・紀藤正樹）は項目が具体的であり，問題の広がりを捉えることができる。

## 参考文献

藤田庄市 2008『宗教事件の内側—精神を呪縛される人びと—』岩波書店。
井上順孝 1999『若者と現代宗教—失われた座標軸—』ちくま新書。
―――編 2005『現代宗教事典』弘文堂。
―――編集責任 2011『第 10 回学生宗教意識調査報告』2010 年度文部科学省科学研究費補助金（基盤研究 A）「大学における宗教文化教育の実質化を図るシステム構築」・國學院大學日本文化研究所。
石井研士編 2011『世論調査による日本人の宗教性の調査研究』（平成 20 年度～22 年度科学研究費補助金（基盤研究 B）研究成果報告書）。
紀藤正樹 2012『マインド・コントロール—あなたのすぐそばにある危機！—』アスコム。
紀藤正樹・山口貴士 2007『カルト宗教—性的虐待と児童虐待はなぜ起きるのか—』アスコム。
櫻井義秀 2007「キャンパス内のカルト問題—学生はなぜ「摂理」に入るのか？—」『高等教育ジャーナル』15：1-13。
――― 2008「若者とカルト—書き換えられる記憶のゆくえ—」高木総平・内野悌司編『カルト—心理臨床の視点から—（現代のエスプリ 490）』至文堂，150-159。
――― 2014『カルト問題と公共性—裁判・メディア・宗教研究はどう論じたか—』北海道大学出版会。
―――編著 2015『カルトからの回復—心のレジリアンス—』北海道大学出版会。
櫻井義秀・中西尋子 2010『統一教会—日本宣教の戦略と韓日祝福—』北海道大学出版会。
櫻井義秀・大畑昇編著 2012『大学のカルト対策』北海道大学出版会。
宗教情報リサーチセンター編（井上順孝責任編集）2011『情報時代のオウム真理教』春秋社。
―――編（井上順孝責任編集）2015『〈オウム真理教〉を検証する—そのウチとソトの境界線—』春秋社。
山口広 1993『検証・統一協会—霊感商法の実態—』緑風出版。

## コラム（1） 宗教法人とは何か

大澤　広嗣

**全国に約18万ある宗教法人**

　テレビや新聞などの報道で，「宗教法人」という言葉を見聞きしたことはあるだろうか。宗教法人は，日常の生活と関係がないと思うかもしれないが，実は身の周りには，多くの宗教法人がある。

　鳥居が立つ神社。鐘の音が聞こえる寺。十字架を掲げた教会。もしくは新宗教の会館など，自分の家の周辺にも何かしらの宗教施設がきっとあるだろう。普段は意識しないが，これらの多くは，実は宗教法人として運営されているのである。

　最近のデータによれば，日本にある宗教法人の数は182,521法人である［文化庁編2011］。この数を，たとえば私たちの生活に欠かせないコンビニエンスストアの数と比較してみよう。2013年7月現在では，48,293店舗となる（一般社団法人日本フランチャイズチェーン協会の資料による）。いかに宗教法人の数が多いかがわかるだろう。

　このコラムでは，宗教法人についての歴史と制度を概観してみよう。

**法人の種類と宗教法人**

　私たちの暮らしは，多くの法律に囲まれている。社会生活を営む際の周囲の人々との相互関係を規律した法律としては，民法がある。民法上の権利と義務の主体は「人」である。つまり「人」を法の出発点として，権利の能力を有したものと定めている。この「人」は，個人の「自然人」と団体の「法人」とに分かれる。「法人」とは一般的に，「人ないし財産から成る組織体に法人格（権利能力）が与えられたもの。理事その他の機関を有し，自然人と同様に法律行

為を含むさまざまな経済活動をなしうる」団体を意味する（『広辞苑 第六版』）。

　法人には，大きく分けて金銭上の利益を目的とする営利法人（株式会社など）と，利益を目的としない**非営利法人**がある。非営利法人は，さらに中間法人（一般社団法人，一般財団法人，労働組合や各種共同組合）と**公益法人**に分かれる。公益法人には，公益社団法人と公益財団法人，学校法人，社会福祉法人，特定非営利活動法人（NPO 法人），そして宗教法人がある。

　日本国憲法では，信教の自由が保障されているため，宗教活動は個人でも可能であり，宗教法人格がなくても任意の宗教団体として活動することはできる。その宗教団体に，礼拝施設があり，信者を有し，一定の活動実績がある場合，宗教法人として認証を受けることも可能となってくる。

　宗教法人格を受ける理由はさまざまだが，法人格となれば個人ではなく法人の名義で財産の管理と運営ができ，継続的かつ安定的に宗教団体の運営ができるからというのが大きいだろう。つまり，日本の宗教法人制度とは，**宗教法人法**（後述）に基づいて宗教団体に非営利・公益法人としての宗教法人格を与え，法律上の能力を可能にすることを目的とするものなのである。

## 宗教法人法が公布されるまで

　宗教団体は，宗教法人法に基づいて文部科学大臣もしくは都道府県知事により認証を受けると，法律上の権利と義務を有する宗教法人となる。注意すべき点は，「認可」や「許可」ではなく「認証」という語を用いていることである。認証は宗教法人制度の根本的な性格を表す語であるが，これを理解するには歴史を振り返る必要がある。

　1896 年 4 月に，民法が日本で初めて公布された。第 34 条で，「祭祀，宗教，慈善，学芸，技芸」など公益を目的として営利活動を行わない社団法人と財団法人は，主務官庁の許可を得て設立できることとなった。しかし 1898 年 6 月の民法施行令で，第 28 条に「当分ノ内，神社，寺院，祠宇及仏堂ニハ之ヲ適用セス」とあり，宗教団体は別の規定を定める意図があったようである。

　政府は，1899 年 12 月の帝国議会に「宗教法」案を提出した。それまでは宗教団体に関する統一法規が未整備で，時々の布達や訓令などで対応しており，事務処理が煩雑になっていた。だが，仏教界からの批判もあり法案は否決された。

コラム（1）　宗教法人とは何か

その後も，二度にわたり帝国議会に法案が提出されたが，いずれも審議未了となり実現には至らなかった。

1939年4月にようやく宗教団体法が公布され，翌40年4月から施行された。当時の大日本帝国憲法の第28条では信教の自由が記載されていたが，あくまで国家の治安を妨げない範囲において認められたものであった。よって，宗教団体法には宗教団体を統制する性格があったため，宗教団体の設立に際しては文部大臣や知事から「認可」を受ける必要があったのである。

第二次世界大戦の終結後，宗教団体法は廃止され，1945年12月に宗教法人令が公布された。監督と統制がなくなり，法人設立に必要な条件を満たせば，登記だけで容易に設立することができるようになった。これは「準則主義」と呼ばれた。そのため，この時期には，伝統仏教からの分派や新宗教団体など，多くの宗教法人が成立したのであった。

しかし，容易に宗教法人が設立できたため，宗教者以外の者が関わる例があった。たとえば，計測器会社の経営者が，従業員や家族に対して余暇を布教するとした日本リクリエーション教団。ラジオ商店の主人が電気の恩恵に感謝することを目的に，天地電気大神，電気聖徳先賢霊神，映慈尊（発明王エジソンのこと）を奉祀した電神教などがあった。これらは，宗教法人としての税制上の優遇措置を目的としていたと思われる。

このように，宗教法人令は法人の管理に不足があったため，1951年4月に，認証主義に基づく現行の宗教法人法が公布・施行されたのである。

## 宗教法人法の構成と理念

宗教法人法は，全10章（全89条）からなる。構成は，表1の通りである。

第1章の総則では，この法律の基本的な枠組みが明記されている。宗教法人法の目的とは，第1条に「宗教団体が，礼拝の施設その他の財産を所有し，これを維持運用し，その他その目的達成のための業務及び事業を運営することに資するため，宗教団体に法律上の能力を与えること」とある。すなわち宗教法人法は，宗教活動を監督する法律ではないことを理解されたい。

宗教法人法の基本的な理念は，次の4点にまとめることができる。

第1に「信教の自由と政教分離の原則」である。日本国憲法の第20条では，

表1：宗教法人法の構成

| 第1章 | 総則 | 第6章 | 解散 |
|---|---|---|---|
| 第2章 | 設立 | 第7章 | 登記 |
| 第3章 | 管理 | 第8章 | 宗教法人審議会 |
| 第4章 | 規則の変更 | 第9章 | 補則 |
| 第5章 | 合併 | 第10章 | 罰則 |

信教の自由と政教分離の原則が規定されており，国などの行政は，宗教上の事項については調停や干渉を行ってはならず，宗教法人法もこれに従っている。

　第2に「聖・俗分離の原則」である。宗教団体には宗教的な側面と世俗的な側面という2つの機能がある。宗教法人法は，このうち法人格を取得した宗教団体による財産の維持や管理など世俗的な側面に関する事柄を規定したものである。よって，宗教の教義や儀礼など宗教的な側面は，宗教法人法の範囲外である。

　第3に「自治の尊重と自律性への期待」である。宗教活動の自由を最大限に保障するために，宗教法人の特性に応じた自主的で自律的な運営に委ねている。役員の資格や任命，必要な機関の設置や財産処分の方法なども，あくまで自主的に運営していくことを望むものである。

　第4に「性善説」である。宗教は国民の道徳の基盤を支えるものであるから，宗教法人には違法なことはないという考え方ゆえ，財産の処分などについては所轄の行政からの許可を必要としないのである。

　宗教法人法は，施行後に関連法令の修正に合わせた改正が数度あった。これまでの大きな改正は，1995年12月に行われたが，これは同年のオウム真理教事件を受けてのものであった。複数の都道府県にまたがって活動する宗教法人は大臣所轄となり（後述），信者や利害関係者などに対する備え付け書類の開示，財産目録や収支計算書の写しを所轄庁に提出することの義務付けなどの改正が行われた。

## 宗教法人の財務

　宗教法人は，一般社会で活動していくなかで宗教活動に関連して，第三者と取引を行い，財産を管理し必要に応じて処分を行う場合がある。宗教法人においても，世俗的な会計事務処理や財務管理がなされているのである。ただし，

コラム (1) 宗教法人とは何か

企業会計では営利を目的とするが宗教法人は営利を目的としないので，損益という考え方は基本的に存在しない。

宗教法人法では，法人の規則に含むべき事項として，第12条第1項第8号に「基本財産，宝物その他の財産の設定，管理及び処分（中略），予算，決算及び会計その他の財務に関する事項」とある。つまり宗教法人は，自らが作成した財務に関する規則に基づいて，財務の事務処理を行っている。

公益法人である宗教法人には，税制の優遇措置がある。法人税や固定資産税，相続税などの課税対象ではない。また賽銭や布施など宗教活動での収入は，原則として非課税である（法人役員や職員給与などには課税される）。

また宗教法人では，公益事業や，目的に反しない限りでの公益事業以外の事業（いわゆる収益事業）を行うことができる。公益事業は，たとえば保育園，幼稚園，霊園の運営などである。収益事業は，たとえば宿坊などの宿泊業，境内地を活用した駐車場業，書籍や機関誌の印刷業・出版業など34業種である。

収益事業から生じた所得については，法人税が課税されるが，他の法人と比べて税率が優遇されている。収益は，当該の法人，当該の法人を包括する宗教団体（後述）など関連団体・法人・事業のために使用されなくてはならないと定められている。

しかし，残念ながら宗教活動とは関係のない者が本来の目的とは異なる活動を行っているケースがある。長期間にわたり代表役員が不在で，休眠状態で活動の実体がなく，礼拝施設が滅失しているようないわゆる**不活動宗教法人（休眠法人）**の法人格を取得して，脱税や霊園事業のための名義貸しなどの行為に利用する例が存在している。

## 宗教法人の種類と所轄庁

宗教法人法における宗教団体の定義として，第2条に「この法律において「宗教団体」とは，宗教の教義をひろめ，儀式行事を行い，及び信者を教化育成することを主たる目的とする左に掲げる団体をいう」とある。

続けて第2条第1項に「礼拝の施設を備える神社，寺院，教会，修道院その他これらに類する団体」，第2項に「前号に掲げる団体を包括する教派，宗派，教団，教会，修道会，司教区その他これらに類する団体」とある。

コラム（1） 宗教法人とは何か

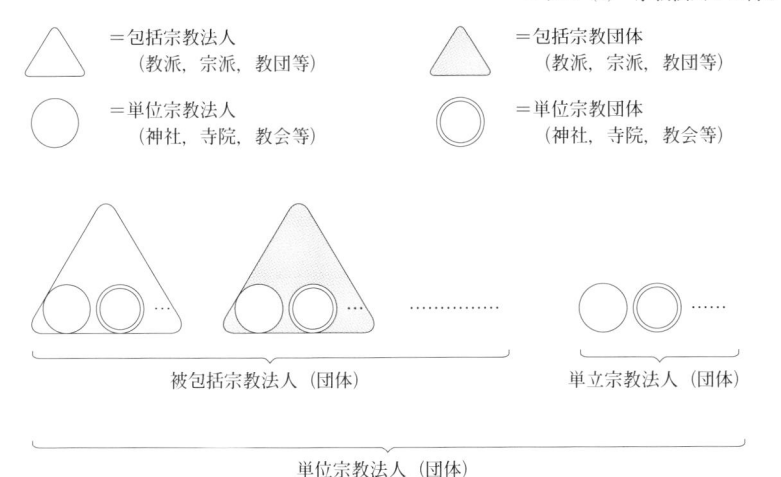

図1　宗教法人（団体）の関係（出典［文化庁編 2011：29］）

　前者は「単位宗教法人」，後者は「包括宗教法人」と呼ばれる。「単位宗教法人」はさらに，包括宗教法人に含まれる「被包括宗教法人」と，含まれない「単立宗教法人」に区分される。なお法人格を持たない宗教団体が，包括や被包括となる場合もある。図1は，これらの宗教法人の関係を図示したものである。
　宗教法人の行政事務の担当（所轄庁という）については，第5条に「その主たる事務所の所在地を管轄する都道府県知事とする」とある。ただし，2県以上にまたがる宗教法人は，文部科学大臣が所轄庁となる。つまり複数の都道府県に被包括法人を持つ包括法人，および被包括法人でも所在する都道府県外に境内地や建物がある場合は大臣所轄となるのである。所轄庁が都道府県知事の場合，各都道府県庁には宗教法人の事務を主管する部局課が設置されている。文部科学大臣の場合は，文部科学省の外局である文化庁の文化部宗務課が事務を担当する。
　以上を，具体的な事例でみてみよう。有名な社寺を例にとると，明治神宮は，東京都渋谷区に社殿がある神宮内苑と，新宿区に記念建造物と運動施設がある神宮外苑とに分かれる。境内地は東京都内のみなので，所轄庁は東京都知事である。包括宗教法人は文部科学大臣所轄の宗教法人神社本庁であり，宗教法人明治神宮はその被包括宗教法人である。成田山新勝寺は，千葉県成田市に所在

コラム（1） 宗教法人とは何か

するが，全国各地に別院と分院があり活動が複数の都道府県にまたがっているため，所轄庁は文部科学大臣である。包括宗教法人は大臣所轄の宗教法人真言宗智山派であり，宗教法人成田山新勝寺はその被包括宗教法人である。

新宗教の場合では，たとえば天理教は，全国各地に分教会（被包括宗教法人になっている場合が多い）があるため，文部科学大臣所轄の包括宗教法人である。また各地に会館や道場などの施設があるが，法人格は1つのため，たとえば幸福の科学や創価学会のように大臣所轄の単立宗教法人となっている場合もある。

日本の多くの宗教団体は，宗教法人の認証を受けて活動しているが，このような制度に基づいたものなのである。こうした背景と知識を理解した上で，身の回りの宗教を眺めてみると，またちがった見え方がしてくるかもしれない。

**参考文献**
文化庁編 2011『宗教年鑑 平成 22 年版』ぎょうせい。
宗教法人法（総務省行政管理局「法令データ提供システム」）http://law.e-gov.go.jp/htmldata/S26/S26HO126.html
渡部蓊 2009『逐条解説 宗教法人法 第 4 次改訂版』ぎょうせい。

# 第4章　生きづらさと宗教
## ——宗教の新しい社会参加のかたち

白波瀬　達也

宗教は昔から人々の抱えるさまざまな悩みや苦しみに応えてきた。現代社会でも，行政やNPOなどとともに，そうした役割を果たそうとしている。本章では現代日本における「宗教の社会参加」について概観し，その可能性について解説する。

カトリック教会による外国人向けの生活物資支援（カトリック浜松教会提供）

第4章　生きづらさと宗教

## 1　生きづらさが広がる日本社会

　本章は現代の日本社会において人々の生きづらさに宗教がどのようなかたちで関与しているのかを分析する。本節ではまず現代日本において「生きづらさ」が顕在化していることを確認し，次節以降では宗教が生きづらさに対してどのようなアプローチで関与しているのか，複数の事例をもとにみていきたい。
　人々が経験する「生きづらさ」は，深刻な病気，人間関係のこじれ，貧困，差別といった具体的なものから，将来に対する漠然とした不安や実存的な悩みといった抽象的なものまで多様である。長い人生のなかで人々は何らかの生きづらさを感じるであろうし，どんな時代にも生きづらさはみられるが，バブル経済崩壊以降の日本は，「失われた20年」と称されるほどに生きづらさが顕在化している。
　1990年に約20％だった非正規雇用率は，バブル経済崩壊以降の雇用制度の見直しが進むなかで，2011年には約35％にまで増加し，年収200万円以下で暮らす「ワーキングプア」層は現在1,000万人を超えるようになった。また，2000年代後半にはネットカフェを起居の場とせざるを得ない「ネットカフェ難民」や，主に製造業に従事する大量の派遣労働者の派遣契約の打ち切り＝「派遣切り」が耳目を集めたことは記憶に新しい。国民の多くが中流意識をもつことのできた「一億総中流」の時代は過去のものとなり，露骨な「格差」の時代へと移行したのである。
　この間の経済不況は，単に人々の生活水準を悪化させただけではない。1970年代から2万人台前半で推移していた年間自殺者数は1998年に急増し，3万人を突破した。さまざまな対策が講じられるようになった今日でも年間3万人を下ることはない。単純計算をすると実に1日約90人が自ら命を断っているのである。また，うつ病をはじめとする精神疾患の罹患者は1990年代後半から急激に増え始め，現在300万人を超えている。2011年に厚生労働省が，がん，脳卒中，急性心筋梗塞，糖尿病の四大疾病に精神疾患を新たに加え「五大疾病」としたことは事態の深刻さを物語っている。
　貧困に喘ぐ人々，自殺願望をもつ人々（希死念慮者），精神疾患に苦しむ人々

は社会関係が不安定であることが少なくない。生きづらさを他者と共有することができず，自分1人で抱え込んでしまうような状況が日本社会に蔓延しているといえるだろう。人々が社会関係から排除される状況は2010年にNHKのドキュメンタリー番組を通じて提起された「無縁社会」という言葉が端的に示している。この言葉は地縁（地域共同体に基盤をおいたネットワーク），血縁（親族に基盤をおいたネットワーク），社縁（会社や職場に基盤をおいたネットワーク）が薄らいだ現代の日本社会を象徴するものとして瞬く間に普及した[1]。その最たるものが年間3万人ともいわれる孤独死であろう。以上で示した生きづらさは多くの人々にとって決して縁遠いものではなくなっている。

## 2　宗教による生きづらさへの対応

では，宗教は人々が経験する生きづらさに対し，どのように向き合っているのだろうか。以下では「宗教を前面に押し出すアプローチ」と「宗教を前面に押し出さないアプローチ」に大別し，両者の相違に注目する[2]。まず，「宗教を前面に押し出すアプローチ」からみていこう。

仏教，キリスト教，新宗教など，多くの宗教は儀礼・教え・カウンセリング・施術などを駆使した救済のノウハウを有している[3]。代表的なものとして，宗教的職能者が霊的・呪術的な方法で生きづらさを取り除くアプローチや，生きづらさの原因を個人の生き方や心の持ち方に求め，信仰に基づく認識転換・人格転換を通じて救済を実現しようとするアプローチなどがある。生きづらさを経験している当事者もまた，自ら宗教に救いを求める傾向をもつことがこれまでの宗教社会学の研究のなかで論じられてきた。なかでも，アメリカの宗教社会学者C. Y. グロックによる「剥奪」（deprivation）という概念を用いた入信動

---

[1] NHKの「無縁社会」についてのテレビ放送は後に『無縁社会——無縁死32,000人の衝撃』（2010年）というタイトルで書籍化された。
[2] 宗教学者の岸本英夫は，宗教の社会活動は，同じ信仰をもち実践することが他の人にとっても幸福であるという確信に基づく「布教伝道」と，宗教的理想にしたがって苦しんでいる人を直接的に救うことを目的とする「宗教的奉仕」とに分類することができるとしている［岸本1961］。
[3] 宗教が提供する救済には死後の救済を志向する「来世救済」と生きている間の救済を志向する「現世救済」がある。

機の研究は有名である。グロックは剥奪を「経済的剥奪」(所得配分や物質的所有に関する剥奪),「社会的剥奪」(地位や名声に関する剥奪),「有機体的剥奪」(身体的障害や精神病などの肉体的・精神的な境遇からくる剥奪),「倫理的剥奪」(社会の価値観と個人や集団の価値観とのギャップからくる剥奪),「精神的剥奪」(人生の意味を見いだせないことからくる剥奪)の5つに類型化し,それらが,他の方法によって克服できないときに人々は宗教的な方法で解決を求めるようになると説明した[Glock & Stark1965]。また,日本の宗教社会学者たちは急激な工業化・都市化が進んだ高度経済成長期においては「貧(経済的困窮)・病(深刻な病気)・争(もめごと,人間関係の不和)」が,一方オイルショック以後の低成長期においては非合理的なもの,神秘的なものに対する関心が新宗教への入信動機となっていることを指摘してきた(→第2章)。

　しかし,生きづらさを経験した人々のなかで,実際に特定の宗教に入信するケースはごく一部にすぎない。加えて,1995年のオウム真理教の地下鉄サリン事件をはじめとする宗教が関わった一連の事件は,人々の宗教に対する不信感を著しく高めた。これまでの宗教社会学の研究は,大きな社会変動期において人々が宗教に引きつけられやすくなると論じる傾向があったが,今日の日本では当てはまりにくくなっている。

　日本社会に蔓延する宗教に対する否定的イメージは,人々が宗教に向かう回路を狭めただけでなく,信仰者が布教を自己規制するような状況をも生み出しているといえるだろう。このような社会的背景のもと,信仰を自認する信者が相対的に多い新宗教とキリスト教の場合は,近年,新たな信者が増えにくく,次世代への信仰継承さえ困難になっている。地域社会と密接にかかわっている神道も,産業構造の変化や住民の流出入の激化によって神社(氏神)と氏子の関係の弱体化が懸念されている。また,先祖祭祀と密接な関わりがある既成仏教も,葬送儀礼に関わる旧来の伝統・慣習のあり方に疑義が向けられることが多くなった。より個人化が進んだ東京都では無宗教式の葬式が約3割を占めるようになったといわれており,葬送儀礼における仏教(僧侶,寺院)のプレゼンスは低下している。加えて晩婚や非婚の増加によって少子化が進んだ結果,先祖祭祀の担い手がいなくなり,長年続いた寺檀関係(檀那寺と檀家の関係)が断絶してしまうケースも少なくない。これらのことが示すように,日本では地縁・

血縁の希薄化が進むなか，それらに依存してきた宗教の存立基盤は危ういものとなっている[4]（→第1章・第8章）。

2010年に行われたJGSS（Japanese General Social Surveys）[5]の調査が明らかにしているように，日本において「信仰している宗教がある」と回答した者は1割程度にすぎない。自覚的に信仰をもち宗教組織に所属している日本人は少なく，その傾向は若者においてより顕著である。このことから日本社会では宗教組織の外に生きづらさを抱えた無数の人々が存在することがうかがえよう。宗教が自組織の信者の生きづらさに対応していることは容易に想像することができる。とりわけ，頻繁な集まりの構造をもち，信者の日常生活に密着した活動を展開することの多い新宗教やキリスト教において，その傾向は強いといえるだろう。

一方，宗教は非信者の生きづらさに対応することもある[6]。ただし，公然と熱心な布教活動を展開していた数十年前とは異なり，宗教に対する拒否反応が蔓延した今日の日本社会では，宗教がもつ価値観のあからさまな伝達は拒否されやすい。そのため，「宗教を前面に押し出さないアプローチ」で宗教団体・宗教者が社会参加することがある。とりわけ，**NPO法人制度ができた1998年以降**は，宗教団体・宗教者が中心になりながらも宗教色を表に出さないNPOが台頭するようになっている。これらは多元的価値が尊重される現代日本社会の特徴といえるだろうし，他の先進国においてもおおむね似たような状況が確認される。以下では読者の具体的イメージを喚起するために，日本で最も著名なホームレス支援団体の1つである「NPO法人北九州ホームレス支援機構」を例にしながら，宗教の新しい社会参加のかたちの一端を概観してみたい。

NPO法人北九州ホームレス支援機構は福岡県北九州市においてホームレス支援を行っているNPO法人で，北九州市との協働事業を展開するなど，公共

---

4) 近年，日本人の宗教への関与の機会が減少しているが，そのことは精神的・物質的に豊かになったことを意味するわけではない。むしろ日本人の「宗教離れ」は既存の宗教が現代社会の生きづらさにうまく対応できなくなっていることのあらわれではないだろうか。
5) JGSSはアメリカのGeneral Social Survey（GSS）に対応する総合的社会調査を日本で毎年実施し，その個票データをデータ・アーカイブで提供することを目的にした研究プロジェクト。
6) とりわけ近年の公益法人制度改革のなかで，税制優遇されている宗教法人に対する公益性が厳しく問われていることもあり，この傾向は一層加速傾向にある。

政策の担い手ともなっている。この名称からは宗教が関与していることはまったくわからないが，実際に同機構において宗教が果たす役割は小さくない。同機構の代表は日本バプテスト連盟に所属する牧師であり，理事や主要スタッフのなかにプロテスタント教会，カトリック教会の関係者が占める割合が高い。定期的に行われている炊き出しの準備も複数のプロテスタントとカトリックの教会が持ち回りで担当している。事業を運営する資金においてもクリスチャンからの寄付が少なくない。これらのことから，同機構は，明確なキリスト教主義に基づいた事業を行う超教派組織だと考えられがちである。しかし，対人援助に関する高度な専門的能力が不可欠な同機構はクリスチャンであるか否かをスタッフの選定条件とはしていない。そのためスタッフのなかには特定の宗教にコミットしない者が一定数存在する。組織内で明確なキリスト教主義が掲げられることはなく，対人援助の場において同機構が直接的な布教活動を行うこともない。

このように宗教団体および宗教者が社会参加する際，人材・資金・活動拠点・活動理念などのすべてを特定の宗教に依拠するパターンだけでなく，部分的に依拠するパターンが少なくない。そこで筆者は「宗教団体・宗教者と結びつきのある組織」を Faith-Related Organization（以下，FRO）と定義し，宗教の多様な社会参加状況の把握を試みたい。FRO は特定の宗教を想起させる組織の名称やシンボルを用いない場合が多い。また，FRO は宗教組織として活動を展開している場合もあるが，宗教組織には属さない市民やボランティア，地方自治体などとの協働関係を基盤に展開する場合もある。このようなさまざまなパターンを包含する FRO という概念は，今日の宗教団体・宗教者の社会参加の様態を広範に把握するパースペクティブを提供するのである。

## 3　日本における FRO の歴史的展開

FRO という概念そのものは目新しいものだが，その概念が指し示す活動は戦前から存在していた。日本では近代以降，キリスト教主義や仏教主義に基づく慈善事業や社会事業を行う組織が社会福祉の礎になったことはよく知られている。とりわけ，児童，貧困者，障害者などの社会的弱者に対する FRO のプレ

ゼンスは高かった。一方，戦後になると日本は欧米先進国に倣い「福祉国家」への道のりを歩み始め，国家主導の社会福祉を整備するようになった。これにともなって FRO の社会福祉領域におけるプレゼンスは低くなっていった。しかし，オイルショック以降，それまで右肩上がりだった経済成長の頭打ちに伴って従来の福祉国家路線が見直されることにより，FRO を取り巻く状況は変容してきた[7]。すなわち，国や地方自治体が「大きな政府」を目指した福祉国家形成期においては，FRO は公共領域から排除されがちであったが，「小さな政府」[8]を目指すようになった低成長期以降は，国・地方自治体だけでなく，民間非営利セクター，民間営利セクター，ボランタリーセクターなど，複数の主体によって福祉サービスが提供される**福祉多元主義**[9]が進み，FRO が公共領域に参画する機会は増しつつあるのだ。しかし，宗教に対する社会的信頼が相対的に低い日本では，これまで宗教団体・宗教者の社会活動・福祉活動がマスメディアによってとりあげられる機会も乏しく，それらの社会的認知が低い。2008 年に実施された庭野平和財団による調査「宗教団体の社会貢献活動に関する調査」によると，「宗教団体の社会貢献活動」に関する認知は 34.8％にとどまっている[10]。

　では，どのような領域で FRO の活動が積極的に展開されているのであろうか。1 つは社会制度が整備されていない領域である。人々が経験する生きづらさが社会的な問題であると認識された場合，国や地方自治体レベルでの対策が講じられやすい[11]。しかし，実際に国や地方自治体が対策を講じたとしても，

---

7) 高度経済成長期の 1960 年代，「福祉国家」は国家の政策課題であった。しかし 1973 年のオイルショックを契機に財政危機に陥り，福祉国家の政策の根幹である「社会保障」と「完全雇用」が立ち行かなくなった。このことを背景に「福祉見直し」論が唱えられるようになった。
8) 国・行政の規模・権限を可能な限り小さくしようとする思想・政策。
9) 国・地方自治体だけでなく，民間非営利セクター，民間営利セクター，ボランタリーセクターなど，複数の主体によって福祉サービスが提供されることを示す概念。
10) なお，この調査は，無作為に抽出された 4,000 人の調査対象者のうち，有効回答者の 1,233 人に対し，調査員が個別面接調査をしたものである。宗教の社会貢献活動に関する関心が低い要因として宗教社会学者の稲場圭信は，日本では宗教がソーシャル・キャピタルとして機能するコンテクストが弱いことを指摘している［稲場・櫻井編 2009］。
11) 具体的な法律の例として以下のものを指摘することができる。児童虐待の防止等に関する法律（2000 年），配偶者からの暴力の防止及び被害者の保護に関する法律（2001 年），ホームレスの自立の支援等に関する特別措置法（2002 年），高齢者の養護者に対する支援等に関する法律（2005 年），自殺対策基本法（2006 年），子ども・若者育成支援推進法（2008 年）。

第 4 章　生きづらさと宗教

写真 4-1　ホームレスに提供するための物資が多く集まる
　　　　　プロテスタント教会の礼拝堂（大阪市西成区，
　　　　　白波瀬撮影）

必ずしもそれらが十分に効果を発揮し，問題が解決するわけではない。政策的につくられた社会制度はシステマティックで合理的なものだが，決して万能なものではない。そのため社会制度がいきとどかない領域＝「社会制度の隙間」を生み出しやすい。今日の日本社会では外国人支援やホームレス支援などが典型的な「社会制度の隙間」領域といえるだろう。日本に暮らす外国人やホームレスは社会生活上に深刻な困難を経験していても公的機関から援助を差し控えられたり，市民から「異質な他者」として無視されたりすることがしばしばある。このことは外国人やホームレスが世俗的な価値において重要な存在であると認識される機会が乏しいことを示している。一方，宗教的な価値に立った場合，彼らの存在は他と等しく，ときにそれ以上に重要であると認識されることがある。このようなことから，FRO は社会的に排除された人々や地域に寄り添い，援助を試みることが少なくない。たとえば，経済的に不安定な日雇い労働者の集住地として知られる大阪市西成区の釜ヶ崎では，国や自治体に先駆けてキリスト教系 FRO が地域に根を張っていることで知られる。釜ヶ崎では 1930 年代からキリスト教系 FRO が医療や児童教育などを通じて地域の社会福祉の向上に寄与してきた。そして国や地方自治体の対策が一定程度構築された今日においても食糧支援，宿所提供，権利擁護などの領域でキリスト教系 FRO が社会制度の隙間を埋めている。

もう1つは，宗教者が所有する知識や技法が求められる領域である。この典型例は終末期医療／緩和ケアの現場であろう。死を目前にした患者が死後の世界についての説明を求めたり，実存的な問いを抱いたりした場合，近代医学の医師はそれらにうまく応答することができない。生命に関わる重大な病気を持つ患者が経験する「痛み」は単に身体的次元にとどまらない。多くの場合，心理的，社会的，スピリチュアルな痛みを伴う。したがって，近代医学による治療とは異なる方法による痛みの軽減が必要になってくる。ホスピスやビハーラ[12]といった終末期医療／緩和ケアの専門機関ではスピリチュアルな問いや宗教的な問いに応答する存在としてチャプレン[13]やビハーラ僧が活躍している（→第9章）。このように近代科学による知識や技法だけでは対応できない領域においてFROのプレゼンスがみられるのである。

## 4　FROの活動パターン

前節ではFROという概念を用いることの有効性とFROの活動が盛んな領域について説明したが，本節では筆者が考案した図4-1の図式を用いてFROの包括的な考察を試みる。NPO法人格を取得し，「世俗的な団体」と近似した活動を展開しているFROがある一方で，宗教法人として宗教活動を積極的に行うFROもあり，その様態は一枚岩ではない。以下に示した4象限では縦軸に「宗教活動への関与」を，横軸に「公的機関との協働」を設定し，FROの4つのパターンを理念的に示している。このような理念型を用いることで，FROの社会的布置が明瞭になると考える。

日本において，宗教活動をともないながら公的機関と協働するⅠ型は，被支援者の道徳的教化を宗教者に期待する風潮が強かった第二次世界大戦以前において数多く存在したパターンであり，慈善事業，社会事業が展開された。しかし，第二次世界大戦後は政教分離や信教の自由を厳密に推し進めることによって，日本においてⅠ型に位置づけられるFROは原則的に存在しなくなった。

---

12) 仏教精神に基づく終末期医療／ターミナルケアの施設のこと。ビハーラはサンスクリット語で「安らかな」，「くつろぎ」などを意味する。
13) 学校・病院・軍隊などに属して宗教活動を行う聖職者のこと。

第4章　生きづらさと宗教

```
                    宗教活動への関与に積極的
   公                    │                    公
   的                    │                    的
   機        Ⅱ型         │         Ⅰ型         機
   関                    │                    関
   と                    │                    と
   の  ──────────────────┼──────────────────  の
   協                    │                    協
   働                    │                    働
   に        Ⅲ型         │         Ⅳ型         に
   消                    │                    積
   極                    │                    極
   的                    │                    的
                    宗教活動への関与に消極的
```

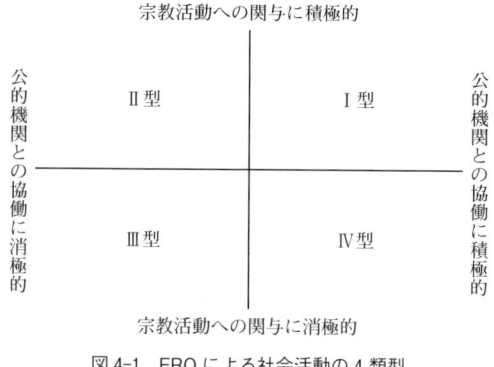

図4-1　FROによる社会活動の4類型

　一方，アメリカでは，1996年の社会福祉改正法「慈善的選択」条項（The Charitable Choice Provision of the 1996 Welfare Reform Act）の導入以降，宗教団体は宗教的性格を維持したまま，政府の福祉サービスを請け負うことができるようになるなど，宗教活動をともないながら公的機関と協働し，公共領域に進出する状況が生み出されている。この慈善的選択は，宗教団体が宗教的な特色を残しながら，政府からの助成金を受け，ホームレス，麻薬，アルコール中毒などの社会問題への取り組みや社会福祉サービスの提供に参加できるようにした制度である［稲場2011］。このように宗教に対する社会的信頼が高いアメリカでは，日本と比較すると緩やかな政教分離体制になっていることがうかがえよう。

　公的機関との協働関係を積極的には取り結ばず，宗教活動を重視するⅡ型は，組織基盤が十分に整っていない発展期・拡大期のFROに多くみられる[14]。被支援者が信仰を内面化する場合，このパターンのFROは生きづらさの緩和・解消に大きな効果を発揮する。一方，被支援者が信仰を受容しない／できない場合，支援─被支援の関係のなかでコンフリクトが生じやすい[15]。宗教活動を重視するFROが公的機関との協働関係を積極的には取り結ばず自らの信仰を伝達することを強く押し出そうとする場合には，信仰を異にするアクターとの

---

14）宗教社会学者の櫻井義秀は「拡大期の宗教では，教えを広めた実績＝宗教組織内の地位上昇＝救済の実感・実証という回路が信者の間にできあがり，布教それ自体が信仰生活とみなされることすらある」と論じている［稲場・櫻井編2009］。

写真 4-2　食事の提供をともなった韓国系プロテスタント教会のホームレス伝道（白波瀬撮影）

協働は進みにくい。その結果，時に排他的な側面を呈してしまうこともある。宗教に対する社会的信頼が相対的に低い日本では，このパターンの FRO が多くの人々に受容される可能性は低い。また仮に受容されたとしても，それらは閉鎖性の高い組織となりやすいため，国・地方自治体および市民社会からの承認は得られにくい。典型的な例としてホームレスへの布教をともなった支援活動を挙げることができる。日本では，信者の新規開拓のために韓国からきたプロテスタント教会が盛んにホームレス支援活動をしている。これらは一方では食事や居場所を提供する実践として，当事者であるホームレスたちにポジティブに受容され，入信者を生むことも珍しくない。社会的に排除されがちなホームレスにとって，教会は安心して身を寄せることのできる稀有な場となっている（→第 12 章）。

　しかし他方でホームレスの経済的・社会的な自立支援にかかわる人たちは，礼拝とセットとなった食糧や物資の提供を「弱みにつけ込んだ宗教の押し売り」としてネガティブに評価する傾向がある。また，「野宿生活からの脱却」という

---

15) 宗教社会学者の稲場圭信は，宗教が与える世界観と信仰というバックボーンが個々の信者の精神的な支えになって宗教の社会貢献活動が展開されるため，宗教的世界観を共有したいメンバーたちによって構成される活動は，宗教的世界観を共有しない人には奇異に感じられ，閉鎖的だと捉えられる可能性があると論じている［稲場・櫻井編 2009］。

第 4 章　生きづらさと宗教

点においては，韓国系プロテスタント教会のホームレス支援はあまり効果的ではないと考えられる。というのも，大半の韓国系プロテスタント教会は，日本社会に十分定着していないことから，野宿生活から脱却する具体的な方法をほとんど有していない。加えて，韓国系プロテスタント教会は「脱野宿」より「信者の増加」を重視するために，ホームレス支援を担う諸機関との連携が乏しい。したがって，ホームレス伝道を行う韓国系プロテスタント教会は活動の規模こそ大きいものの，実際に提供されるのは当座の生活に必要な食糧と物資に限られており，支援の包括性を欠いている。韓国系プロテスタント教会のホームレス支援は確固たる自立支援の枠組みをもたずに行われるため，かえってホームレスの依存心を引き起こし，自立を阻害してしまうこともある。今日のホームレス支援の現場では，支援団体が法律，医療，社会福祉，労働などの専門家と協働しながら総合的な支援を展開することが主流になるなか，韓国系プロテスタント教会に代表される布教重視のアプローチは「浮いた存在」になっていることは否めない。

　なお，既成仏教や神道が関与した諸活動は伝統文化や習俗として認識されやすいため，宗教活動を重視した活動を行ったとしてもコンフリクトは生じにくいと考えられる。たとえば2011年に発生した東日本大震災の被災地において，既成仏教教団に所属する僧侶たちが積極的に読経や法要のボランティア活動を行っているが，これらは被災地においておおむね受け入れられる傾向があり，「宗教の押し売り」だと認識されることは少ない。

　宗教活動を積極的に行わず，なおかつ公的機関との協働関係もみられないⅢ型は組織基盤が比較的成熟した宗教組織およびその関係者が担い手となりやすい。そのため，Ⅲ型に位置づけられるFROは地域社会において定着度の高い宗教組織が母体となっている場合が多い。地域社会に密着した神社や既成仏教の寺院，リベラルな信仰をもつプロテスタント教会やカトリック教会，陰徳（人に知られないでひそかに行う善行）を重視する新宗教教団の教会などはⅢ型のパターンで活動することが多い。たとえば，愛知県名古屋市の性高院（浄土宗）は専門家やボランティアとの協力関係のもと，寺院のスペースを開放した学習支援・子育て支援を行っている。また，静岡県浜松市にあるカトリック浜松教会では，2008年に起こったリーマン・ショックにともなう世界的な不況により失

第 4 章　生きづらさと宗教

写真 4-3　カトリック浜松教会で実施されたブラジル人子弟のための就学支援（カトリック浜松教会提供）

職や不就学を経験した滞日ブラジル人に対し，教会を拠点にした継続的かつ大規模な食糧支援と就学支援を行った。リーマン・ショックが滞日ブラジル人社会にもたらした極限的な困窮状態が落ち着くまでの約 3 年間に，カトリック浜松教会は 500 世帯以上に食糧支援を行い，約 150 人のブラジル人の子どもたちに継続的な就学支援を行った。浜松市の民間組織でこれほどの規模の支援を展開できたのはカトリック浜松教会の他にはなく，その組織力の大きさがうかがえる。

　また，近年は各種依存症者のセルフヘルプグループの活動が盛んになっているが，その活動拠点が宗教施設になっていることが少なくない。このようなケースもⅢ型にカテゴライズすることができるだろう。これらⅢ型に位置づけられる FRO のアプローチは，信仰の伝達に関しては消極的であることから，支援─被支援の関係のなかで宗教をめぐるコンフリクトが顕在化することは少なく，異なる宗教を背景にもつ FRO との協働（宗教間協力）や，世俗的な諸団体との協働が展開されやすい。なお，Ⅲ型にカテゴライズされる FRO には活動の自立性を担保するために公的機関との協働を意図的に避けているものと，単に事業規模が小さいために公的機関との協働を必要としないものとがある。

　Ⅳ型はⅢ型と同様，宗教活動を積極的に行わないが，公的機関との協働を行う点でⅢ型と異なる。Ⅳ型にカテゴライズされる FRO は，公的機関と協働関

係にあることから、公共政策にかかわる比較的大規模な事業を展開することが多い。政教分離に抵触することを避けるために、宗教法人ではなく、社会福祉法人やNPO法人の法人格で事業を行うことが一般的である[16]。先に紹介したNPO法人北九州ホームレス支援機構もこの類型にカテゴライズされる。特定非営利活動促進法（NPO法）に「宗教の教義を広め、儀式行事を行い、及び信者を教化育成することを主たる目的とするものであってはならない（法第2条第2項第2号イ）」という条項があることから、NPO法人は宗教と切り離して考えられがちだが、実際に禁じられているのは宗教活動を主たる目的にすることであって、宗教に携わる人・団体がNPO法人を設立できないわけではい。「新しい公共」[17]がうたわれ、公民協働が推進される現代において、IV型に位置づけられるFROは宗教の社会参加の新しいパターンとして注目に値する。このパターンのFROは公的機関から財政的なサポートを受けやすい体制であるため、他のパターンのFROに比べ、安定した事業展開が可能となる[18]。その一方で、公金を用いた事業を行う場合には、国・地方自治体の厳しい規制や監督がともなうことから、FROの理念の維持が困難になる場合もある。

　ここまでで、4つの分類を用いたFROの特徴を示したが、それぞれの類型はスタティック（静的）なものではなく、類型間を移動する可能性をもつダイナミック（動的）なものでもある。そのためFROは必ずしも一貫して1つのパターンを維持するわけではない。たとえば、かつてI型に位置づけられていたFROが1951年に新しい法律「社会福祉事業法」が制定されたことにより社会福祉法人となり、IV型の位置で活動を行うようになったことがある。1998年には特定非営利活動促進法が制定されたことにより、これまでIII型に位置づけられていたFROのなかにはNPO法人格を取得し、IV型の位置で活動を行うよ

---

16) 特定の信仰を背景にもつ社会福祉法人の多くは、法人化してからかなり年数が経過しているところが多く、設立当初の理念が変形・形骸化し、今日においては宗教的性格が希薄なところが少なくない。一方、NPO法人の場合は、法人化してからの年数がさほど進んでいないために、宗教的性格を色濃くもつところが多い。

17) 行政により独占的に担われてきた「公共」を市民・事業者・行政の協働によって実現しようとする考え。

18) IV型に位置づけられるFROは、財政的に自立できない場合、国・地方自治体の「下請け機関」となる可能性を胚胎する。

うになったところもある。このように FRO は国や地方自治体の政策動向に影響を受けやすい存在である。

　また，支援—被支援の相互作用のなかで類型間の移動が促進されることがある。既成仏教教団に属する僧侶たちによって構成される FRO「自殺問題に関わる僧侶の会」は，日常活動においては宗教的な価値の伝達を目的とせず，自死念慮者の相談対応をしたり，自殺問題の啓発活動を行ったりしている（Ⅲ型）が，年に数度，自殺で家族を失った遺族＝自死遺族のための法要を寺院にて執り行っている（Ⅱ型）。先に紹介したホスピスやビハーラでも患者のニーズに応じてチャプレンやビハーラ僧はⅡ型とⅢ型を行き来する。災害の被災地において宗教的な装いをともなった心のケアの実践（Ⅱ型）が被災者の拒否や抵抗に直面し，宗教的装いをともなわないアプローチに変更（Ⅲ型）していった事例も散見される。

　以上，さまざまな事例をとりあげたが，類型間移動も含めた FRO の図 4-1 のモデルは，宗教と社会および国・地方自治体の関係を把握する際に非常に有益なパースペクティブを提供すると思われる。

## 5　FRO の可能性とジレンマ

　上述したとおり，生きづらさが社会的な広がりをみせるなか，FRO はさまざまなアプローチで社会参加している。とりわけ，近年の国・地方自治体の緊縮財政は FRO の社会参加の機会を増大させる契機となっている。また，FRO は宗教組織が保有する空間資源（宗教組織の施設など），人的資源（信仰に裏打ちされたボランティアなど），経済資源（寄付金／献金など）を活用することができるため，継続的な活動を展開しやすい。FRO が公共領域でプレゼンスを高めることは宗教の社会的信頼を回復させることにつながる。また，宗教者が厳しい現実に直面しながら自らの信仰の捉え直しを行っていくことで宗教が再活性化する可能性も秘めている。

　しかし，FRO による社会活動はジレンマがともないやすい。たとえば，宗教学者の金子昭は，宗教不信や教団忌避の傾向が強い日本において，教団の信者は宗教に固有の価値を持つ一方で，教団外の人々は信者による救済行為を必ず

第4章　生きづらさと宗教

しも望まないとし，宗教団体はその固有価値である「救済」と，一般社会への効用価値である「救援」とのバランスを保つことが重要であると議論している［金子2002］。このように布教を含む宗教活動を積極的に行う実践（Ⅰ型・Ⅱ型）は，担い手が自らの信仰を直接的に表出させることができるためにエネルギッシュな活動が期待できるが，多元的価値が尊重される日本社会のなかでは，一方的な宗教的価値の押しつけとみなされる可能性が高い。一方，宗教の伝達を重視しない実践（Ⅲ型とⅣ型）は社会貢献活動として高い評価を得やすいが，短期的な視点に立つとFROと密接に関わる宗教組織の教勢拡大につながりにくい。そのため大半のFROは母体となる教団から十分な経済的バックアップを受けることが難しい。実際に目を見張る活動を展開しているのは，教団主導のトップダウン型FROというより，むしろ個々の宗教者の問題意識に基づくボトムアップ型FROだと考えられる。現代日本社会においてアクティブな活動を展開する僧侶たちを紹介した上田紀行『がんばれ仏教！—お寺ルネサンスの時代—』［上田2004］や磯村健太郎『ルポ仏教，貧困・自殺に挑む』［磯村2011］で紹介された実践はまさにその好例だといえよう。

　宗教的信念に基づいたFROは，「社会貢献」といった一般社会における価値だけでは捉えきることのできない実践を通じて人々の生きづらさを緩和・解消する可能性をもつ。しかし，FROに関与する宗教者は「生きづらさ」のただなかにある人たちとの相互作用のなかで，自らのアイデンティティを強く意識させられつつ，宗教者としての振る舞いを自己規制することで，アイデンティティの危機を経験することも稀ではない。また，宗教組織の聖職者としての活動とFROのスタッフとしての活動が形式上，分離している場合，信者以外への関与が深まれば深まるほど，信者への関与が希薄になりやすい。このようなジレンマを克服することなしに，FROが成熟していくことは難しい。アメリカなどと比べると，今日の日本のFROの規模は小さく，そのため，FROの社会へのインパクトや貢献は限定的である。近年にわかに顕在化してきているFROの積極的な社会参加は宗教に対する社会的信頼を回復し，宗教組織に発展をもたらすのか，それとも，宗教者としてのアイデンティティを混乱させ，宗教組織の衰退をますます後押ししてしまうものになるのか。その評価は今後の展開に委ねられている。

第4章　生きづらさと宗教

◆さらに学びたい人のためのブックガイド
　宗教団体の社会参加については，まず『ルポ仏教　貧困・自殺に挑む』（磯村健太郎）を手に取ってみてほしい。新聞記者によるルポルタージュだが，「葬式仏教」とは異なる，現代の僧侶たちの貧困問題や自殺問題への取り組みを知ることができる。こうしたテーマについては宗教の「社会貢献」活動として研究が展開してきた。『社会貢献する宗教』（稲場圭信・櫻井義秀編）は，ソーシャル・キャピタルとしての宗教の可能性についての理論的な考察だけでなく，宗教者・宗教団体が行っているさまざまな活動も紹介している。また，『利他主義と宗教』（稲場圭信）も参考になる。

**参考文献**

Glock, Charles Y and Rodney Stark, 1965, *Religion and Society in Tension.* Chicago: Rand McNally.
稲場圭信　2011『利他主義と宗教』弘文堂。
稲場圭信・櫻井義秀編　2009『社会貢献する宗教』世界思想社。
井上順孝編　1994『現代日本の宗教社会学』世界思想社。
石井研士　2007『データブック現代日本人の宗教　増補改訂版』新曜社。
磯村健太郎　2011『ルポ仏教，貧困・自殺に挑む』岩波書店。
金子昭　2002『駆けつける信仰者たち――天理教災害救援の百年――』道友社。
岸本英夫　1961『宗教学』大明堂。
NHK「無縁社会プロジェクト」取材班編　2010『無縁社会――無縁死　32,000人の衝撃――』文藝春秋。
白波瀬達也　2011「釜ヶ崎の『生きづらさ』と宗教」原口剛・稲田七海・白波瀬達也・平川隆啓編『釜ヶ崎のススメ』洛北出版，285-313。
上田紀行　2004『がんばれ仏教！――お寺ルネサンスの時代――』NHKブックス。

# 第5章　拡散・遍在化する宗教
## ——大衆文化のなかの「スピリチュアル」

平野　直子

現代社会においては教団の形をとる宗教だけでなく，広い意味で宗教に関わる諸文化が展開している。本章では，2000年代以降に高まった「スピリチュアル・ブーム」を中心に，「宗教」に隣接する文化の諸相と，その歴史や背景について解説する。

「石のエネルギー」を感じる人々（平野撮影）

第5章　拡散・遍在化する宗教

## 1　はじめに

「スピリチュアル・ブーム」という言葉を聞いたことがあるだろうか。2000年代半ばを中心に，テレビで「守護霊からのメッセージ」が語られたり，人々がスピリチュアルなイベントやパワースポットに集まったりする様子が，マスメディアなどでしばしばこう呼ばれていた。2010年代に入ってからはやや落ち着いた感があるものの，「スピリチュアル」という言葉はすっかり定着しているようだ。

　宗教といって一般にイメージされるものは，しっかりした教えの体系や組織を持っていたり，宗教団体という形をとっていたりする。だが，宗教団体やその教えに直接関わっていない人でも，目に見えないものの存在や力について語ったり，亡くなった身内が「見守ってくれる」と感じたり，悩みや苦しみに積極的な意味づけをして乗り越える力にしたり，この世の善や悪について考えたりすることはあるだろう。こうした「宗教っぽいこと」はいつの時代も，宗教や宗教者の関わる部分に限らず，大衆文化のいたるところで見られてきたが，2000年代のスピリチュアル・ブームにおいても活発に行われている。

　かつて宗教は共同体の中心にあり，人々は生まれながらにどこかの教会や寺院のメンバーとなり，そこに一生の間何らかの形で関わり続けるものだった(→第13章)。しかし，現代日本の多くの人々は，必ずしも寺院や教会と関わりを持たずに暮らしている。かわりにそれぞれの暮らしのなかで，必要な時に好みの「宗教っぽいもの」を選び利用している。こうした傾向は近代社会において必然的なことだとされるため，現代日本における宗教を理解するには，さまざまな分野に拡散し遍在している，より広い意味での「宗教」をうまく捉えることが重要になる。ここではスピリチュアル・ブームを手がかりに，現代社会における「宗教ではないが，宗教っぽいもの」の諸相を見ていこう。

## 2　「スピリチュアル」と宗教

　朝日新聞記者の磯村健太郎は2007年に刊行した『〈スピリチュアル〉はなぜ

流行るのか』でスピリチュアル・ブームの諸相を描き出している。

　いまスピリチュアルといえば，なんといっても江原啓之氏の「スピリチュアル・カウンセリング」を思い浮かべる人が多いだろう。ほかにも，女性誌がパワースポットやヒーリングをさかんに特集するなど，ちょっとしたブームになっている。〔中略〕生きるうえでの切実な問いに応えてくれたのは，かつては「宗教」だった。そのことばが素朴に届きにくくなったどころか，日本ではいま，「宗教」と聞いただけでも毛ぎらいする人も多い。しかし，ひょっとすると，思わぬかたちをした「宗教的なるもの」がこころのよりどころになってはいないだろうか［磯村 2007：3-5］。

　人々は宗教から距離を取りながら，それ以外の場所で「宗教的なるもの」に触れているのではないかと磯村は言う。そして，スピリチュアルな物事の例として，上に挙げた以外にも，ポップ音楽のなかの他者とのつながりを考えさせるメッセージや，インターネットで結ばれる顔の見えない者どうしの親密な関係，自己啓発本などに見られる大衆的な心理療法，自然や地球との一体感をうたうエコロジー，癒しを重視する医療，近代社会に対抗する価値観を体現しようとする消費活動やライフスタイルなどを取り上げる。
　しかし，これらの現象はどのような点で「宗教的」と言えるのだろうか。宗教の定義を思いだしてみよう（→第1章・第13章）。多くの宗教定義には「共同体」「象徴の体系」「秩序の感覚」といった要素が含まれている。現代日本では，どこかの宗教団体に加入すれば，こうした要素のほとんどを体験することができる。一方，スピリチュアルな現象は，宗教定義の要素を一部分しか含んでおらず，どれを含んでいるかはそれぞれ異なる。たとえば「目に見えない大切なものとのつながり」に触れることはあっても体系的な世界観を持っているわけではなかったり，人生の苦難に意味づけを与えることはしても，共同体を形成することはなかったりする。
　つまり，宗教団体が宗教的なるものをパッケージ化して提供しているのに対して，スピリチュアルといわれる事物はそれを「バラ売り」しているのだという見方ができる。そしてスピリチュアル・ブームとは，こうしたバラ売りがさ

かんに行われるようになった状態，バラ売りの提供者・消費者の双方の数が増加し，安定した市場が確立した状態ということもできる[1]。

このような状況は2000年代に突然起こったのだろうか。それとも，それまでもあった現象に光があてられるようになったのだろうか。あるいは，昔からあったがその規模が拡大したのか。実は見方によってはこのどれもが正しいといえる。宗教団体や制度の外で流通する宗教的なるものはどの時代にも見られ，それらに独自の伝統や影響関係を見出すこともできる。一方で2000年代のスピリチュアルがこれまでになく広い範囲の人々の話題にのぼり，内容的にも新しい点を持っていたのも事実なのだ。このことを，スピリチュアル・ブームの代表的な事例をいくつか挙げて見てみよう。

## 3 「スピリチュアル」のケース・スタディ

### テレビ霊能者と江原啓之

まず，磯村がスピリチュアル・ブームの象徴として挙げていた江原啓之について見てみよう。「スピリチュアル・カウンセラー」を名乗る江原啓之は，2000年代の半ばを中心に『オーラの泉』(テレビ朝日系，2005年〜2009年) などのテレビ番組で活躍した。彼は「霊視」つまり「普通は見えないものが見える能力」で，相談者を取り巻く「オーラ」や寄り添う「守護霊」，本人の「前世」から情報を読み取り，人生の悩みや課題にアドバイスを与えるというスタイルをとる。番組ゲストの有名人が江原の言葉に心を動かされて涙を流すシーンは，多くの視聴者の心をひきつけた。たとえば水泳がなぜか苦手だというゲストの話を，江原は次のように読み解いてみせる。

> 江原　前世ね……これは，夢物語と思って聞いてくださいね。船作ってたんですよ，船大工。……前世でも，海で亡くなっているんです[2]。

---

1) 現に2011年には，「スピリチュアル市場」を分析するマーケッターの本が出版されている［有元2011］。
2) 『オーラの泉』2008年7月26日放映分より抜粋。

幽霊や心霊写真，UFO，超能力といった現象は，マスメディアにとっていつの時代も格好の題材である。ただし注目される対象は時代により少しずつ変化しており，たとえば1960年代には「秘境」，1970年代には「超能力」や「ノストラダムスの大予言」などが人々の好奇心をとらえた［一柳編2006；吉田編2009］。1970～80年代にかけては「オカルト・ブーム」といわれ，テレビ番組では，丹波哲郎や宜保愛子などの「霊が見える」人々，テレビ霊能者たちが活躍した。

　2000年代の江原をこのテレビ霊能者の系譜に位置づける見方もある［小池2007］。だが江原は先行する霊能者たちと自分の違いを強調する。彼らは単に霊の恐ろしさをかたって注目を集めたり，人々の欲望をかなえるといって高い料金をとったりするばかりだが，自分は不思議な力（霊視能力）を見せることでこの世を超える世界の存在を示し，それに基づいて人々に生き方のアドバイスを与えたり人生の意味を教えたりするのだという。たしかに江原が出演した番組の多くは，ゲストの人生物語に対して，彼が「スピリチュアリズム」と呼ぶ一種の世界観に基づいて意味づけやアドバイスを行う形がとられていた。

　江原のいうスピリチュアリズムは，19世紀後半を中心に欧米で流行した，死後の世界の存在をめぐる一群の言説（近代スピリチュアリズム）を元に，日本人になじみやすい神道由来の概念や彼独自の用語などを盛り込んでアレンジしたものだ。それによれば，人間はこの世だけの存在ではなく，何度も生まれ変わってさまざまな経験を積み，魂の修業をしていくものとされる。現在の自分に起こる出来事も，この世を超えた原因と結果の連関（「カルマ」と呼ばれる）のなかで起こるという。そして，こうした見えない世界の存在を意識して精神を高め，利己的ではない生き方をするよう呼びかけられる。

　　私は，スピリチュアリズムを通して霊的真理を普及いたします。
　　第一に大切なことは，人間は霊であることを知ることです。人は死んでも，霊魂となって生き続けるのです。これは普遍不滅の真理です。〔中略〕霊の知識が人間に広がれば，ここで初めて物質・肉体よりも心・精神を大事にするようになるでしょう。〔中略〕私は今までの人生のなかで，これらのことを学びました。そして，実践と普及の道を進むことが私の使命だと思っています［江原2005：68-70］。

第5章　拡散・遍在化する宗教

　こうした点で江原はたしかにかつてのテレビ霊能者とは違って，言うなればずっと宗教家らしい。しかし江原は先回りして自分の活動を宗教にはしないと強調する。彼は近代スピリチュアリズム由来の考え方に基づいて，個々人が見えない世界を意識し，直接その存在を実感することこそが重要なのだと主張する。そして見えない世界を実感するための書籍（人生論からまじないまで）やイベント，グッズなどを次々売り出して人気を集め，2002～2008年ごろのメディア上で一世を風靡した。

　時代が異なれば，江原のような霊能者の周囲では支持者が組織化され，宗教団体が形成されていたかもしれない。しかし2000年代においては，本やテレビ番組，イベント視聴などによって，必要な時に必要なだけ使える「宗教的なるもの」を提供する江原のやり方が大きな支持を得た。「スピリチュアル」という言葉を一部の愛好者以外の口にも上らせた江原は，まさにスピリチュアル・ブームの立役者であった。そして，さらに注目すべきは，単なる不思議現象や霊の存在だけでなく，生き方，世界観といったより宗教的なるもののバラ売りを，マスメディア経由で取り入れる人々が存在すること，しかもそれがかなりの数にのぼるという事実である。

## ニューエイジとスピリチュアル・カウンセラー

　スピリチュアル・ブームに関する報道のなかでは，江原のように「見えないものを見る力」を用いて人生や生活の悩みにアドバイスを与える「カウンセラー」や「ヒーラー」（心身の悩みを解消する能力を持つという人）が社会にたくさん存在し，人々の心をとらえていることが驚きとともに報告された。そうしたスピリチュアルなカウンセラーたちが集まるイベント，「すぴこん」（スピリチュアル・コンベンション，現在はスピリチュアル・マーケットと改称）は，スピリチュアル・ブームの象徴としてしばしばメディアに登場した。

　　「癒やしとスピリチュアルの大見本市」と銘打つ催しがある。02年に始まった通称「すぴこん（スピリチュアル・コンベンション）」。昨年は，全国25カ所で計4万人を動員した。
　　占星術，スピリチュアル・カウンセリング，霊視，前世占い……。昨年末

あった「東京すぴこん」の会場には約150もの出店がひしめいた。

　この日の来場者は約2千人。6～7割が女性で，30歳前後が目立つ。団体職員の女性(27)は「うさんくさいと思うのもあるけど，自分で選べて値段も手頃。さらっと流せる」と屈託がない。……

　派遣社員の女性(31)はタロット占いと「オーラ写真」を試した。恋愛関係のもつれを機に，自分とは何なのかと思うようになり，初めて来た。「皆さん，自分のことが知りたいんじゃないですか」(『朝日新聞』2007年2月5日付)

　2002年に始まったすぴこんは，全国各地(東京では年に3・4回)で開催され，主にインターネットを通じて参加者を集めた。そこでは，スピリチュアルな生き方や生活についての講演やセッションのほか，多い時で100を超えるカウンセリングやヒーリング(後述)，物販などのブースが連なった。そのなかでスピリチュアル・カウンセラーたちは，前世やオーラ，守護霊や天使などのメッセージから相談者の「本来の自分」を読み取り，それをもとにアドバイスを与えたりする。

　こうした2000年代のスピリチュアルなカウンセラーやヒーラーたちは，しばしば江原の追随者として描かれた。たしかに江原の登場以降，新しくスピリチュアルなカウンセラーやヒーラーになる人や，その客になる人は増えたようである。しかし，霊視などの能力をもって人生における苦難(病気や家族の不和など)の意味を読み解いたり，祈祷や儀式でそれらを解決したりすることを生業にする人々は，昔から地域社会のなかに見られ，日本の宗教伝統の一角をなしてきた。

　「祈祷師」や「拝み屋さん」と呼ばれる彼らの多くは，伝統宗教の修行によって宗教者としての知識や技術を得，時にはその権威を利用しながら活動していた。一方，2000年代のスピリチュアルなカウンセラーやヒーラーには，そうした傾向があまり見られない[3]。つまり，同じように人々の悩みに応えてはいても，

---

3) とはいえ，スピリチュアルなカウンセラーやヒーラーにまったく伝統宗教の要素が見られないというわけではない。伝統宗教に由来するシンボルや言葉(たとえば「カルマ」など)はしばしば彼らの活動に利用されている。その際に，かなり自由かつ独自の解釈が行われていることが一般的である。

第5章 拡散・遍在化する宗教

写真5-1 「スピリチュアル」イベントのブース（平野撮影）

使われる言葉や方法が異なるのである。しかし，すぴこんに集う人々が使う言葉や方法が完全に2000年代独自のものなのかといえば，そうとも言いきれない。彼らの活動には，1970年から80年代にかけてヨーロッパやアメリカを席巻した「ニューエイジ運動」の影響が強いのである。

　ニューエイジとは，進歩の思想や科学的な思考様式を中心とする近代社会の支配的な価値観に反発し，より人間らしい新しい世界を獲得しようと若者を中心に起こった運動，またはそれに影響を受けた文化である。1960年代，冷戦や核戦争の危機を背景に，世界の非人間的なあり方に異を唱え，反戦平和や個人の権利の尊重を求める運動（アメリカ公民権運動，女性運動，消費者運動など）が世界中で沸き起こった。対抗文化（カウンター・カルチャー）と呼ばれるこうした潮流のなかから，やがて科学ではとらえられないものを積極的に評価し，個人の精神性を高めることで行きづまった近代社会を乗り越え，新しい時代（ニューエイジ）を切り開こうとする運動が起こってきた。

　ニューエイジ運動においては，近代社会を支える科学の知に対抗できそうな知恵の源泉が精力的に探し求められた。禅やチベット仏教，インド由来の哲学や瞑想法，東洋医学などがその代表だが，近代社会の論理に収まらないものであれば，宇宙人からのメッセージでも，西洋自身の過去のオカルト文化の遺産でも，何でも貪欲に取り入れられた。こうした考え方やスタイルは，主に書籍の形で1980年代の日本に紹介され，文化人をはじめ多くの人をひきつけて「精

神世界ブーム」を生み出した。

　たとえば，日本を含む世界のニューエイジャーに熱心に読まれた『アウト・オン・ア・リム』（ハリウッド女優シャーリー・マクレーンが自身の体験をもとに書いた小説）には，主人公の人生における問題の意味を，前世を読み取ることで解き明かす人々が描かれる。彼らは人類を導く存在（宇宙人であったり過去の偉大な人物であったりする）から交信(チャネリング)によって英知に満ちた言葉を授けられ，彼女に伝える。ここには，スピリチュアルなカウンセラーやセラピストの原型がすでに見られる。

　他方，ニューエイジや精神世界ブームにあって2000年代のスピリチュアル・ブームにはない点も存在する。ニューエイジャーたちの活動は，さまざまな地域や時代の思想や象徴・身体実践などをパッチワークのように自由に組み合わせたものだったが，その根底には「いま，ここではない何かによって目の前の近代社会を乗り越え，新しい時代を迎える」という共通のコンセプトがみられた。しかし2000年代日本のスピリチュアル・ブームを特徴づけるのは，そうした大きな「社会変革」の物語ではなく，よりよい生活や人生を送るために自分自身の小さな物語を求める人々と，それに細やかに応える施術者たちである。その点から見れば，スピリチュアル・カウンセラーたちはむしろかつての「祈祷師」・「拝み屋さん」に近いともいえるだろう。

### 代替療法にみる癒し

　スピリチュアルに関するイベントや雑誌の特集には，レイキやホメオパシー，アロマテラピー，ヨガなど，心だけでなく身体の不調や疲労にも対応するような癒し（ヒーリング）の技法がよく登場する。これらの一種の代替療法[4]は，心身の悩みからの救済を含む独自の世界観を持ち，医療と宗教のはざまにあって人々の心をひきつけている。

　近代医療が普及する前，宗教は人々の心身の悩みに深く関わっていた。「拝

---

4）近代医学によらない治病・健康維持法を指す。鍼・灸・マッサージといった国家資格が設けられているもの，漢方のように保険診療の対象になるものから，カイロプラクティックや指圧など民間団体が行っているもの，家庭で言い伝えられる民間療法まで，さまざまなものを含む。治療効果が科学的に確認されているものは多くなく，身体機能の強化や病気治療への効果を宣伝することは，医師法・薬事法などで禁じられている。

み屋さん」の祈祷や，神社・寺院への祈願など，病気回復と健康を願う習俗は大衆の宗教文化の代表であった。天理教や生長の家など，病気治しの効果をうたって拡大した新宗教も多い。近代医療が発達してからも，終末期のケアやアレルギーなどの慢性疾患，ストレスや疲労など，病院では十分に対処できない問題は残り，その周囲で上のような宗教にも通じる世界観を持つ代替療法がさかんに利用されている。

代替療法を推進する人は，病気を特定の器官の故障とみなす近代医療では対処できない問題に対し，心の持ち方や生活の仕方まで問題を統一的にとらえる代替療法が効果を発揮すると主張する。このような心身観やそれを支える世界観を，スピリチュアル・ブームで普及した代替療法の代表格であるレイキとホメオパシーを例に見てみよう。

日本生まれの療法であるレイキは，ニューエイジャーを中心に世界に広がり，現在数百万の実践者がいるといわれている。その方法はきわめて簡単で，基本的には身体に手を当てるだけである。人の手から流れてくる「宇宙のエネルギー」が，心身を癒すのだとされる[5]。世界救世教とその分派が行う手かざし・浄霊に似ているが，レイキはそれらと違い，特定の団体に属さなくても，上級実践者から宇宙のエネルギーとつながるようになる儀式（アチューンメント）を受けさえすれば，あとは誰でも癒しができるようになるとされる。儀式を含むセミナーは通常数万円を払えば誰でも受けられる（より高いレベルに上がるためには，その都度別のセミナーを受ける）。

こう書くと，お金さえ出せば癒しの力が得られるというような，あまりにも商業的なシステムのように見える。しかし一方でレイキの実践者は，しばしば新宗教にあるような「心直し」について語る。彼らは創始者が遺した五戒，「今日丈け（だけ）は　怒るな，心配すな，感謝して，業をはげめ（励め），人に親切に」という小さな詞章を大切に伝えている。この教えを深く理解して実践することは，宇宙のエネルギーとの調和や自己の成長につながる。またこれにより，

---

[5] レイキは大正12年に臼井甕男（みかお）によって創始された。臼井の死後，戦後の日本では忘れ去られたが，レイキを学んでいたハワイの日系人が1970年代に普及を始めたことで，世界へと広がっていった。早くに指導者を失い，普及の中心となるような人物や団体がなかったため，流派や実践者によって多くのヴァリエーションがある。

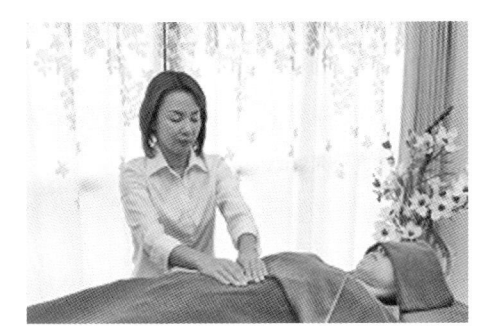

写真 5-2 レイキの施術風景(NPO 法人日本レイキ協会提供)

心身のこだわりが無くなって健康になり,さまざまな物事がうまくいくようになるという。このように,レイキという代替療法はシンプルながら,癒しのエネルギーに満ちた宇宙像から,救済や自己成長の論理までを含む,それなりに整った世界観を持っているのである。

　シンプルさが人気のレイキとは逆に,科学に対抗するような壮大な体系性や治療理論が支持されて広がる代替療法もある。たとえば 19 世紀のドイツに生まれたホメオパシーである。ホメオパシーはレメディと呼ばれる独特の理論で作られた薬を処方する療法で,ヨーロッパを中心に世界中に利用者がいる。レメディの種類は数千に及び,ホメオパスと呼ばれるホメオパシーの専門家が,面談で綿密に症状を観察したうえで,適切と思われるものを選び出す。

　ホメオパシーの治療理論では,病気を治すためには病気の症状と同じような症状を起こさせる物質を摂取するのがよいとされる。たとえば高熱が出ている場合には,急性の炎症を起こさせる植物ベラドンナを,不眠症なら覚醒作用のあるコーヒーの成分を,ということだ。ホメオパシーでは,病気の症状は日々の生活のなかで歪みがたまった身体が,全体のバランスを取り戻そうとして起こすもの——つまり「自然治癒力」に基づくものと見る。通常医療の薬でこれを抑えることは,かえって身体全体のバランスを崩すことになるので好ましくなく,逆に症状を促進する物質をうまく与えて発散させたほうがよいとされる。

　ただしホメオパシーで実際に使われるのは,その物質を浸した液を薄めたものである(これがレメディである)。オーソドックスなレメディは,「原液を 100

101

第5章 拡散・遍在化する宗教

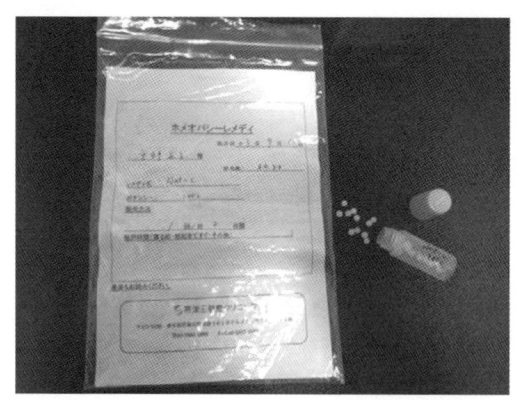

写真5-3 処方されたレメディ（平野撮影）

倍に薄めては激しく振る」という作業を数十回繰り返して作られる。そこまで希釈すると，できたレメディには原液由来の物質はほとんど（分子レベルですら）残らない。ところがホメオパシーの論理では，この「薄めて振る」作業の回数を増やすごとに物質の「霊」もしくはエネルギーが水に記憶されるので，かえって効力が強くなるという。

　科学どころか日常の経験に逆らうようなこれらの論理に説得力を持たせているのは，創始者ハーネマンの伝説である。18世紀末のある日，ハーネマンがマラリアの薬であるキナの樹皮の粉を自ら服用してみたところ，マラリアに似た症状が生じたように感じられた。そこで彼は，他のさまざまな物質も服用して，同じ現象が起こるらしいことを確かめ，ホメオパシーの基本理論を作りあげた。またレメディを作るときに激しく振るのは，ハーネマンが外出の際持ち出して馬車で揺られていたレメディのほうが，家に置いていたものよりもよく効いた（と，彼は見た）という逸話に基づいている。

　このように，ホメオパシーの理論の基礎となっているのはいずれもハーネマンの主観的な経験である。さらに他のホメオパシー治療者たちも，さまざまな物質を自ら試し，あるいは他の人にも与え，その経験や観察結果を記録する。こうして蓄積・共有された症状とレメディについての膨大なデータベースが，ホメオパシーの世界を支えている。近代科学の方法論が，観察者の主観的な体験（観察）を共有することで客観的事実に近づけようとするものであるとすれ

ば，ホメオパシーは科学とは別の方法でそれをしようとするものに見える。そこで近代医療の限界に突き当たった医療関係者などが，ホメオパシーに期待を寄せることがしばしばある。たとえば「ホリスティック（全人的）医療」を掲げる帯津良一[6]などは，終末期の患者の生活の質の向上などに役立つとホメオパシーを高く評価する。

　代替療法は独自の身体観や世界観によって近代医療の手の届かない心身の悩みを癒すことをうたい，近代科学に疑問や違和感をもつ人々に支持され，利用者層を広げてきた。しかし，代替医療に近代科学・近代医療にはない可能性が期待されるとはいえ，それが実際に問題（病）に対応できるかどうかは未知数の部分が多い。2010年8月に，日本学術会議がホメオパシーの医療現場での利用を戒めた[7]ことにみられるように，代替療法の実際の有効性についてはしばしば議論が起こっていることを無視してはならない。

## 4　「スピリチュアル」へのアプローチ

### 対抗文化的ライフスタイルの消費

　これまで登場したスピリチュアルの事例は，スピリチュアル・カウンセラーにしろレイキやホメオパシーにしろ，なんとも奇妙な，社会の特殊な一部分のことと感じられたのではないだろうか。しかし，これらを含むスピリチュアルなるものが「ブーム」と言われるほどの注目を集め，一定の支持を得た背景には，「善い生活」「善い生き方」に関して日本社会の中に広範に受け入れられている，ある考え方のタイプが存在する。

　社会学者のアンソニー・ギデンズは，宗教の影響が小さくなった社会においてもなお「善い社会とは何か」「いかに生きるべきか」ということが問われ，さまざまな運動を起こしていることを指摘した。その事例として彼は，前述の対抗文化の興隆を挙げる［ギデンズ 2005(1991)：237-261］。すでに述べたように，対抗文化とは近代社会の限界を指摘し，より人間らしい新しい世界を獲得しよ

---

6）帯津三敬病院理事長，NPO法人日本ホリスティック医学協会会長。
7）日本学術会議 2010「「ホメオパシー」についての会長談話」http://www.scj.go.jp/ja/info/kohyo/pdf/kohyo-21-d8.pdf

第 5 章　拡散・遍在化する宗教

うとする風潮であった。そこには，科学技術の発達や市場の支配力の拡大によって起こる環境破壊や，人間関係の希薄化，伝統文化の喪失などを問題視し，それを避けたり乗り越えたりすることで「善い社会」「善い生き方」を目指すというような，行動や考え方のタイプが見られた。

　そうした「善さ」の考え方に基づく生活の仕方——つまり，対抗文化に影響されたライフスタイルが，20 世紀の終わりから 21 世紀にかけて，先進国を中心に幅広く支持を得ていった。その結果，近代社会の有害な面を持たないことを「善いこと」としてアピールし，それにかなうモノやサービスを提供する市場が拡大した。

　21 世紀日本におけるそうした市場や消費活動の例として，1999 年にマガジンハウスから創刊されたライフスタイル誌『ソトコト』を挙げてみよう。同誌は「ロハス（LOHAS）」という概念を中心に，生活全般における「善い生活」のモデルや，それにあった商品を紹介している。

　　ロハスとは，地球環境保護と健康な生活を最優先し，人類と地球が共栄共存できる持続可能なライフスタイルと，それを望む人たちの総称です。
　　無理や我慢ばかりでは，健康も，エコロジーも，幸せも，長続きしません。自分たちの幸せの向こうに，社会の幸せや地球環境への貢献が地続きでつながっている。そんな実感のある暮らし，それを実現できる仕事を望む人たちにモノやサービスを提供する社会が，アメリカやヨーロッパで飛躍的に伸びています[8]。

こうした方針に基づいて，『ソトコト』は何を食べ，着て，暮らすかということについて「より善い選択肢」を紹介する。その背景にはしばしば，近代社会的であることは非人間的であり，非近代社会的であることは自然で優しく身体によい，という考え方のタイプが見られる。これにあてはまるものであれば，有機農法で作られた食品や衣類，伝統の知恵に基づく工芸や家屋，（近代科学的ではないという点で）「自然」な代替療法，パワースポットまで，なんでも旺盛に

---

[8]「ソトコトが提唱するライフスタイルのヒント」http://www.sotokoto.net/jp/lifestyle/

紹介されている。

　スピリチュアル・ブームのなかの一見突飛な物事も，このような背景があって受け入れられているという面がある。表面上は，対抗文化と関係なさそうな江原啓之やスピリチュアル・カウンセラーが，オーガニック製品や代替療法とともにスピリチュアルなイベントや雑誌の企画のなかで並んでいるのは，「魂」や「エネルギー」など科学では説明できない部分を含む彼らの語りが，この社会のなかでの困難を癒し，より善い生き方を育む可能性があるものと見なされているからと考えられる。

　こうした点からすればスピリチュアル・ブームとは，「善さ」をめぐる人々の欲求が，市場とマスメディアによって満たされるような，「消費活動」の活発化と見ることができるのである。

## 「宗教っぽいもの」をとらえる

　最後に，ケース・スタディのなかで断片的に触れてきた「宗教っぽいが宗教ではないもの」の特徴について，簡単にまとめておこう。

　人々はいつの時代も何らかの形で，生活や人生の悩み，心身の不調，善く生きたいという欲求などを持ち，また不思議なことや未知のことについての好奇心も持っている。それに対して昔から，この世ならぬものの力の存在を示したり，説明したりする人々が存在してきた。一方で，ニューエイジ，精神世界ブーム，スピリチュアル・ブームなど，「宗教っぽいもの」が地域や国境を越えて活発にやり取りされる流行がしばしば起こってきた。これは1960年代の対抗文化の影響で特に盛んとなり，2000年代には消費社会のなかに確固とした位置を占めつつある。

　それぞれの時代の「宗教っぽいもの」には社会の変化などを反映した特徴や強調点があり，消費社会はその時代の人々が求める「宗教的なるもの」を，日々新しく生み出してゆく。それはスピリチュアルなメッセージを持つポップ音楽や映画から冠婚葬祭のサービス（→第8章）にまでおよぶ。

　他方で，前節でも指摘したように，ニューエイジが精神世界ブームに影響を与え，それがスピリチュアル・ブームに引き継がれ……というような「宗教的なるもの」どうしの影響関係もある。詳しく触れることはできなかったが，実

はこの影響関係はたいへん複雑である。たとえば江原が影響を受けているという近代スピリチュアリズムは，1930年前後の日本の代替療法や健康法のブームにも影響を与えている。また，それらの代替療法の一部はレイキのように，欧米のニューエイジのなかに取り入れられた上で日本に逆輸入され，スピリチュアル・ブームのなかで発展した。

このため，「宗教っぽいが宗教ではないもの」の観察には，特有の困難が生じる。冒頭の磯村によるスピリチュアル・ブームの描写のように，一見それは，「何か大きな共通のまとまりを持つ現象が，社会のさまざまな領域から顔を出している」と表現できるもののように見える。しかし実際には，ある時代や社会に特有の傾向から，その場その時の偶発的な出来事まで，レベルの違うさまざまな要素が独立してふるまいながらも影響を与えあっており，その分析は容易ではないのである。

現代社会における「宗教ではないが宗教っぽいもの」の台頭に対し国内外の宗教研究者たちは1990年前後から，宗教研究の枠組みの再編をも視野に入れた新しい試みを行っている。たとえば島薗進は1991年ごろから，精神世界・ニューエイジ運動をはじめとする宗教の枠を超えてグローバルに広がる「新しい宗教文化」を，従来の宗教概念と対比させて「新霊性運動」と呼び，宗教学によるアプローチの仕方を模索した［島薗2007］。2000年前後にはさらに，さまざまな領域に広がる「宗教的なるもの」を「スピリチュアリティ」という新しい概念にまとめ，研究対象として設定していこうという動きが盛んになった[9]。社会学者の伊藤雅之はスピリチュアリティを，「個々人の体験に焦点をおき，当事者が何らかの手の届かない不可知，不可視の存在（たとえば，大自然，宇宙，内なる神／自己意識，特別な体験など）と神秘的なつながりを得て，非日常的な体験をしたり，自己が高められるという感覚を持ったりすること」と定義している［伊藤2003：ⅱ］。

これらは時代の変化に合わせて宗教学の対象を柔軟に拡大していこうという試みであり，「宗教ではないが宗教っぽいもの」の存在を学術的な研究の対象と

---

9) 欧米でも1990年前後から，組織化されず個人の体験を重視する新しい「宗教的なるもの」を概念化する試みがなされているが，日本における「スピリチュアリティ」研究はそれらから影響を受けつつ独自の定義や議論の展開をしている。欧米における研究の展開については第13章を参照。

第 5 章　拡散・遍在化する宗教

することに大きく貢献した。しかし上で述べたように，たとえば「スピリチュアリティ」を何か大きなまとまりを持つ一つの現象とし，その特徴を記述することには困難がともなう。スピリチュアリティ研究は現在，まだ問題提起の段階にあり，今後ていねいな事例研究が重ねられてゆくことが期待される。

## 5　おわりに

　2010 年代に入って，スピリチュアル・ブームはやや落ち着いてきたように見える。しかし人生に指針を持たせたい，苦難の意味を知りたい，善く生きたいといった欲求がこの世からなくなることはないだろうし，そうした欲求を満たすものが，市場でバラ売りされた「宗教的なるもの」のなかに探し求められる傾向もにわかには変わらないだろう。これは「宗教的なるもの」の自由な選択が可能になったという点からすれば，必ずしも否定されるべきことではない。しかし，市場経済の枠内でやり取りされる「宗教的なるもの」が，現代社会で生きる苦しみや悩みにどれだけ応えられるのかは未知数である。

　最後に問題点も指摘しておこう。スピリチュアルな商品やサービスが「宗教的なるもの」の一部を持っているということは，「社会問題となる宗教」つまり「カルト問題」と同じような問題をはらむ可能性も無視できないということだ（→第3章）。たとえば 2000 年代後半，ヒーリングサロンを経営していた有限会社「神世界」が，霊感商法により多額の金銭を騙し取ったとして刑事・民事双方で問題化した事件は記憶に新しい。

　スピリチュアルな商品やサービスに特有の問題もある。櫻井義秀が指摘するように，それらは人の生活や心身に直接かかわるものでありながら，質や効果について同業者団体や公的機関のチェックがほとんどなされていない。商品の選択や，それが起こす結果は，利用者が個人の責任において引き受けなくてはならない［櫻井 2009：175-176］。スピリチュアルの世界にアプローチするなら，こうした点についてしっかりとした認識を持っておくことも不可欠である。

第 5 章　拡散・遍在化する宗教

◆さらに学びたい人のためのブックガイド

　20 世紀後半以降，伝統宗教や近代社会の枠組みを超えていこうとする運動が世界的に展開してきた。『精神世界のゆくえ』（島薗進）では，それを「新霊性運動」と名づけ，ニューエイジや精神世界ブームから自然農法やセラピー文化まで幅広く考察している。『現代社会とスピリチュアリティ』（伊藤雅之）・『スピリチュアリティの社会学』（伊藤雅之・樫尾直樹・弓山達也編）の著者たちは，そうした文化への新たなアプローチとして「スピリチュアリティ研究」を提唱した。『〈スピリチュアル〉はなぜ流行るのか』（磯村健太郎）は，現代の「宗教的なるもの」を，より良い生き方や他者とのつながりを模索する「宗教なき世の人々」という観点からまとめた新書である。

## 参考文献

有元裕美子　2011　『スピリチュアル市場の研究』東洋経済新報社。
江原啓之　2005　『人はなぜ生まれいかに生きるのか』ハート出版。
ギデンズ, A.　2005(1991)　『モダニティと自己アイデンティティ―後期近代における自己と社会―』秋吉美都・安藤太郎・筒井淳也訳，ハーベスト社。
芳賀学　2007　「研究動向：分野別研究動向（宗教）　固有領域融解への諸対応」『社会学評論』58(2): 205-220。
一柳廣孝編　2006　『オカルトの帝国―1970 年代の日本を読む―』青弓社。
磯村健太郎　2007　『〈スピリチュアル〉はなぜ流行るのか』PHP 新書。
伊藤雅之　2003　『現代社会とスピリチュアリティ―現代人の宗教意識の社会学的探究―』渓水社。
小池靖　2007　『テレビ霊能者を斬る―メディアとスピリチュアルの蜜月―』ソフトバンク新書。
マクレーン, S.　1986(1983)　『アウト・オン・ア・リム―愛さえも越えて―』山川紘也・山川亜希子訳，地湧社。
櫻井義秀　2009　『霊と金―スピリチュアル・ビジネスの構造―』新潮新書。
島薗進　2007　『精神世界のゆくえ―宗教・近代・霊性―』秋山書店。
吉田司雄編　2009　『オカルトの惑星―1980 年，もう一つの世界地図―』青弓社。

# 第6章　聖地巡礼とツーリズム

岡本　亮輔

多くの宗教には聖地が存在し，そこを訪れる巡礼は信者にとっては大切な営みである。だが近年では，聖地巡礼は観光をはじめとする一般社会の動きとも深く関わるようになっている。本章では，現代の聖地巡礼に見られる新たな展開について解説する。

札所でお経をあげる遍路（岡本撮影）

第6章　聖地巡礼とツーリズム

## 1　はじめに

　本章では聖地巡礼とツーリズムという宗教領域と世俗領域が交わる地点で営まれる宗教のあり方に注目してみたい。なぜ聖地巡礼だけでなくツーリズム（観光）についても考える必要があるのだろうか。従来のイメージであれば，聖地を訪れる人々はそこを聖なる場所だと指定する宗教の信者に限られていた。しかし，実際に現代の聖地の風景を眺めてみれば，必ずしも信仰をもっている人だけが集まっているわけではない。聖地でもっとも目立つのはツーリストではないだろうか。私たちが旅先で寺社や教会を訪れたりするように，「観光地」として聖地を訪れる人々は非常に多い。

　巡礼研究においては，長い間，ツーリストの存在は聖地のノイズ程度にしか考えられてこなかったが，彼らの聖地での体験を詳しくみてみると，観光旅行という世俗的な目的で聖地を訪れているにもかかわらず，新しい意味での宗教体験をしている例がみられる。さらには，宗教の信者ではなくとも長い歩き巡礼の旅に出る人もいれば，従来は聖地と考えられなかったような場所が聖地として新しく作り上げられる場合もある。

　こうした現象は，たしかに「聖地の観光化」「宗教の商品化」といった現代社会に特徴的な「宗教の消費」としても説明できるのだが，それは単に宗教的なものが世俗的なものに取って代わられ，聖性を失ったということではない。世俗的な目的や動機から聖地を訪れる人々の体験は伝統的な信仰の枠組には収まらないかもしれないが，聖地を訪れることがもたらす気づきや変化には宗教的といえるような深さと強さをもつものがあり，そこでは巡礼ツーリズムと呼べるような聖俗をまたいだ新たな実践と経験が生まれているのである。

## 2　聖地巡礼とその時空

　いくつかの宗教における聖地巡礼を概観してみよう。ヒンドゥー教ではガンジス川の流域に多くの聖地が点在し，訪れた巡礼者たちが川へ下りるための階段付きの沐浴場が設けられている。ガンジス流域の聖地の多くは神話の登場人

物の誕生地や故郷と信じられている。ワーラーナシーはヒンドゥー教の聖典『マハーバーラタ』にも登場する。ワーラーナシーのガンジス川近くで死んだ者は輪廻の苦しみから解き放たれると信じられており，インド各地から日々死体が運ばれてくる場所となっている。

　イスラームではマッカにあるカアバ神殿が最高の聖地とされている。カアバ神殿はアダムとイブによって建設され，世界創世以後初めて神に捧げられた聖所と信じられており，世界中のモスクで行われる1日5回の礼拝も「キブラ」と呼ばれるカアバ神殿の方角に向かって行われている。イスラームの五行には「ハッジ」としてマッカ巡礼が組み込まれ，一生に一度は訪れるべき場所とされている。

　キリスト教においてもっとも重要な聖地はイエスの受難の地エルサレムである。イエスが十字架にかけられたゴルゴダの丘とされる場所に聖墳墓教会が作られている。同地がゴルゴダの丘と特定されたのはイエスの磔刑に用いられたとされる十字架や聖釘が発見されたことに由来する。こうしたイエスや聖人の遺品や遺骸は「聖遺物」と呼ばれ，とりわけカトリックの聖地巡礼には欠かせないものとなっている。聖遺物はかつては権力の象徴でもあり，専門業者を介して大金で聖遺物が売買され，時には偽造されることすらあった。

　日本では，各地の観音霊場をめぐる三十三カ所巡礼や弘法大師が開いたとされる寺をめぐる四国遍路が広く知られている。これまで述べてきた聖地巡礼との比較でいえば，両者の特徴は巡礼の軌跡が円を描くことである。マッカやワーラーナシーへの巡礼も詳しくみればその中途でいくつかの聖所に立ち寄るのだが，基本的にはもっとも聖なる最終目的地が存在し，そこへの到達が重要視される。つまり，巡礼の軌跡は**直線型**なのである。これに対して，三十三カ所や遍路ではどこかひとつの寺や霊場が目的地として設定されているわけではない。さまざまな場所が集まって全体として聖性をはらんでいるとされ，それらを経由して踏破することが巡礼の目的となる。つまり，巡礼の軌跡は**円環型**になるのである。

　もちろん日本にも直線型の巡礼は存在する。たとえば江戸時代に始まったお伊勢参りである。お伊勢参りは文字通り伊勢神宮を目指すもので，徒歩で旅した江戸時代には江戸からならば片道約2週間を要した。お伊勢参りに関して重

要なのはその過程にすでに観光が含まれていたことである。お伊勢参りは「抜け参り」とも呼ばれるが，これは店の主人や親に無断で旅に出ても伊勢参詣ならば許されたからである。江戸時代は地域間の交通にも厳しい規制があったが，お伊勢参りに対しては比較的簡単に通行手形が発行され，その道中や参詣後に各地に立ち寄り，今でいう「観光」を行っていたのである。

日本の巡礼を考える際には山岳信仰も忘れてはならない。日本では昔から山は日常世界と異質な他界とされ，神が鎮座し先祖の霊が帰る場所とされてきた。日本三霊山と称される富士山，白山，立山はいずれも山そのものが御神体として信仰対象になっている。また奈良県の大神神社には現在でも本殿が存在せず，三輪山そのものを御神体として拝む形をとっている。今日では途絶えているものもあるが，山岳信仰においては麓から崇敬するだけでなく，しばしば「講」と呼ばれる集団単位で7〜8月に登拝が行われる。長野県と岐阜県にまたがる木曽御嶽山にも各地に御嶽講と呼ばれる組織があり，毎夏の登拝では，山上でお座立てと呼ばれる一種の神寄せが行われている。

このように，聖地巡礼はさまざまな宗教に古くからみられる多様性に富んだ現象であるが，簡単に定義をしてみれば，**集団や個人で特別な聖性を含みもつとされる場所を訪れる実践**だといえる。聖地とされる場所は宗教によって異なるが，宗教の創始者やその宗教の歴史上特別な位置づけを与えられる人々の誕生地や死亡地，あるいは何らかの神的存在が顕れたとされる場所が多い。ほとんどの宗教に聖地巡礼がみられるのは，宗教が教義・教理や思想として抽象的に存在しているのではなく，とりわけ一般の人々にとっては，宗教は頭で考えるだけでなく，具体的な場所と結びついた五感を通じて体験される営みであることを示している。

巡礼研究の端緒を開いたのが人類学者ヴィクター・ターナーのコミュニタス論である。ターナーの巡礼論の下敷きにはアルノルト・ファン・ヘネップの**通過儀礼論**がある［ファン・ヘネップ1977(1909)］。ファン・ヘネップは社会をいくつも部屋のある家としてとらえ，人が年齢を重ねてステータスを変化させることを部屋から部屋への移動にたとえる。出生・婚約・結婚・出産・死別など，それまでの状態に大きな変化を与えるイベントが部屋移動をもたらすのだが，その際に通過儀礼が行われる。そして，通過儀礼は古い部屋を出る際の**分離儀**

写真6-1　遍路装束（岡本撮影）

礼，部屋と部屋の間を移動する際の過渡儀礼，別の部屋に入る時の統合儀礼の3段階から構成されるという。

　ターナーが巡礼の時空と関連づけたのは部屋から部屋への移動である。この移動の間はどの部屋にも属していない。つまり，通常の社会秩序（部屋）に属さない境界を浮遊する状態なのであるが，その際に経験されるのがコミュニタスである。コミュニタスは日常生活において守られる規範や秩序が反転する非日常的な時空である。そこでは通常の社会的な地位や役割は重要でなくなり，あらゆる人が平等になり，ありのままで互いに関わりあうというのである［ターナー 1976(1969)］。

　巡礼世界の非日常性について四国遍路を例に具体的にみてみよう。四国八十八カ所をめぐる巡礼者は「お遍路」と呼ばれるが，彼らは「遍路装束」という独特の服装と持ち物を装備する。頭には菅笠をかぶり，白衣や笈摺という白装束を身にまとい，金剛杖と呼ばれる杖をついて歩く。四国遍路の行程は1,400キロ近く，毎日20〜30キロ歩いても40日以上かかる過酷な旅である。現在では吸汗速乾のシャツや防水性の高い帽子，軽量の登山ステッキなどは簡単に入手でき，それらを使った方が快適なのは間違いない。事実，遍路装束を一切身につけず，登山やトレッキングのような装備のお遍路も存在する。

　しかし，公共のバスや電車，自転車，自家用車などで遍路する人でも，多くは遍路装束やその一部を身につける。その理由は遍路装束にこめられた象徴的

な意味にある。菅笠には「同行二人」と書かれているが，これはたとえ一人であっても弘法大師と一緒に歩いていることを示す。白装束には「仏の前での平等」などいくつか意味があるとされるが，かつては過酷な遍路の途中亡くなることも多く「死装束」という意味合いが強い。金剛杖も単なるステッキではなく，「弘法大師の化身」とされ，宿の中に持ち込んで床の間などに置かれ，道中で遍路が亡くなった時には卒塔婆の代わりに墓標としても用いられたという。また現在でも四国には「お接待」という習慣が残っている。地元の人々がお遍路を見かけたら食べ物やお金を手渡したり，宿を提供したり，車に乗せて峠を越えた所まで送ったりする。そしてその際，お接待をした地元の人々がお遍路に手を合わせる。これはお遍路をする巡礼者自身も弘法大師の化身とされ，彼らをもてなしたことで功徳を積んだと考えられているためである。

このように遍路装束にこめられた意味を考えてみると，巡礼の過程は通常の社会とは切り離された独特の時空であることが分かる。どのような人生を歩んできた人であっても，ひとたび遍路に出れば常に弘法大師と一緒にあり，いつ行き倒れてもおかしくないものと考えられている。その人が普段どのような仕事をしていても，遍路の最中は弘法大師の化身として手を合わせられ，そこには通常の社会生活ではみられないコミュニケーションが生まれる。このような点において，巡礼の過程は非日常的な段階にあり，通常の社会秩序や価値観が後退していると考えられるのである。

## 3　巡礼ツーリズムの展開

聖なる存在の痕跡の残された場所を訪れてその力を感じながら祈ることで，特別なとりなしを願い，信仰をあらためて活性化させる。そして同じ信仰世界を生きる人々の間に日常生活とは異なる真に人間的な交流が生まれる。こうしたあり方がもっとも伝統的な聖地巡礼のイメージだろう。1960年代アメリカで黒人差別撤廃運動の指導者であったマルコムXも1964年にマッカに巡礼している。そしてそこで，同じ巡礼者として白人も黒人も対等に話し，一緒に食事をするという差別的なアメリカ社会では想像もできない体験をして強い感銘を受けた。ターナーがコミュニタスと呼んだ状態は，四国遍路に限らず諸宗教

の聖地巡礼にたしかに見出せる。

　しかし，現代の聖地巡礼の現場を考えてみると事態はそれほど単純ではない。ターナーの議論には収まりきらないさまざまな変化が起きている。コミュニタス論の特徴は「日常生活」と「巡礼世界」を聖／俗として厳しく対立するものとして理解する点にある。日常生活は単調で社会的な制度や規範に支配され，人々は近代社会の市民として合理的にふるまう。それに対して巡礼世界ではこうした制約が一切なくなり，人間に本来的な姿を取り戻して非日常的な時間を過ごし，そこにおいてコミュニタスが発生する。これがターナーの枠組である。

　だが，現代では実にさまざまな人がさまざまな動機や目的をもって聖地へと向かう。昔から聖地とされてきたが，実際に多くの人を集めるようになったのはごく最近のことであったりする場合もある。それまでまったく聖地とされなかった場所が突然多くの巡礼者を集めるようになる例もある。そして，こうした事例の背景には交通手段の発展，巡礼に関わる情報の拡充，人々の趣味嗜好の変化など，現代社会に特有の事情がひかえている。

　四国遍路の現代的変化を指摘しているのが星野英紀である［星野 1981；2002］。お遍路といえば歩くものというイメージが強いが，実は今も昔もバスや電車を使う人がほとんどである。高度経済成長期に自家用車をもつことが一般的になると車を用いた遍路が急増し，さらにはヘリコプター遍路までが登場した。遍路もモータリゼーションという近代化と密接に結びついており，時代に合わせて合理化されてきたのであり，歩きでの遍路が目立つようになるのは実は20世紀末頃のことにすぎない。しかし，この歩き遍路の復興をそのまま「宗教の復活」というふうに理解できるかどうかは難しい。

　車や電車に対して歩き遍路の方が伝統的であり，宗教的にも正しいイメージを与えてくれるだろう。しかし，現代の歩き遍路者たちは従来の意味では「宗教的」とはいえない。彼らの多くは弘法大師への信仰にはそれほどリアリティを感じない若者であり，スポーツとしてのチャレンジ，気分のリフレッシュ，自己鍛練・自己実現などを目的として遍路を始めている。信仰熱心な人々が日々祈りながら巡礼道を歩くといったイメージに対して（もちろん現代でもそうした人々はいる），実際には非宗教的な動機から遍路を始める人も少なくない。こうした遍路のあり方を「遍路の非宗教化」と呼ぶこともできるが，それでは

第6章　聖地巡礼とツーリズム

彼らは「不真面目な巡礼者」であり，少し変わったやり方で四国観光するツーリストにすぎないのだろうか。

　星野はこうした伝統的信仰をもたないお遍路たちにも「新しい宗教性」が見出せると論じる。彼らについて興味深いのは「歩き」という移動手段そのものを重視する傾向である。四国遍路では札所(ふだしょ)と呼ばれる88の寺を順に周る。伝統的な信仰からみれば，もっとも重要なのはこれらの寺で読経し祈ることである。苦労して次の札所に着いた時の感動はかけがえがないが，大事なのは札所に着くことである。信仰熱心な高齢者がバスや車で周るのも，何よりも寺に着くことを重視しているからである。怪我や体の不調で札所に到着できなくては，そもそも遍路をする意味がない。

　これに対して，現代の歩き遍路たちにおいては札所という「ゴール」よりも，歩きそのものが重視される。できるだけ早く多くの寺を回ることよりも，札所と札所の間の「プロセス」で，どのような体験をし，どのような人々と出会ったかが大事にされる。彼らは従来的な意味では宗教的動機をもっていないかもしれないが，歩くことを通じて異界への没入感，精神的な浄化，法悦，何かに生かされているといった感覚を得ている。こうした感覚は伝統的な信仰からみれば宗教的とはいえず，さらに本人たちも宗教的とは認識していないかもしれないが，星野は，彼らが遍路の過程で得た体験やそれを通じた気づきはこれまで宗教体験と呼ばれてきたものとなんら変わらないとするのである。

　このような状況が聖と俗が明確に分かれ対立しているとするターナーの枠組で説明できないのは明らかだろう。より身近な例を挙げてみよう。観光旅行でどこか知らない土地へ行き，そこで寺社や教会を訪れる。実際，国内外の多くの聖地は現代では観光地でもあり，聖地に行けばツーリストが目立つ。だが，普段は宗教にまったく関心がないツーリストでも，時にはある仏像が気になりいつまでも見入ったり，神社の空気を新鮮に感じたり，ゴシック建築の大聖堂に神々しさを感じることもある。スポーツのつもりで登山をして朝日が昇るのを見て思わず手をあわせたり，ダイアナ妃や尾崎豊のような有名人が悲劇的な死を遂げた場所が自然発生的に聖地のようになる場合もある。

　こうした状況を理解するには，聖と俗が単に対立しているのではなく，しばしば混ざり合い，さらには人によっても何が聖なるものなのかは異なると考え

る必要がある。聖なる巡礼／俗なるツーリズムという対立的な理解ではなく，「巡礼ツーリズム」と呼べるような聖俗をまたぐ新たな営みが生まれているというふうに視点を変えなければならないのである。

　このような問題意識の下，近年の巡礼研究や観光研究では宗教的な旅とツーリズムの連続性をとらえようとする試みがなされてきた。ここではエリック・コーエンの旅の体験の5類型を紹介しておきたい。「聖なる巡礼／俗なるツーリズム」という対立的理解においては，宗教的な巡礼が本物であり，ツーリズムは偽物だとされてきた。要するに，宗教的に熱心ではない者が聖地を訪れても，そこで深い体験や本物の体験をすることはないとされてきたわけである。これに対してコーエンはさまざまな旅のやり方を5つの「モード」に区別し，観光体験が深まると宗教性を帯びることを指摘する［コーエン 1998］。

　①レクリエーション・モードのツーリストは楽しむために旅をする。その旅は「自己実現」や「自己拡張」といったシリアスな目的のための手段ではなく，他の娯楽と同じように享受される。だが，レクリエーションとしての旅を通じてツーリストは活力を得ることができ，その意味では，究極的には精神的・肉体的な「再生」を目的とする宗教巡礼にもつながるのである。一方，②気晴らしモードのツーリストは退屈な日常から逃げ出すために旅に出る。それはたしかに体と心を癒すが，レクリエーション・モードとは異なり，そこには再生がない。気晴らしモードの旅は単なる「逃避」として行われる。

　レクリエーション・モードと気晴らしモードの旅はもっとも一般的なツーリズムのイメージに当てはまるものであり，宗教的な巡礼に対して「偽物」と呼ばれるものかもしれない。だが，続く3つのモードでは「他者の生き方への共感」という点から「ツーリズム体験の深まり」が論じられ，そこからツーリズムの宗教性に光があてられる。

　③経験モードのツーリストは他者の生き方の中に意味を見出そうとする。自分自身では人生の意味を見出せず，そのままでは「本物の人生」を生きられない人々が旅で出会った他者の生き方から学ぶのである。経験モードの旅がさらに深まるのが④体験モードである。経験モードにおいては他者の生き方は自分自身の人生の参考として外から眺められていたのに対して，体験モードにおいては他者の生き方が自分の今後の人生の方法として積極的に取り込まれる。要

するに体験モードの旅は「自分探し」の旅であり，本質的に「宗教的な探求」なのである。

しかし，体験モードのツーリストは旅先で体験した他者の生き方のうちの1つだけを自らの生き方として選び取ることができず，いつまでも自分探しをすることになってしまう。これに対して，もっとも深い旅の体験である⑤実存モードのツーリストは，旅を通じて，それまで自分が生きてきた社会や文化とはまったく異なる生き方を選び取る。旅によって自分の生き方が実際に変えられ，見知らぬ土地の人間になるのである。コーエンは実存モードの旅は宗教的な回心に近い状態だとするのである。

コーエンの議論からは，ツーリズム体験が深まると宗教的になりうるという重要な洞察が引き出せる。伝統的な仏教信仰の観点からみれば，自己実現や自分探しのために歩き遍路を行う人々は宗教的とはいえない。だが遍路を通じて自分とは異なる価値観や生き方に出会い共鳴することは，星野も指摘する通り，新しい意味での宗教体験と呼ぶことができ，そこでは「巡礼ツーリズム」という聖俗が融合した新しい営みが展開していると考えられる。別の角度からみれば，自分自身の考え方に強く影響し，生き方を方向づけるような体験は宗教的だということができるのである。つまり，現代社会において宗教は価値観や生き方として，「生に意味を与えるもの」として既存の教団や教義とは距離をとった世俗的な領域にも拡散しているのである。

## 4　作られる聖地巡礼

前節では聖地を訪れる人々に注目してきたが，ここでは聖地という「場所」について考えてみよう。聖地は本質的に「宗教的な場所」であり，世俗的な観光地とは異なるものなのだろうか。聖地は最初から聖なる場所として巡礼の対象になるのだろうか。宗教社会学者の山中弘は聖地巡礼も含めたツーリズムを次のように定義している。

ツーリズムとは，ある場所やそこにあるさまざまな事柄が，訪れるに値するものとして表象され，その表象に基づいて，その地域外に居住する人々が，

自らの多様な欲求を充足するために，そこへと旅する消費行動である。その際，その表象は「他」性や「異」性に深く関わることが多い［山中2009：15］。

昔から聖地と言われてきた場所であっても，そうした場所は本質的に聖性を帯びているわけではない。誰かがそこを「訪れるに値する聖なる場所」として提示して初めて訪問の対象になるのである。また現代では，ある場所を聖地として提示するのは宗教側の組織や人間に限られず，さまざまなアクターが関わりながら聖地は作られるのである。

## 長崎のカトリック教会群

山中が具体例として念頭に置くのは長崎県五島列島を中心とする地域のカトリック教会群である［木村2007；山中2007；松井2008］。長崎県は国内有数のカトリックの信徒と歴史をかかえている。長崎教区の信徒数は国内16教区のうち東京教区に次ぐ第2位で，信者率は東京・大阪・横浜のような大都市を上回る。だが，1550年のザビエルによる平戸布教に始まる長崎県のカトリック史は安土桃山時代の豊臣秀吉のバテレン追放令（1587年）に始まり，26聖人殉教（1597年），徳川幕府の禁教令（1614年）といった明治期まで続く宗教弾圧の歴史でもある。そしてその結果として，長崎には独特の宗教風景が現在に伝えられることになる。

長い迫害と禁教の歴史の中で，多くのカトリック信徒たちは潜伏して自分たちの信仰を隠さなければならなかった。一部の信徒は仏教徒を装って聖母マリアに見立てた観音像を用い，またある者は自分たちだけで信仰を伝え，カトリック信仰から離れた独特の信仰世界を作り出した。1873年に禁教令が解かれると，潜伏時代に密かに集まった場所に教会が建てられ，現在，五島列島だけで50の教会が存在する。

興味深いのはこうして建てられた教会群の地理的条件である。五島列島は九州の最西端に位置し，現在でも島自体へ行くことも容易ではない。さらに，そこに建てられた教会の多くは潜伏キリシタンたちが隠れながら信仰を保持してきた場所であるため，五島列島の中でも辺鄙な山奥や岬の突端に点在しているのである。

第6章 聖地巡礼とツーリズム

写真6-2 頭ヶ島教会（上五島、岡本撮影）

　これらの五島の教会群は現在でもそれぞれが地域の人々の祈りの場であり，先祖が苦難の歴史の中で信仰を守り通した証拠である。だが逆にいえば，五島の教会群はそのままでは地域外の人々が訪れるべき場所にはならず，長い間，五島というローカルな地域に埋め込まれたままであった。長崎の教会群が巡礼ツーリズムの対象として意図的に作りこまれてゆくのは2003年前後からであるが，その過程にはカトリック教会だけでなく，県の観光連盟や教会群を保存する会など世俗的なアクターも関わり，教会群は「観光資源」としてさまざまな意味を引きだされてゆく。
　カトリック信徒にとっては，教会群は何よりも「信仰の強さ」を伝えるものである。教会群は450年もの長い弾圧の歴史をくぐり抜けてきた信仰の奇跡の証拠である。一方で観光開発という観点からみれば，明治から昭和にかけて外国人宣教師の指導下で日本人大工によって作られた教会群は独特の教会建築として，建造物そのものとしての価値ももつ。そしてさらに，カトリック教会や観光連盟の協力の下で，点在していた教会群が1つのネットワークとして再提示される。四国遍路をモデルに各教会を札所に見立てた「ながさき巡礼」が創出されたのである。巡礼手帳が作られ，巡礼ガイドの養成も行われ，ばらばらであった教会がめぐられるべき巡礼地として作り直されたのである。
　長崎の教会群をめぐっては宗教側と観光側が協働しながら教会群を発見し再提示している。ここでは詳しく述べられないが，他にも多くの組織や人々が動

いており，さまざまな意図と思惑が交わる先に「訪れるに値する場所」としての教会群のイメージが作り出されたのである。2007年には「長崎の教会群とキリスト教関連遺産」として世界遺産登録の候補にもなり，バチカンも世界遺産登録を支援することを決定した。重要なのは，これら一連の過程が単なる「教会の観光地化」ではないという点である。広く知られるようになった教会群は国内だけでなく海外からのカトリック巡礼団も訪れる聖地になると同時に，信徒ではない人も多く集めるようになった。だが，ツーリストも教会の美しさに触れ，その背後にある苦難の歴史を知ることで，しばしば癒しを体験したり，自らの生き方を見つめ直す機会を得たりする。先に述べた通り，これらの体験は伝統的な意味での宗教信仰の枠には収まらないが，生きる意味や生き方の模索という点で十分に宗教的だといえるのである。

　それでは逆に，伝統的な巡礼体験というのはどのようなものなのだろうか。それを知る手がかりとして，2008年にバチカンがルルド巡礼に関して発表した「免償規定」をみてみよう。ルルドは南フランスにあるカトリックでもっとも有名で国際的な聖地である。1858年に少女ベルナデッタに聖母があらわれ，メッセージを与えたと信じられている。聖母が指示した場所からは泉がわき，その水に奇跡的な治癒力があるとされ，傷病者が多くつめかける聖地でもある［寺戸2006］。

　ルルドには毎年600万人もの巡礼者があるが，2008年は聖母出現の150周年にあたり，例年よりもさらに多くの巡礼者が世界中から訪れることになった。「免償」とは聞きなれない言葉だが，簡単にいえば，この規定通りに巡礼を行えば，カトリック信者として犯した罪の一部が赦されるのである。つまり，カトリック信徒にとっては，この免償規定は「教会公認の巡礼マニュアル」といえる。それではルルド巡礼はどのように体験されるべきだと教会は語っているのだろうか。

A．2007年12月8日から2008年の同日まで，ルルドの次の場所，1．ベルナデッタが洗礼を受けた小教区の洗礼堂，2．「カショ」と呼ばれるスビルー家の家，3．マッサビエルの洞窟，4．ベルナデッタが初聖体を受けた養護施設の礼拝堂を，できればこの順序に従い敬虔に訪れ，各所で適切な祈りの時

第6章　聖地巡礼とツーリズム

間をもち，その中で信心深い黙想を行い，主の祈りと信仰宣言（クレド），そして記念年の祈りまたは聖母への祈りを唱えて締めくくる。[1]

　固有名詞や専門用語が多いが，要するに，一定の期間内に決められた順番通りに各所を回り，適切な祈り方をすることで正しい巡礼になるといっているのである。ここでは，現代の四国遍路にみられるような歩きという聖地までのプロセスそのものから意味を引きだすような巡礼の体験は認められない。規定の信仰をもって規定のやり方で巡礼することがあらゆる巡礼者に求められ，逆に，巡礼の過程で個々人がどのような体験をして何を感じるのかということは重要ではないのである。
　ルルド巡礼の免償規定と対照的なのが，先のながさき巡礼を運営する長崎巡礼センターの公式サイトにある「教会堂を訪れるあなたへ」という文章である[2]。

　　教会堂は「祈りの場」。そのことさえご存知なら，あなたは巡礼者。
　　中に入ったら，あなたがカトリック信徒でなくても，静かに座って目を閉じてください。そして，しばらくしてから，そっと目を開けてください。〔中略〕何をお祈りしてもかまいません。心に何か生まれてきませんか。帰るとき，外からもう一度振り返って，教会堂の正面を観てください。そして入る前と今では，何か変わっていませんか？
　　それがきっと，あなたの「巡礼」です。

　長崎巡礼センターは長崎大司教の立ち会いの下に開所された組織であるが，この文章には聖地をどのように体験するのかということについて宗教的な指導はまったく見られない。教会はあらゆる人に開かれた場所であり，どのように祈るのかは個々人に任される。つまり，まさに「巡礼ツーリズム」と呼べる聖地巡礼の体験の仕方が認められ推奨されている。そしてもちろんルルド巡礼においても，実際には多様な巡礼者が存在し，さまざまな聖地体験をしているの

---

1) バチカン放送局「ルルドの聖母出現150周年記念年に免償規定」http://www.vaticanradio.org/japanese/japnotizie0712a/japcronaca071205.htm
2) 「NPO法人　長崎巡礼センター」http://www.nagasaki-junrei-center.jp/

である。

## サンティアゴ・デ・コンポステラの道

　聖地の構築性はより伝統的な巡礼にもあてはまる。スペインのサンティアゴ巡礼の事例をとり上げてみよう。サンティアゴ巡礼とは文字通りスペイン北西部にあるサンティアゴ・デ・コンポステラの大聖堂を目指す旅である。サンティアゴ巡礼道はヨーロッパ中に網の目のように広がっているが，特にフランス南西部からスペイン北部を横切る約800キロの巡礼路は美しい教会建築や自然に富む。サンティアゴ巡礼は現在もっとも活発な聖地巡礼として必ずといって良いほど言及されるが，その歴史をみてみると，実はサンティアゴ巡礼も20世紀末から作り直された典型的な巡礼ツーリズムだといえる［岡本2012］。

　サンティアゴとはイエスの弟子の使徒聖ヤコブ(セント)のことである。9世紀にヤコブの遺骸が奇跡的に発見されたことから，サンティアゴはローマ，エルサレムに並ぶカトリック三大聖地の1つとされてきた。ヨーロッパ各地の修道会や騎士団によって巡礼路沿いに宿泊所や病院が整備され，最盛期には年間50万人もの巡礼者があったとされる。このような歴史から，サンティアゴ巡礼はしばしば「中世以来」の長い伝統をもった聖地巡礼として語られるが，実際には過去に途絶えている。

　14世紀にはペストや戦乱の拡大で巡礼者が激減する。さらに16世紀になると海賊によってサンティアゴが位置するガリシア州沿岸部が頻繁に襲われるようになり，その被害から守るためにヤコブの遺骸は隠されるのだが，そのまま行方不明になり巡礼者が激減してしまう。結局，ヤコブの遺骸が再発見されるのは300年後の1879年のことである。そしてサンティアゴへの巡礼者数が際立って回復するのは1990年代以降にすぎない。1987年にブラジルの作家パウロ・コエーリョが巡礼体験を元に小説『星の巡礼』を発表し，彼の他の作品と共に世界的なベストセラーになる。2000年にはハリウッド女優シャーリー・マクレーンが巡礼記『カミーノ――魂の旅路』を出版する。現代のサンティアゴ巡礼者たちの多くがこの2作品に触発されて巡礼を始めており，現代のサンティアゴ巡礼興隆の直接的な契機と考えられる。しかし，いずれの作品も伝統的なカトリック信仰とはかけ離れたものである。『星の巡礼』は秘密宗教結社

第 6 章　聖地巡礼とツーリズム

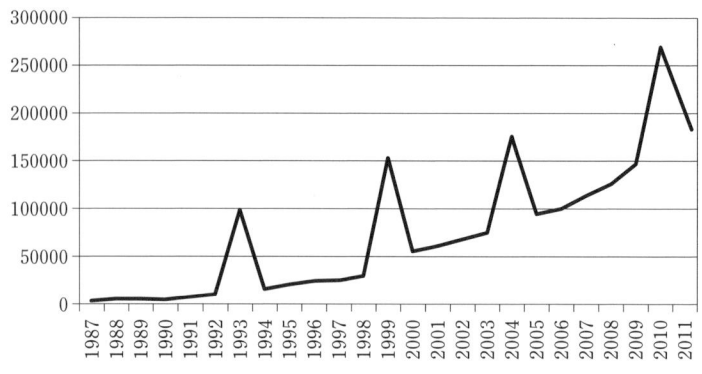

図 6-1　年間巡礼者数の推移（1987 〜 2011，サンティアゴ巡礼事務所の発表を元に筆者が作成）

のメンバーの主人公が最終試験に失敗し，その追試としてサンティアゴ巡礼に旅立つというストーリーである。『カミーノ』はマクレーン自身の実際の巡礼体験に即して書かれたものであると思われるが，その記述にはニューエイジャーとしても有名なマクレーン（→第 5 章）の宗教観・世界観が強く反映され，過去生の追体験や守護霊との会話などが語られるのである。

　サンティアゴ巡礼を題材にした映像作品としては，近年ではコリーヌ・セローが監督したフランス映画『サン・ジャックへの道』（2005 年）が良く知られている。フランス語の原題は「サンティアゴ……メッカ」であることが示唆するように，この作品も，宗教に無関心だったり宗教を嫌っていたりする会社経営者と中学教師の兄妹や恋愛目的で参加したイスラーム教徒の中学生たちといった，まったく敬虔とはいえないメンバーからなるグループの巡礼行を描いたものである。

　そして，現在まで続くサンティアゴ巡礼の興隆にもっとも大きな影響を与えたと考えられるのが，1993 年にスペイン国内の巡礼路がユネスコの世界文化遺産の認定を受けたことである。サンティアゴ大聖堂を起点として徒歩で 100 キロ以上，自転車で 200 キロ以上踏破した者には教会から巡礼証明書が発行されるのだが，1993 年はヤコブの日とされる 7 月 25 日が日曜日にあたる聖年でもあり，普段は閉じられた教会の門が開かれるなどし，それまで 1 万人を超えたことがなかった巡礼証明書発行数が 10 万人に迫っている。その後の巡礼者数

は図 6-1 に明らかなように，聖年に爆発的な増加を見せながら全体として上昇曲線を描いている。聖年以外については毎年 1〜2 万人ずつ増え，2010 年には 27 万人以上を記録しており，1987 年 (2,905 人) と比べると 100 倍近くに増えている。このように，サンティアゴ巡礼の興隆はきわめて近年の出来事を契機にして生じており，またきっかけとなった諸要素も，ニューエイジ的な著作，商業映画，世界遺産指定といった本来のサンティアゴ巡礼が属すカトリックの信仰世界からはかけ離れたものなのである。

## 巡礼ツーリズム論からみたパワースポット

　聖地巡礼の構築性は，聖地という「場所」に重点をおいて考えれば，ある場所をめぐる語りやイメージの再編集と再提示として理解することができる。そしてそのようにとらえれば，近年，日本で注目される「パワースポット」も巡礼ツーリズム論の枠組の中で考えることができる。パワースポットは女性誌を中心にしかけられたメディア主導のブームという性格が強く，情報だけが過剰に供給・消費される「宗教情報ブーム」ともいえる［塚田・碧海 2011］。要するに，テレビや雑誌で取りあげられれば一定数の集客が見込まれるのであり，典型的な宗教の消費といえるだろう。

　しかし，いくつかの場所については単に宗教の商業化として片づけられない状況も見出せる。たとえば，ブームの先駆けになった明治神宮の清正井の例がある。これは神宮の御苑にある湧き水の井戸であるが，2009 年末にテレビで，井戸の写真を撮って携帯電話の待受画面にすると願いが叶うというふうに紹介されたことで，多い時には数時間待ちの行列ができるようになった場所である。

　ここで重要なのは，清正井に出向いた人の多くが，明治神宮の社殿にはお参りしなかったことである。神社側からみれば，清正井は湧き水にすぎず，礼拝や信仰の対象ではなく，そこにいくら人が押しかけて運気向上を願っても意味はないのである。また，雑誌やテレビをみてパワースポットとして神社に出かけた人には，境内のご神木に抱きついたり手をかざしたりして「エネルギーをもらう」といったふるまいも目立つが，こうした行為も神社側からみれば何の意味もない。

　ある場所をパワースポットとして紹介することは，その場所についての神社

第6章 聖地巡礼とツーリズム

側の公式のイメージや語りに対して，別バージョンの語りとイメージを与えることに他ならない。パワースポットという語りが新たに発生することで，神社が祈ってもらいたい対象と実際に人々が祈る対象が重ならなくなるのである。そしてその意味では，パワースポット現象も新しい宗教的体験や自然発生的な儀礼をともなう巡礼ツーリズムとして理解することができるのである。

## 5　おわりに

本章では，従来の区分でいえば世俗的な目的や動機をもって聖地を訪れる人々にも新しい意味での宗教体験が見出せることを確認した。そして，聖地巡礼を「宗教的な人々が聖なる場所を訪れる実践」という考え方を拡張して，「巡礼ツーリズム」という新たな実践形態が生まれていることをみてきた。聖地巡礼が作られる過程にもさまざまな人や組織が関わっており，まったく宗教的に構築される聖地巡礼など存在しない。現代宗教として聖地巡礼を考えるためには，これまで蓄積されてきた歴史的な巡礼研究の成果を踏まえた上で，多様な巡礼ツーリストたちのあり方に注目しなければならないのである。

忘れてならないのは，このような聖地巡礼が聖俗をまたいで展開している現状は，社会全体における宗教の変化と関わっていることである。本書でいえば，若い巡礼者たちの宗教観はスピリチュアリティという新しい動きと関わっているし（→第5章），多くの聖地巡礼は各宗教文化に深く根づいた由来をもっており，その点で現代社会における「民俗」についても考えなければならない（→第7章）。聖と俗の境界が曖昧になっているのは現代社会の大きな特徴であり，巡礼研究の視点からだけでなく，さまざまな角度から聖地巡礼に光をあてることが必要なのである。

第 6 章　聖地巡礼とツーリズム

> ◆さらに学びたい人のためのブックガイド
> 　現代の宗教と観光（ツーリズム）についての概説書としては，『聖地巡礼ツーリズム』（星野英紀・山中弘・岡本亮輔編）がある。同書は，国内外の伝統的な聖地に加え，9.11のような事件やアニメが生み出すケースなど，さまざまなタイプの52の聖地を取り上げている。また，『四国遍路』（星野英紀・浅川泰宏）は，平安時代の起源から始まり，メディア・交通手段・パック旅行化が遍路に与えた変化，そして平成の歩き遍路ブームまで，巡礼を考えるうえでの基本概念も含めて丁寧に解説している。『宗教とツーリズム』（山中弘編著）は，さまざまな地域における宗教とツーリズムの動向と，それを考えるための視座を得ることができるだろう。

## 参考文献

コーエン, E. 1998「観光経験の現象学」遠藤英樹訳,『奈良県立商科大学研究季報』9(1)：39-58。
ファン・ヘネップ, A. 1977(1909)『通過儀礼』綾部恒雄・綾部裕子訳, 弘文堂。
星野英紀 1981『巡礼—聖と俗の現象学—』講談社。
——— 2002『四国遍路の宗教学的研究』法藏館。
木村勝彦 2007「長崎におけるカトリック教会巡礼とツーリズム」『長崎国際大学論叢』7：123-133。
松井圭介 2008「世界遺産・観光・宗教—キリシタンをめぐって交差するまなざし—」国際宗教研究所編『現代宗教2008』秋山書店, 168-195。
岡本亮輔 2012『聖地と祈りの宗教社会学—巡礼ツーリズムが生み出す共同性—』春風社。
寺戸淳子 2006『ルルド傷病者巡礼の世界』知泉書館。
塚田穂高・碧海寿広 2011「現代日本「宗教」情報の氾濫—新宗教・パワースポット・葬儀・仏像に関する情報ブームに注目して—」国際宗教研究所編『現代宗教2011』秋山書店, 284-307。
ターナー, V. W. 1976(1969)『儀礼の過程』富倉光雄訳, 思索社。
山中弘 2007「長崎カトリック教会群とツーリズム」『哲学・思想論集』33：155-176。
——— 2009「「宗教とツーリズム」事始め」『場所をめぐる宗教的集合記憶と観光的文化資源に関する宗教学的研究』平成18〜20年度科学研究費補助金（基盤研究（B））研究成果報告書, 10-22。

# 第7章　日常／生活のなかの宗教
　　——〈民俗〉を越えて

門田　岳久

年中行事や人生儀礼をはじめ，日本人の日常生活には伝統的な儀礼や俗信が広がっているというイメージは根強い。しかし実際には，現代においてそうした「民俗」は大きく変容している。本章では「民俗」の現代的な変化を説明し，それに対する新たなアプローチについて解説する。

民俗学「的」な題材を扱うコミック（門田撮影）
その中では伝統的な民俗宗教のイメージ世界が再構成される（左から星野之宣『宗像教授異考録第七集』（小学館），今市子『百鬼夜行抄 6』（朝日ソノラマ），大塚英志・山崎峰水『黒鷺死体宅配便スピンオフ 松岡國男妖怪退治(1)』(角川書店))。

第7章　日常／生活のなかの宗教

## 1　伝統なき時代の民俗宗教

　私たちの日常生活のなかには，あえて「宗教」と呼ぶ必要はないが，ほかにどのようなカテゴリーに入れたらいいか困るような物事が多々広がっている。たとえば普通の人々は，朝起きたら仏壇に向かい先祖に挨拶をし，家のなかに点在する神棚の恵比寿様や大黒様にも手を合わす。かまどには火之神が，また庭には屋敷神があり，それぞれ拝む対象となっているし，月の決まった日には集落の人々が共同で祀る氏神に参拝する。氏神に属する家を氏子と呼ぶが，農村ならばだいたい春と秋にその祭礼があるので，多くの人は氏子として供え物の準備や神輿の担ぎ手として参加しなければならない。正月にはとりわけ宗教的な行事が凝縮されており，門松やしめ縄を用意して歳神と呼ばれる神を迎える準備をし，15日頃の小正月には飾り物を焼くドンド焼きという行事が行われる。

　こうした家や村単位で行われる神に関する儀礼や年中行事だけでなく，特に決まったかたちのないさまざまな習俗も見られる。たとえば私たちは常々親から夜に爪を切るな，切ると親の死に目に会えないといわれてきたので，夜の爪切りは厳に慎むはずだ。また身体の調子がおかしいときは医者に行く前に集落で評判のお地蔵様に拝んだり，雨が降らないときは集まって雨乞いの儀礼をしたりする。こうした一見非科学的な知識や行為は俗信と呼ばれる。私たちの生活のなかにはこのような宗教的な儀礼や俗信があふれかえっているのである。

　さて，以上の説明をその通りだと思いながら読むことのできる読者が果たしてどれほどいるだろうか。そもそもかまどのある家を探すのも簡単ではない時代，このような儀礼や俗信の多くはすでに過去のものになったといっていいだろう。もちろん朝起きたら家の神々に手を合わせ，地域の祭礼には欠かさず参加するという人も都市や農村を問わずたくさんいる。しかしそれを「普通」と呼びうるほど，私たちの生活様式は画一性を保っていない。

　すでに「普通」とはいえなくなった伝統的な宗教生活ではあるが，にもかかわらず，その様子を上記の文字からでもイメージすることぐらいは容易かも知れない。「田舎」に行けばそのようなくらしがあるに違いないと思ったり，マン

ガや小説で読んだ世界だと思ったりした人もいるだろう。あるいは宗教的な儀礼が観光イベントとして行われているのを見たという人もいるに違いない。実は今，伝統的な儀礼や慣習が消滅しつつある一方，かつて普遍的に存在した民衆の宗教的世界が観光資源やメディアのコンテンツとして「復活」し，イメージの産物として再定着しつつある。「本物」が消えつつある一方で，「偽物」——という表現が強すぎるとすれば「模倣」——がたくさん存在するという状況が生じている。

　民衆の伝統的な生活様式全般を民俗と称し，そこに溶け込んだ様々な宗教的な儀礼や慣習的行為を民間信仰や民俗宗教と呼んで研究対象としてきたのは民俗学という分野である。民俗学は人間の生み出した文化や社会についてフィールドワークを通じて研究する文化人類学の隣接分野であり，かつ，歴史的視点をもって人間のくらしの変遷を考えてきた歴史学の隣接分野でもあるので，宗教学・宗教社会学とは異なり宗教以外のことも多く研究してきた。だが民俗学は民衆の宗教の多様な展開を 1930 年代の学問黎明期から扱ってきたことを一種の学問的アイデンティティとしてきたため，日本社会を宗教社会学的に理解していく上でも重なりあう視点を持っている。

　その一方で，生活のなかの伝統的な宗教が消えつつある現在，またそれが商業的文脈で再創造されつつある現在，民俗学は従来の方法論を根底から考え直さざるをえない状況にもある。本章では近年の民俗学的宗教研究のフロンティアを概説することで，「伝統」なき時代——小松和彦の言葉でいうならば「神」なき時代［小松 2002］——における人々の日常的な，生活のなかでの宗教との付き合いを考えていきたい。

## 2　民俗学的宗教研究の視角

　では「生活のなかの宗教」とは何だろうか。宮家準がいうように民衆の生活とは外縁のない広大な領域であり，生活のなかの宗教といってもどこからどこまでを「宗教」として規定するのか，その線引きは容易ではない［宮家 2002：17］。しかも無限に広がる世界に区切りを設定し，ある部分を「宗教」，また別の部分を「生業」とか「芸能」などとラベル付けしていく行為は，ラベルを付ける研

第7章　日常／生活のなかの宗教

表 7-1　『日本民俗学概論』における宗教関係主題

| 大項目 | 取り上げられている具体的事象 |
| --- | --- |
| 禁忌と祈願 | 俗信　物忌み　女人禁制　ハレとケとケガレ　共同祈願と個人祈願 |
| 氏神と氏子 | ムラの神　産土神　同族神　屋敷神　勧請神　氏人　氏子　宮座　頭屋　講　宿　祭礼　祭祀組織 |
| 神と芸能 | 祭り　民俗芸能　神がかり　託宣　神楽　鎮魂　仮面舞 |
| シャーマニズム | 脱魂型と憑依型　成巫　口寄せ　生き神信仰　神オロシ　予兆　卜占 |
| 憑きもの | 動物霊　行者　犬神　狐憑き　生霊　憑きもの筋　カゼ |
| 寺と仏 | 仏教民俗　祖先祭祀　灌仏会　盂蘭盆会　彼岸会　念仏　地蔵信仰　大師信仰　観音信仰　修験道 |

究者たちの恣意性をともなわざるをえない。このように対象が不明確で，時代背景や研究者自身の考え方によって揺れ動く点は，宗教教団や専業の宗教者といった「確固たる」対象を持ってきたタイプの宗教研究とは大きく違うところである。だとすれば，生活のなかの宗教を例示することは，民俗学では実際に何を「宗教」とラベル付けしてきたのかを確認することが近道であろう。1つの方法として，日本の大学で長く使われてきた民俗学の教科書のなかで，宗教（あるいは信仰）として提示された諸現象を見てみたい。

① 「あたりまえ」としての宗教

表 7-1 は『日本民俗学概論』［福田・宮田編 1983］で取り上げられた宗教関連の諸事象である[1]。この本は 1983 年の初版から現在まで大きな内容を変えることなく販売されており，内容にはさすがに古さが否めないものの，その分民俗学のベーシックなかたちを知ることができる。ゆえに，表 7-1 の宗教現象から何やら古めかしい響きを見て取ったとしても今なら仕方のないことである。しかし民俗学の教えるところでは，これらの宗教的な現象はいずれも決して珍奇な現象ではなく，かつての伝統的な暮らしのなかに根付いてきたものだという。

---

1) 同書では「宗教」というカテゴライズではなく，「心意の民俗」として大きく括られている。心意（心意現象）とは柳田国男の用いた民俗学独自の言葉で，言葉や観察だけでは分からない人々の感覚や認知現象を意味するが，実際には宗教や信仰と大きく重なりあう概念として用いられてきた［川田 1992：48］。

第 7 章　日常／生活のなかの宗教

　たとえば「神」と「仏」に関わる行事を考えてみよう。神社の祭祀者である氏子の組織は，ほぼそのまま集落や地域社会の全世帯と重なりあってきた。同様に寺院を支える家である檀家の分布も，氏子ほどではないが寺院の立地する地域に集まっていた。そのため地域の人びとの参加を半ば義務とする神社や寺院の儀礼・祭礼は，結果的に集落全体の行事であるともいえ，家々の集まりを村落という集団に統合する役割を持っていた。表7-1の通り「神」にもさまざまなものがある。たとえば親族関係にある一族で祀る同族神，漁業者の祀る水神やエビスのような特定の職業と結びついた職能神，一軒の家だけで祀る屋敷神，冒頭に示したような家のなかの複数の神というように，大小さまざまな神があり，個々の神にはそれぞれに祭礼がある。集落を挙げて行われる大規模な祭礼から，一個人で行う日常的な拝みに至るまで，「神」はまさに生活の隅々に存在していた。

　「仏」に関しても同様である。日本で仏事といえばもちろん葬儀や死者供養が重要な位置を占めるが，村落社会ではそれだけではない。宗派によって違いがあるが，たとえば真言宗の多い地域では「百万遍」という，お堂に集まった住民が「真言」（真言宗独自の文言）を百万回唱え幸福を祈願するという行事があったり，念仏講といって，特定の日に年配の女性が寺院や村のお堂に集まって読経を行う行事があったりする。「講」というのは人々が具体的目的を達するために定期的に集まることを言い，頼母子講のような経済的な講もあるが，宗教的な講は女性の集まりとして行われたり，遠隔地の寺社仏閣に集団で参詣に行くために結成されたりする集まりである。こうした講への参加は，参加者個々人の仏教的な修業のためというよりも，多くは村の年中行事的な「決まり事」として執り行われてきたものであり，娯楽の少ない時代にあっては仕事から解放された楽しみの時間としても費やされていた。

　このように民俗学の考える宗教とは日々の生活から切り離されたものではなく，当事者にとっては決して異世界の出来事ではない一種「あたりまえ」の営みであった。これが民俗学的宗教研究の第一の特色である。現代において宗教といえば，往々にしてまるで，なぜそれをやるのか（信じるのか）理解不能な営みであったり，あるいはどこか遠い世界に住む人々の意味のよくわからない営みであったりと，とかく自分とは無縁の現象だとみなされがちである。自分と

## 第7章　日常／生活のなかの宗教

隔絶された他人（他者）の営みであることを文化人類学では他者性と呼ぶが，現代日本で宗教はまさに他者性を帯び，理解の範疇を越えた異文化のようなものだと，時に偏見を持って捉えられているのが実情である［吉田2010：x］。しかし民俗学の宗教研究が示してきたことは，民衆レベルにおける日本の宗教は決して他者性に満ちた営みではなく，むしろ人々の生活のなかに空気のように溶け込んだ出来事だったということだ。

宗教が当事者にとって「あたりまえ」の存在だというのは，言い換えると日常それ自体が宗教的であり，日々の暮らしのなかから宗教的なこととそうでないこととを明確に線引きすることが困難な状況を指す。古典的な民俗学の方法論でも，一見宗教とは無関係に見える人々のルーティンのあらゆる背景に「固有信仰」と呼ばれる日本の原初的な宗教が読み取れると考えられており［川田1992］，そのため芸能や漁業，農業，交易といった主題も宗教と関連づけて論じられてきた。もちろん現在では"日本人固有の原初的な宗教"といった主題自体が，実証不可能なロマン主義的まなざし（太古の文化が今に残存するという考え）であるとして有効性を失っている。ただ民俗学が文化人類学と同様にフィールドワークを重視し，人々の生活状況を身をもって理解しようとしたのも，宗教を捉えるには地域での生活を全体として理解する必要があると考えたからである。

もう少し「あたりまえ」であることについて考えてみよう。普段私たちは「もっと効率的に空気を吸う方法はないか」とか「何のために私は呼吸するのだろうか」などと考えながら呼吸するだろうか。空気が空気である所以は，普段はそれについて意識せず，「なぜそれをするのか」という理由付けを欠いたままでも実行（空気を吸うこと）が可能という点にある。日常に溶け込んだ宗教にも同様のことがいえる。今でも年配者を中心として，多くの人が朝目覚めたら仏壇に線香をあげ，般若心経を唱えたり，祠や神社の前を通るときは軽く挨拶したりする。だが当事者にどういう理由があって拝んでいるのかを問うてみたところで，おそらく「いつもそうしているから」という以上の理由を聞き取ることは難しいだろう。それは私たちがなぜ朝には顔を洗い，人に会えば挨拶をするのかと問われても困るのと同様である。

また上述の通り，氏子や檀家にとって神社や寺院の行事はその集落に住む限

り半ば義務として参加せざるを得ない機会である。だからといって，熱心に行事に参加している人に「なぜ」と問うても，宗教を学ぶ者が期待する類の答え（「○○神社を篤く信仰しているから」のような）は返ってこないかも知れない。人々が宗教的な行事に参加するのは「昔からやっているから」あるいは「皆が参加することになっているから」であって，そこに自らの信心（信仰）がどう関わっているかは副次的な問題だともいえる。なぜなら儀礼の多くの部分は身体的実践（行為）であり，規則に従って行為がなされる限り，心のあり方とは無関係に儀礼は成立するからである［石井2010：164］。生活のなかの宗教は地域の歴史や人々の身体に埋め込まれた，通常特に意識されることのない一種のハビトゥスなのだ。

　自分で自らの行為を説明付ける，という性質を社会学的な用語でいうと自己言及性もしくは再帰性と呼ぶ。自分の行為や思考を「わかった」上で行っている，という意味の概念である。実は多くの宗教は自己言及性に基づいた行為である。人は迷いや困難にあって救いを求める際に，自らの意思に基づいた決断によって入信をする。だから宗教教団の信徒の多くは，なぜその宗教を信じ実践するのかをまさに自己言及的に説明づけることができる。それに対して生活のなかの宗教は，基本的に自己言及性のない営みである。「なぜそれをするのか」とあえて確認する必要なく，ただ先人が行ってきた伝統を踏襲し，その土地（地域社会）に根ざした慣習に従って実践するものだからだ。

　以上のように民俗学では宗教を他者性の象徴としてではなく，我々の日常に溶け込んだ「あたりまえ」の現象として捉えるとともに，宗教を他者ではなく「私たち」の生活を理解するための重要な道具立てとして考えてきた。

②宗教「で」地域を理解する

　それと同時に，民俗学の関心の矛先は地域社会それ自体に向けられており，その際宗教は，地域社会の成り立ちを説明する一種の道具として用いられてきたことにも注意したい。宗教を研究するのではなく，宗教で地域を考える。これが民俗学的宗教研究の第二の特色である[2]。では地域社会や人々の生活の全

---

[2) その意味で，地域研究としての民俗学の宗教研究は，社会調査をもとに宗教の展開を研究してきた日本の宗教社会学と共通した視点を持っている。

体像を解明するためになぜ宗教への探求が必要だったのか。

　近代の学問としての民俗学の「発見」の1つは，従来上層階級の文化的・政治的な影響を一方的に受ける存在でしかないと考えられていた民衆の生活世界（村落共同体）にも，オリジナルな文化を生み出し，社会を存続させるだけの自律的な秩序が存在しているということである［湯川 2008：132］。こうした共同体を維持・再生産する秩序は，たとえば地域的な親族構造に基づく家と家の強い結びつきであったり，「普請」などのように村人共同で行われる労働の慣行であったり，あるいは子供組や若者組のような一種の教育機関としての年齢階梯集団，更には冠婚葬祭などの重要な儀礼を村人だけで行う仕組みなど，多様な習俗によって維持されてきたが，宗教的な習俗はとりわけ村という単位の自律性を保つ重要な要素となってきた。

　日本の村落社会では自律した個人という存在を自明視しない傾向があり，むしろ逆に，まず家が集って形成された村という集団があり，集団がシステムとして存続する流れのなかに個々の人間が位置づけられる，という論理構造を持っていた[3]。つまり個ではなく集団が出発点となっていたのである。だから上述したように，生活のなかの宗教も個人の自由意思で行ったり行わなかったりするのではなく，基本的にはその地域で先祖代々行われてきたやり方が踏襲される。氏神の祭りがあれば仕事が少々忙しくても休んで参加するし，入ってはいけないと言い伝えられてきた聖域があれば入りたいと思っても立ち入らず，春になれば穀物の生育を祈って予祝儀礼を，秋になれば収穫祭を行う。そこにあるのは個人の意志ではなく，土地に根づき，個人を越えた時間性のなかで生成された集合知である。

　このように世代を超えてさまざまな実践やその知識を伝えることを伝承といい，あらゆる文化のうち伝承的な側面の強い歴史性のあるものが特に民俗と呼ばれてきた。この場合の伝承とは，一定の地理的空間において上の世代から下の世代へと縦方向に伝えられることを指すものであり，民俗学理論のなかでは，

---

3)「家」が連合することで「村」が成り立つという考えは，日本の農村社会学や村落研究で古くから用いられてきた理論である［鳥越 1993：85］。しかし集団を基点とした論ではどうしても個々人の生き方や実践を捉えることができず，近年の民俗学では個人を基点としたエスノグラフィーを描いていくことが提唱されている［和田 2010：53-54］。

他の地域から横方向で伝えられることを示す**伝播**という概念と区別されてきた［井之口1977：48］。つまり伝承によって形成された民俗とは，まさに特定の地域に染みこんだ（＝他の地域と入れ替え不可能な），日々の生活そのものだったのである。民俗の伝承は村落共同体の秩序を再生産させるシステムであり，宗教は民俗を構成する重要なサブシステムとして機能してきた。このように民俗の一種として宗教を捉えること，それが民俗学的宗教研究のベーシックな視角だった。

## 3　日常における宗教の変貌

「民俗としての宗教」像は一種の理念型であり，現実には村や共同体に収斂されない宗教もあるし，自己言及的に行われる個人の信仰も村落社会には多々あった。しかし現在起こっている変化は生活のなかの宗教が現実としても理念型としても，上述のような姿からかけ離れつつあるということである。直接的な要因は都市化や過疎化によって人々の生活が大きく変化していくことで，伝統的な民俗の衰退・消滅が起こり，これまで続けられてきた宗教的実践も消えつつあることに拠っている。ここでは現代における民俗としての宗教の変化を，①消滅／衰退，②文化遺産化，③商品化という3つの局面で考えてみよう。

### ①消滅／衰退

生活革命とも言われる戦後日本社会の庶民生活の変容により，民俗と呼ばれたさまざまな生活上の慣習が形骸化・消滅していき，「民俗の消滅」は1970年代以降の民俗学のキーワードとなった。宗教的な民俗もまた次々に淘汰されていったが，ここでは一例として憑依を取り上げてみたい。憑依とは人類学用語で，動物・人間の霊や精霊・悪魔などの超越的存在が人間に乗りうつり，人格やふるまいをコントロールする現象である。先の表7-1の通り日本では「憑きもの」とも呼ばれ，各地の伝承では狐狸が人に憑依したり，化かしたりするといわれてきた。しかしそうした現象は昔話のなかの笑い話として語られる程度で，現在憑依が人々の日常にリアルなものとして存在すると考えている人は極めて少ない。

第7章 日常／生活のなかの宗教

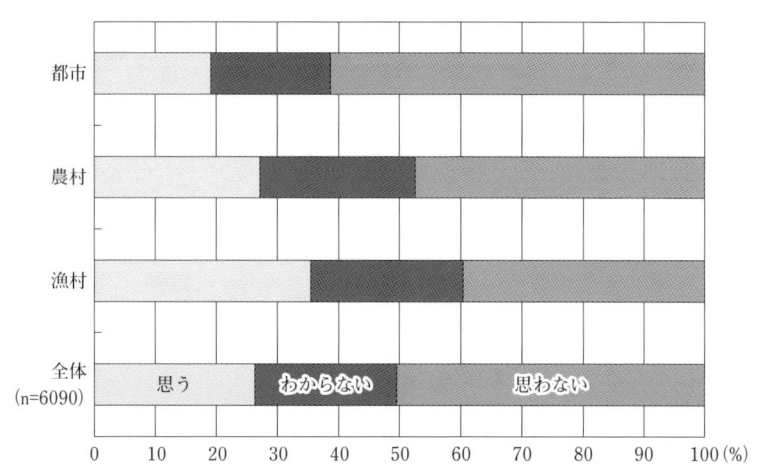

図7-1 1946年の文部省調査「狸や狐が人をだましたり，又とり憑いたり（きつねつき等）すると思いますか」[迷信調査協議会編　1980:214]

　しかし憑依がある時期までの日本社会で珍しくなかったこと，より正確には，憑依が人々にとってフィクションではなく「ありえること」，つまりリアリティを有していたことはデータにも明らかである。図7-1は1946年に文部省科学教育局（当時）が行った『各地における慣習状況調査』の結果の一部で，狐狸の憑依の有無を居住エリア別にたずねた結果である。それによれば全国で約26％の人が狸や狐の憑依が「あると思う」と答えているが，生活環境別にみると都市で低く，農漁村で高くなっている。このグラフの数字を多いと見るか少ないと見るかはそれぞれだが，注目されるのは「わからない」と答えた人の割合が全体の四分の一にのぼるということだ。

　「狸や狐が人をだましたり，又とり憑いたり（きつねつき等）すると思いますか」という問いに対して「わからない」と答える人の心情を想像してみよう。「わからない」という答えが憑依を完全に「ない」ともいえない，どっちつかずの意見だと考えられないだろうか。実は，憑依や呪術というのはこのグレイゾーンこそが重要である。なぜなら「狐が憑くなんてありえない。でもひょっとしたら……」という半信半疑の態度こそが，いざというとき人を一気に憑依肯定派にさせるからである［東2011］。つまりこの時代，まだ半数の人が憑依を

完全否定できずにいた，と読むことができるのである。

　憑依が衰退した要因は複合的だが，1つにはかつて「狐の仕業」などとして説明づけられていた不可解な出来事が，生活の近代化により激減したことである。たとえば突然の人格変容があるとかつてなら憑依を疑い，「拝み屋さん」などと呼ばれる民間の祈祷師に判断を仰いでいたかもしれないが，現在では当然のように病院にかかり，そこでは精神疾患として，つまり近代医療の対象領域として診断されるようになった。また狐狸に化かされそうな薄暗い野山も開発で多く消え去ったし，動物を含めた森羅万象に超常的な霊が宿ると考える人も減った。憑依の衰退はそのまま民俗としての宗教の衰退を象徴している。

　加えて重要なのは，民俗の消滅に政治の力が作用したということだ。前記の通り，戦後直後に文部省が「迷信調査」に乗り出したのは，憑依を含む民間信仰や慣習が人々の生活のなかでいまだに生きており，時として結婚差別を引き起こしたり病気治療を遅らせたりするなど，具体的な弊害を招いていたからである。文部省の委託でこの調査の分析にあたった迷信調査協議会は，調査の目的が「迷信の非合理性」を明らかにして，国民生活の「科学化」に資するためだったと述べている［迷信調査協議会編 1980：16］。戦後の日本社会では新たな社会設計に向けた機運が盛り上がっており，生活の合理化の名の下に民俗を改廃していこうという活動が盛んだった。この迷信調査や生活改善運動と呼ばれる国民運動を通じて，民俗の多くは旧時代の遺物として，来たる高度経済成長の影に忘却されていったのである［田中 2011］。

②文化遺産化

　消えゆく宗教がある一方で，文化遺産として制度的に保護される宗教もある。文化遺産とは未来に残し伝えていくべき文化のことであり，人間の日々の営みでしかなかった文化に対して，現代社会の基準に基づく価値が見出されたものである。日本の国内法では文化財と呼ばれている。明治期に皇室ゆかりの宝物の散逸防止から始まった日本の文化財保護制度は，徐々にその対象を広げ，現在では美術工芸品や建築物といった有形のものに加え，歌舞伎や能をはじめとする芸術や工芸技術といった無形文化財，そして庶民生活における有形・無形の民俗文化財などが保護対象となっている。

## 第7章　日常／生活のなかの宗教

　国指定の民俗文化財のなかには宗教関係のものも多く含まれている。たとえば重要無形民俗文化財という分類のなかには「祭礼（信仰）」という項目があり、全国各地の祭りを中心に 56 件が登録されている[4]。多くは地域に根ざした神社の例大祭や年中行事だが、国指定とあって、いずれも各地域を代表する著名な祭礼が名を連ねている。それよりも知名度は落ちるが各々の地域や自治体にとって重要な行事や民俗文化財は、国ではなく県や市町村の条例で定めた文化財制度によって保護される。ここに市町村指定、都道府県指定、国指定という文化財のヒエラルキーを見て取ることができる。

　ヒエラルキカルな文化財制度において、現在もっとも"ステイタス"が高いと見なされているのは UNESCO（国連教育科学文化機関）の世界文化遺産だろう。現在では国の文化財に指定されても知名度が格段に上がることはあまりないが、世界遺産への登録はメディア報道も盛んになされ、知名度向上が大いに見込まれることから、観光客を迎え入れる準備に地元政財界も力を入れる。こうしたことは、2011 年に世界遺産に登録された「平泉―仏国土（浄土）を表す建築・庭園及び考古学的遺跡群」や、登録を機に観光客数の劇的な増加をみた「白川郷・五箇山の合掌造り集落」などの例に明らかである。

　UNESCO の世界文化遺産はもともと西欧の聖堂や城跡など、単体の建造物の保護が主たる目的だったが、近年では非西欧への展開を重視し、対象もより空間的かつソフトなものへと拡大している。ソフトな遺産とはたとえば棚田のような自然と文化の中間にあるものだとか、人々の宗教的価値観が刻み込まれた空間を建造物と人々の価値観をセットにして保護するというものである。

　日本の遺産のなかでも、平泉（岩手県）は中尊寺などの寺院に浄土思想が色濃く刻まれていることが評価ポイントとなっているし、熊野古道として有名な「紀伊山地の霊場と参詣道」は神仏の融合した日本の伝統宗教を体現した聖なる空間であることが評価された。また沖縄の「琉球王国のグスク及び関連遺産群」も、琉球地方独自の宗教形態を反映した御嶽（うたき）という聖地が現在でも人々の信仰を集めている点に、UNESCO の評価が集まった。

　民俗としての宗教はあくまで人々の生活のなかで営まれ、個人や共同体の幸

---

[4] 文化庁「国指定文化財等データベース」http://kunishitei.bunka.go.jp/bsys/

福の生産と不幸の救済，超常現象への説明様式を与えてきた，きわめて実生活に接続された体系であった。その一部が選ばれて価値を見出され，制度的に保護されるようになったものが文化財・文化遺産である。しかし芸術作品などと違い，庶民の生活で生み出された文化や民俗は本来その価値を序列化し得ないのもまた事実である。民俗学はこれまで，文化財制度の民俗部門の基礎となるような考えを提供したり民俗学者自ら文化財審議委員になったりすることで制度設計に関わり，価値の創出を行う一主体となってきたが，文化財制度が不可避的に民俗に優劣をつける制度である点には近年批判的な論調も多い。特に民俗学内部でも，文化財制度の問題点やそれに関わってきた民俗学自体を批判的に捉えなおす議論が増加している［岩本編2007］。

　加えて，文化財制度は共同体によって担われてきた民俗の伝承を法システムに外部化し，制度的に伝承させていこうとする仕組みであるがゆえに，文化財に指定された祭礼や行事の担い手は，自分たちの意思で勝手にやめたり改変したりすることも難しくなる。

　いくつかの矛盾を抱えた文化財制度であるが，市民のあいだに広がる民俗へのノスタルジーや，地域社会の自力では伝承できなくなった祭りや儀礼をなんとか救済したいという世論を背景に，むしろその社会的期待は高まりつつあるともいえる。折しも2011年3月の東日本大震災で被災した地域では，寺社仏閣などの有形文化財の保護，そして祭礼や年中行事など無形の民俗文化財の存続が課題となっており，文化財保護の面で震災復興に関わっている博物館や民俗学者も少なくない[5]。

　文化財や文化遺産の制度的発展からわかることは，民俗や宗教が生活の場を離れ，近代的な法や条例，国際条約という制度的枠組みのなかで価値を与えられつつ，維持存続するものへと変化しつつあるということだ。これまで共同体という自律的な世界で営まれてきた民俗宗教が，近代的制度の運用と不可分になりつつあるという状況は世界的に見ても抗いがたい潮流である。この潮流を現実として受け止め，こうした状況下で顕在化する宗教とは何であるのか考えていく必要に迫られている。

---

[5] その一端は［国立歴史民俗博物館編2012］に見ることができる。

第7章　日常／生活のなかの宗教

## ③商品化

　民俗としての宗教のかたちを捉え直す必要に直面しているのは，制度（政治）の面だけではない。現代における宗教のもうひとつの大きな変化は，メディアや観光という商業的な文脈において第三者によって表象・商品化され，そして人々に消費されている状況である。

　現代日本において宗教が商品化されているもっともわかりやすい例は，おそらく広義の巡礼であろう。戦後広まったバスツアーでの四国遍路や近年メディアを通じて広まりつつあるパワースポット，スピリチュアル・ツーリズム，そしてアニメ舞台をめぐる「聖地巡礼」にいたるまで，人の移動をともなう宗教的実践はさまざまな産業の関わる余地があり，商品化されやすい（→第6章）。

　ここでは巡礼とは別の事例として，地域の行事の商品化を考えてみたい。筆者は新潟県の佐渡島を主たるフィールドとして長年調査しているが，佐渡には比較的多くの宗教的な儀礼や祭礼が残されており，とりわけ秋の祭りの際にさまざまな集落で行われる鬼太鼓と呼ばれる民俗芸能は，この地域の行事を代表するものとして知られている（写真7-1）。民俗芸能とは民俗としての芸能であり，生活のなかで伝承されてきた音楽や舞踊であるが，重要なのはそれが単なる芸能ではなく，往々にして宗教的な意味づけがなされている点である。太鼓の演奏にあわせて「鬼」の舞う鬼太鼓も，本来は祭礼の際に神社に奉納される宗教的な行事であるとされてきた。この芸能は集落内の年長者から若者へとまさに伝承されてきたのだが，過疎化によって伝承に基づく教育が困難になり，取りやめる集落も増加してきた。

　鬼太鼓の名前を島外に知らせたのが，1971年に佐渡で結成された鬼太鼓座という和太鼓集団である。紆余曲折を経て現在は「鼓童」と呼ばれるこの集団は，佐渡に伝わる太鼓に惹かれた島外出身者によって結成され，日本だけでなく世界で和太鼓のライブで生計をたてるプロの音楽集団である。彼らが佐渡に来た1960年代末，どの地域でも鬼太鼓は衰退していたという。鬼太鼓座は佐渡の伝統的な太鼓のリズムを基調にしつつも，全国他地域の民俗芸能を取り入れ，独自の太鼓を創作していった。佐渡の芸能の名前を使いながらも佐渡以外の要素を取り入れたこと，また彼らが民俗芸能をいわば「売り物」にしていることに，当初は地元から強い反発もあった。

第 7 章　日常／生活のなかの宗教

写真 7-1　佐渡の鬼太鼓（小西公大氏撮影）
この写真は和太鼓のイベント「アースセレブレーション」での出し物として演じられているものである。

　しかし毎年夏，佐渡では鼓童の行う和太鼓の野外ライブが行われており，島の一大イベントになっている。また，地域社会で伝承が難しくなった太鼓の演奏を小学生に教育する試みも行っている。彼らは地域という文脈に完全に埋没することなく，また決して離れるわけでもないが，佐渡の民俗芸能のある部分が鼓童の活動を通じて存続されていることは確かで，地域とのわだかまりは小さくなったとされる［鼓童文化財団 2011］。他方で彼らが行っているのはあくまで伝統的な民俗芸能を流用した音楽活動・地域活動である。仮に初めて鼓童の太鼓演奏を見たオーディエンスは，これこそが日本の（佐渡の）伝統的な民俗芸能だと感じるかも知れないが，その演奏は集落の祭りで見られる鬼太鼓と異なり宗教的な意味合いは小さい。
　このように一見したところ伝統的な民俗の存続に見えながらも，内実としては伝統的な文脈に位置付け難い現象はフォークロリズムと呼ばれる［法橋 2003］。第二次大戦後の急激な伝統衰退に対応するなかで，ドイツの民俗学で生み出された概念だが，これまで民俗学者は「本来の」要素が抜け落ちたフォークロリズムを研究対象とは考えず，より古い，より本物らしい民俗へと目を向けてきた傾向がある。民俗芸能研究も，より本物らしさを匂わせる宗教要素の強い神事を重視し，偽物らしさを放つ観光資源化された芸能は軽視してきた［橋本

143

2000]。その点からいえば，宗教性の抜け落ちた現在の鼓童の和太鼓には目を向ける必要がないかもしれない。

だが商業的文脈とはいえ，地域の芸能として小さくない存在感を示す鼓童の活動を本物とか偽物とかの基準で計ることにどれほど意味があるだろうか。それが地域の芸能を再生産させるアクターの1つとして機能しているならば，本物・偽物という研究者側の都合に基づく基準をひとまず棚上げし，地域社会や人々の生活において重要なもの，関心を集め実践されていることを包括的に捉えていく必要があるのではないだろうか。またパフォーマーたちの身体技法や，「民俗らしさ」に惹かれて集まるオーディエンスの心情の考察には，これまで民俗宗教研究が培ってきた視点が活かせるはずである。

先述の通り，文化財制度と不可分になった宗教を考える際，私たちは宗教それ自体だけを見るのではなく，法制度や政治の動きもまた併せて考える必要がある。同様に商品化された宗教を考える際には，伝統的に「宗教」と呼ばれてきた現象を取り巻く活動主体，たとえば民俗の実践を糧とする組織，メディアの意図や構造も，宗教を考えることと同様の力配分で見ていかなければならない。

加えて重要なのは，商品化・観光化された宗教を消費する側，すなわちオーディエンスやツーリストへの視点である。古くは民俗学において，村の祭りというのはそこに外部から見に来る人たちが増えることで，信仰を共有する人としない人，あるいは見る人と見られる人との分離が進み，祭り自体も見る側の視線を取り込んだ形へと変容していくと議論されてきた。これを「祭りから祭礼へ」の変化として論じた柳田国男の視点は，のちの観光人類学にも繋がる先駆的なものだったといえる［柳田1942：アーリ1995］。

観光資源となった祭礼は観光客のまなざしを気にした派手な演出をしたり，あるいは見栄えのしない儀礼を縮小したりする傾向にある。またそれに対して「本来の」宗教的意義を見直そうとする揺り戻しもあるだろう。宗教の商品化を考える際には，このように第三者の存在を読み込んでいく視点が求められる。要するに，伝承されてきた民俗以外のさまざまな近代的な組織の動きや個人の実践をも，併せて理解していかなければならないのである。

## 4　民俗学的宗教研究の展望

### 現代民俗学

　以上概観した3つの変化から指摘できることが2つある。第一には，これまで民俗学が地域調査をもとに対象としてきた生活のなかの宗教は，その多くがもはや古典的な意味での民俗とは言い難くなったということである。

　くり返しになるが，民俗とは日常のなかで積み重ねられてきた伝統的な生活様式・文化のことであり，それは普段意識されることではなく，人々にとって「あたりまえ」の物事である。しかし消滅した宗教はいわずもがな，文化財・文化遺産として保護されて文化政策の制度の力を借りることで存続する宗教，そしてイベントや観光資源として商品化されることでオーディエンスに消費される宗教のかたちは，人々の生活に民俗としてごく普通に浸透しているというよりも，「あたりまえ」のものとして続けられなくなった結果，文化財制度や商業的な文脈において再形成された結果だといえる。

　現代日本社会において伝統と結びついた宗教生活が後退していることは明らかであり，宗教的なるものとの邂逅も日常生活の局面ではなく，制度や市場という文脈において見られるようになっている。こうした状況はこれまでの宗教研究では必ずしも重視されてこなかったが，今後は宗教を学ぶ上で欠かせない視点になってくるだろう。

　第二は，これまで「なぜそれをするのか」という問いを必要としない非自己言及的な営みであった宗教が，逆に自己言及的な営みへと変わりつつある。言い換えると，再帰的に「あえてする」対象になりつつあるということだ。

　商品化された宗教としての聖地観光に出向いたり，あるいは民俗芸能を上演する祭礼を見学に行ったりする。さらに文化財指定された行事や祭礼を行うことで地域の伝統を守ろうとする。こうした行為は，「自分を変えるため」「楽しいから」「伝統を守ることは大事だから」といった主体の能動的な意図に支えられており，かつてのように伝承されてきた民俗宗教を単に慣習として行うこととは，当事者の意識として別物になりつつある。「伝統」が一種のカテゴリーとして認識され，人々の再帰的な行為の対象となることはいわば近代社会の必然

だが，民俗としての宗教もこうした社会変化と強く連動しているのである。

さてこうした変化を直視すると，これまで民俗学が考えてきた宗教研究の視点を維持することは難しくなるだろうし，それはいきおい，民俗という概念自体への反省を誘発するものとなる。これまで民俗学は，村落共同体という自律的な世界の営みとして，もっぱら伝承によって形成されてきた文化的産物を民俗と名づけ，その由来や歴史的変化を明らかにしてきた。宗教の研究もその枠内で行われ，宗教をあくまで非自己言及的な日々の営みとして描いてきた。

しかしいま民俗は地域社会や生活の場を離れ，慣習的な習俗というよりも人々の再帰的な選択肢の1つになっている。もし古典的な民俗概念を温存するならば，民俗学は過去の時代における民俗宗教を再構成する歴史の研究に限定せざるをえないが，前節で見てきた現代的状況に関心を持った場合，民俗を取り巻くさまざまな組織・制度の動きもひっくるめて，より広い「全体像」を捉えていく必要がある。言い換えると，これからの民俗学は従来考えられてきたように伝統的な文化を研究する分野として安住することはできない。ある文化を「伝統的」たらしめる社会の動きや，そうした枠組みのなかで活動する人々の実践を捉えていく，きわめて同時代的な発想を持った分野へと衣替えをしていくことになる。そのような試みは「現代民俗学」や「新しい民俗学」などと呼ばれ，すでに動き始めている[6]。

〈民俗〉を越えて

宗教を通じて同時代の人々の生活を考える際に，なぜ制度や市場といった宗教外部の領域にも目を配る必要があるのか。それは一言でいうと，そうした領域に目をやらず，一見伝統的に見える眼前の民俗や宗教だけを対象化していたら，その背後にある政治や経済のマクロな動きやその権力作用を隠蔽してしまうからである。現代における一見伝統的に見える民俗や宗教は，伝統らしさが人々に強い魅力を与えることで，その背後にあるこうした現代的な仕組みへの想像力を人々から削いでしまいがちである。

その一例として，近年メディアを介して人口に膾炙している民俗宗教ブーム

---

[6] たとえば［小松・関編 2002］や，「現代民俗学会」の設立（2008年）に窺うことができる。

第7章　日常／生活のなかの宗教

を挙げることができる。大規模な書店の民俗学コーナーに行くと，大学生や専門家の読む民俗学専門書の棚の隣に民間信仰や民俗宗教のコーナーがあり，そこには妖怪や各地の伝説にまつわる民俗学的な話題を集めた教養書が専門書を凌駕する冊数で並んでいる。その棚の大きさは文化人類学や宗教学の専門書籍コーナーの比ではない。またマンガコーナーに行けば，妖怪退治モノなど民俗学的な知見を随所に取り込んだ作品が数多く売られている。

　現在，民俗（あるいは民俗学）はメディアコンテンツとして価値化されつつある。そこにはかつての村落共同体において人々の日常であった非合理性（憑依や妖怪，俗信，伝説など）が物語の素材として再構成されて流通し，文芸作品のリソースとなっている。大学で民俗学を学ぼうとして入学する学生のなかにも，こうした物語化されたフォークロア（民俗）的世界に魅力を抱いて入ってくる人も多い。現在では消え去った伝統的な村の暮らしとしての民俗の営みが，こうしてメディアを通じて仮構されているのである。

　問題は多くの民俗的なコンテンツは「異界」への魅力や過去への憧憬を人々に喚起する一方で，商品化されたフォークロア的な世界がどのようにして仮構されているのか，多くの人はあまり考えないということである。冒頭で述べた伝統的な宗教生活の様子が，たとえ自分ではやっていないとしても多くの読者に情景描写的に想像できたならば，それは現代社会で消費される民俗イメージの強さに拠るものだといっていいだろう。

　これからの民俗学的宗教研究は，民俗としての宗教の由来や歴史を追っていくだけでは成り立たない。たとえば妖怪に興味があるならば，どの地方にどのような妖怪がいて，その妖怪の特色は何かを知ることだけが学びではない。現代社会でなぜ人々は妖怪を好み，なぜこれほどまで妖怪コンテンツが消費されているのか，その商業的仕組みと集合的心理を考察することも大事だ。

　民俗学の宗教研究とは宗教それ自体の探求を目的にするというよりも，人々が信じ，実践する宗教へのまなざしを1つの手段として，人々の日常生活や地域社会を明らかにすることを目的としてきた。その意味では宗教に関心を持ち，民俗学の知見に基づいてそれを学んでいく際にも，何が私たちの生活において「あたりまえ」の存在として根づいているのかという，自分の置かれた立場をまず基点として考えをスタートさせたい。私たちにとって妖怪といえば暗い夜道

を歩いていて憑依してくる超常的な存在ではなく，マンガや小説に出てくる存在だろう。それならばメディアへの視点なくして妖怪研究はできない。同様に，前節で述べてきたように文化財として／イベントや観光資源として私たちが接する宗教を学ぶ際にも同じような視点が求められる。

　民俗という用語が伝統的な側面にだけ目を向けさせる概念だとしたら，私たちはこの言葉を乗り越え，まるで「民俗」のように見える現象の裏側へと目を向けていく必要がある。それは決してロマンに溢れた学問ではないかも知れないが，宗教を現実社会のなかで考えるにはその作業もまた不可欠である。

---

◆さらに学びたい人のためのブックガイド

　民俗学・人類学に関連する文献は枚挙に暇がないが，ここではその中で「宗教」や「信仰」を考える際に大きな示唆を与えてくれるものにしぼって紹介する。『宗教人類学入門』（関一敏・大塚和夫編）は，生活世界の側に立って宗教を理解するための視点を与えてくれる一書であり，宗教を「信じる」ものではなく「行う」もの（実践宗教）として捉える人類学や民俗学の視点を学ぶことができる。『現代民俗学入門』（佐野賢治ほか編）は，シャーマニズムにおける託宣や病気治しといった，生活のなかに垣間見える宗教職能者に関する解説が充実している。『柳田国男と民俗学の近代』（菊地暁）は，地域の信仰行事が近代日本の文化政策の中で民俗学者の言説や学術的実践と関わりながら，いかにしてナショナルな価値を付与された文化財へと転化されていったのかを詳細に跡づけている。現代的な文化と宗教との混在という現代民俗学の問題を考えるには，祭礼イベントでの神社の役割，アニメの中の宗教などが紹介されている『現代宗教2011 現代文化の中の宗教伝統』（国際宗教研究所編）が参考になる。

---

**参考文献**

東賢太朗 2011『リアリティと他者性の人類学―現代フィリピン地方都市における呪術のフィールドから―』三元社。
福田アジオ・宮田登編 1983『日本民俗学概論』吉川弘文館。
橋本裕之 2000「民俗芸能の再創造と再想像―民俗芸能に係る行政の多様化を通して―」香月

祥一郎・赤田光男編『講座日本の民俗学 10　民俗研究の課題』雄山閣出版，69-80。
法橋量 2003「ドイツにおけるフォークロリスムス議論のゆくえ―発露する分野と限界性―」『日本民俗学』236：49-71。
井之口章次 1977『民俗学の方法』講談社。
石井美保 2010「呪物をつくる，〈世界〉をつくる―呪術の行為遂行性と偶発性―」吉田匡興・石井美保・花渕馨也編『来たるべき人類学 3　宗教の人類学』春風社，159-180。
岩本通弥編 2007『ふるさと資源化と民俗学』吉川弘文館。
川田稔 1992『柳田国男―「固有信仰」の世界―』未來社。
鼓童文化財団 2011『いのちもやして，たたけよ。―「鼓童」30 年の軌跡―』出版文化社。
国立歴史民俗博物館編 2012『被災地の博物館に聞く―東日本大震災と歴史・文化資料―』吉川弘文館。
小松和彦 2002『神なき時代の民俗学』せりか書房。
小松和彦・関一敏編 2002『新しい民俗学へ―野の学問のためのレッスン 26―』せりか書房。
迷信調査協議会編 1980『日本の俗信 2　俗信と迷信』洞史社。
宮家準 2002『宗教民俗学入門』丸善。
田中宣一 2011『暮らしの革命―戦後農村の生活改善事業と新生活運動―』農山漁村文化協会。
鳥越皓之 1993『家と村の社会学』世界思想社。
アーリ，ジョン 1995『観光のまなざし―現代社会におけるレジャーと旅行―』加太宏邦訳，法政大学出版局。
柳田国男 1942『日本の祭』(『柳田国男全集 10』筑摩書房，1998 に再録)。
吉田匡興 2010「宗教をたぐりよせる」吉田匡興・石井美保・花渕馨也編『来たるべき人類学 3　宗教の人類学』春風社，vi-xxii。
湯川洋司 2008「村の生き方」湯川洋司・市川秀之・和田健『日本の民俗 6　村の暮らし』吉川弘文館，114-219。
和田健 2010「民俗学は社会から何を見るのか？―場と個人をめぐる方法的態度―」『日本民俗学』262：52-76。

# 第8章　変わりゆく葬儀・墓

碧海　寿広

誰もがいつかは必ずむかえる人生の終焉——死。その時，お葬式・お墓をどうするか。「家」と「仏教」とに深く結びついてきた日本の「伝統的」な葬儀と墓は，現在大きな変化をむかえつつある。その様相を見てみよう。

寺院の集霊碑
（無縁になった死者の骨を集めて供養する墓，碧海撮影）

# 第8章　変わりゆく葬儀・墓

## 1　はじめに

　人は死んだらどこへいくのか。宗教は，人の死後のゆくえについてのさまざまな物語を提供することで，この問いに答えようとしてきた。仏教的には「輪廻転生」や「極楽浄土」，キリスト教やイスラームでは「天国」，あるいは日本の古風な考え方として，山や海の彼方にある他界へと死者の魂が行き，盆や正月にはその霊魂が子孫のもとに帰ってくる，といったような言い伝えがある。死後の世界に関するこうした想像力あふれる物語によって，自分や自分の大切な人の死を受けいれやすくなり，心が救われてきた人も少なくないだろう。

　人間の死んだ後の世界を予期させてくれる宗教の力は，このようなやや抽象的な物語だけではなく，より具体的なモノやコトを通しても表現されてきた。本章でとりあげる葬儀・墓というモノやコトは，人間の死後のゆくえという大きな謎に対する，きわめて具体的な応答のかたちであるといえるだろう。

　たとえば葬儀について。人が死ぬと，その死体を何らかのかたちで処理しなければならない。これが葬儀の根本的な機能だが，しかしそうした物理的な機能だけに葬儀の本質があるわけではもちろんない。人間は社会に生きる動物だから，誰かが死んだら，その人を社会のなかで「死者（故人）」として位置づけなおさなければならず，そのためには葬式という目立った儀礼によってその死を周知させるのがとても有効だ。また，残された者たちが死別の悲しみのなかで，故人との関係を新たにするための機会としても，葬儀という場がもつ意義は少なくない。さらに，死んだ人がこの世から「あの世」にいく，という宗教的（霊的）なメッセージを具体的に示すためにも，多くの場合は宗教者がとりしきる儀式を皆で行うことが，非常に重要なのである。

　死者の物理的・社会的・宗教的（霊的）な「居場所」となる墓についてもほぼ同様のことがいえるが，ここで問題となるのは，その葬儀と墓というモノやコトが，歴史のなかで常にかたちや性質を変化させてきている，という事実である。土葬から火葬へ，といった物理的な処理方法の変化だけではなく，死者をとりまく社会の側や，それと連動した人々の宗教的な心情，そこに関与する宗教者の役割についても，時代の推移とともに著しい変化がみてとれる。本章の

テーマは，そうした葬儀・墓をめぐる歴史的な変化がもつ意味について，とくに現代におけるその特徴をクローズアップしながら論じていくことにある。

## 2　葬墓文化の「伝統」と変容

### 葬儀

　場所は，斎場（葬祭場）や寺院の本堂。そこに運ばれてきた遺体を納めた棺の背後に，白木作りの祭壇が設置され，その中心のもっとも目立つところに故人の遺影が飾られる。葬祭業者が用意してくれるこうした舞台において，僧侶が経をよみ，それにあわせて遺族や参列者らが，故人を思いながら次々と焼香をあげていく。これが，現代日本におけるもっとも典型的な「お葬式」（葬儀）のかたちだろう。こうした「伝統」はどうできあがってきたのか。その形成過程をふりかえってみたい。

　上記のようなかたちの葬儀が一般に普及するより以前，葬儀を行う上での最も重要なパートは，葬列であった。自宅で亡くなった死者の遺体を棺のなかに納めたあと，遺族や隣近所の人々がそれを，付近の寺院や墓場へと行列をくみながら運んでいく。そのようにして，故人を彼・彼女がそれまで生活していた世界から連れ出し，他の死者たちがいるはずの別の世界へと「送る」ための実践が，葬儀すなわち葬「送」儀礼の核心であった。

　このような葬列を核とした葬儀のかたちは，江戸時代に確立し，地方村落ではいまなお若干は残っているが，明治期からのち徐々に進行してきた都市化や近代化とともに，おおよそ廃絶されていった。比較的早いところでは，大正期の東京において，馬車や人力車に代わる路面電車の導入によって都市空間の構造が変化し，交通上，葬列をくむのが困難になったこと，加えて明治なかばの法令により市街地内での土葬が禁止され，火葬場も市外にあったことから葬列の行程が長くなり過分な労を要するようになったことなどを原因として，葬列は街中からほとんど姿を消していった［村上 1990］。

　葬列の廃止にとって代わるようにして世間に浸透していったのが，霊柩車であり，また告別式であった。葬列により死者を皆で協力して運んでいく代わりに，霊柩車が葬儀の会場や火葬場へと遺体を搬送するようになった一方，葬列

第8章 変わりゆく葬儀・墓

写真8-1 葬列（山田慎也撮影）

に参加できなくなった人々が，自宅・寺院・斎場などに設置された式場で死者に別れを告げることが，葬儀の中心的なパートになったのである［村上1990；井上1990］。かくして，死者を「送る」ことから死者と「別れる」ことへと，葬儀の意味のポイントが転換していった。

この葬儀の「告別式」化において重要性が高まってくるのが，死者との「別れ」を演出してくれる祭壇と遺影である。祭壇ははじめ，式場に簡単な机を置き，香炉やろうそく台，位牌などを飾る程度のシンプルなものだった。それが昭和30年代以降，華やかな彫刻や彫金などのさまざまなデザインがほどこされ，何段もある大きな白木の祭壇が人気を博すようになった。これにともない，祭壇がどれだけ豪華だったかという観点から，その葬儀の良し悪しを評価するような風潮すらあらわれてきた。故人の経済力や社会的ステータスの高低が，祭壇の立派さ加減において表現されるようにもなった［山田2007］。

こうして華美化されていった祭壇には，死者の遺影を飾るのが，次第に自然な風習となっていった。生々しい遺体を運ぶ葬列のなかで死者のリアリティをじかに感じ取ることのできたころとは異なり，祭壇上の遺影においては，死者が生前の元気な姿で生者の目前にあらわれる。これは，遺族や参列者が，死者と生前にとりむすんだ関係を思い出すのには都合がよいが，他方，生者と死者とのコミュニケーションを現世でのそれに限定するものであり，死者固有の世界への想像力を減退させる機能をはたしているともいえるだろう［山田2002］。

こうした一連の転換と並行して進んできた，葬儀をめぐるもう1つの見逃せない変化として，葬祭業者（「葬儀屋」）の役割の拡大，というものがある。葬列

が葬儀のメインであった時代において，葬儀は遺族とそれをとりまく地域社会が，互いに力をあわせながら協同で行うものであった。儀式の参加者が集まってする食事のしたくや，遺体を埋めるための墓穴を掘る作業など，葬儀にまつわる仕事の数々は，遺族だけでこなしきれるものではなく，同じ地域に住む人々の協力が必要とされたのだ。

都市化とそれにともなう地域社会の衰退とともに，このようにして地域住民の手を借りながら葬儀を営むことは困難となった。代わりに活躍の幅を広げてくるのが葬祭業者である。当初は，単に棺や祭壇などの葬具を提供するだけであったのが，やがて，役所への死亡届から，納棺の作業や式場の設営，儀式の司会進行まで，次第に葬儀の全体的なコーディネートを担うようになった。いまや，業者なしに葬儀をどう行ったらよいか，わかっている人はほとんどいない。葬儀をめぐる知識や技術は，葬祭業者という企業に外部化（アウトソーシング）されたのであり，人々は身内の死を処理するための方法を，金銭によって購入するようになったのだ［山田 2007］。

以上のような変化はまず大都市部で開始されたわけだが，同様の変化が昭和期とりわけ戦後の高度経済成長期を通して全国的に展開していった過程が，日本における葬儀の近代化であり，また今日における葬儀の「伝統」の定着であったといえる。

## 墓

現代におけるオーソドックスな墓のイメージ，それは，角柱型の石の墓に，「〇〇家先祖代々之墓」「□□家之墓」といった文字が刻まれたものであろう。多くは寺院や霊園に密集している。こうした墓の通念は，しかし，歴史的にきわめて新しいものであり，また今後も持続されていく可能性はあまり高くない。「伝統」というのには少し無理のある墓のイメージであり，別のかたちの墓のあり方が模索されている最中であるが，ひとまず，その変遷をたどっておこう。

中世までの日本列島においては，皇族・貴族などの身分の高い人々ではない庶民のために墓がつくられることはあまり一般的ではなく，河原や山林などに死体を遺棄するか，あるいは，ただ埋められるだけの場合が多かったようである。江戸時代からは庶民のための墓も多くつくられるようになったが，これは

現在のような墓とは異なり，家族がともに入るための墓ではなく，個人（または夫婦）の遺体を埋めて供養するための墓であった。また墓石の形状も，ひらたい板碑型や上部が丸みをおびた櫛型のものなど多様であり，現在一般的な方形の角柱型が主流になるのは，江戸時代の末期から明治期以降である。この角柱型の墓石の下に「屍櫃(かろうと)」という遺骨収納スペースを設置し，そこに火葬した家族の遺骨を順番に納めていくという，今日的な墓のかたちが日本全国で主流になるのは，ようやくここ 30-40 年くらいのことである［岩田 2006］。

　こうして最近できあがったといえる日本の墓の「伝統」だが，すでにほころびがみえ始めている。その最大の原因は，戦後における家族の構造的な変化にある。「〇〇家之墓」という墓の文字に示されるように，墓は家族で入るもの，というのが今日においては常識的だが，それを長い時間にわたって実現させていくのには，当然のことながら，親から子，子から孫へと，家族が代々続いていく必要がある。このような世代をまたぐ墓の継承がなければ，家族の墓を管理する人がいなくなってしまうからである。そして，こうした家族の墓の世代間継承が難しくなってきているのが，現在の状況なのである。

　戦後の家族構造は，大局的にみて以下のような 3 つの段階で変動してきた。すなわち，第 I 期として，戦前の集団主義的な「家（イエ）」制度が戦後の新民法によって廃止されたものの，まだ「家」意識が優勢であり，家族の集団性が強かった時期（1945-50 年代）。第 II 期として，高度経済成長による急激な核家族化によって家族の規模が小さくなり，「家」ではなく夫婦が家族制度の根幹となった時期（1960-70 年代）。第 III 期として，夫婦中心の家族制度の内部にも規範の解体がおこり，個人化の強まりによって家族の集団性がゆらぎ，個人とそのネットワークとしての家族，といったような認識が生まれてくる時期（1980-90 年代），である［井上 2003］。

　「〇〇家之墓」というのは，戦前の「家」制度および戦後における「家」意識の残存において適合的な墓の形態であった。第 I 期より以前に生まれた人々にとっては，この形態の墓で，自分がそこで生まれた「家」の先祖，あるいは結婚した女性にとっては嫁ぎ先の「家」に属する先祖をまつることが，規範として受けいれられていた。自分もその一員である「家」の墓にやがて入ることが，自然に感じられた。だが，第 II 期より以降に生まれた人，あるいはそれ以前に

生まれたとしても，第Ⅱ期以降の家族のかたちを経験してきた人々にとっては，1つの集団である「家」を前提とした墓を続けていくことは，なかなか容易ではない。夫婦や個人それぞれの事情に配慮した，別のかたちの墓や先祖祭祀の方法をつくりあげていく必要がでてきた［孝本2001］。

　たとえば，「両家墓」と称すべき，一般的な「○○家之墓」とは別様の墓のかたちが近年あらわれてきた。夫婦が双方の親や先祖をまつるために建立する墓である。その形態としては，1つの墓所に，「××家」「家」というように2つの墓石を並べて立てたり，あるいは墓石には家名を刻まず，「南無阿弥陀仏」「心」などといった言葉を刻んだりすることで，夫と妻の両家の先祖をまつるというものもある。片方の「家」のための墓ではなく，双方の「家」を平等に尊重した墓のあり方である。戦後家族の第Ⅱ期，すなわち夫婦中心の家族の現実と理想が，第Ⅰ期の「家」意識をなおも強く残しながら，墓において表現されたものであるといえよう［井上2003］。

　だが，この両家墓にしても，ずっと持続させていくことは現実的に難しい。たとえば，両家墓を管理する者同士が結婚した場合，その夫婦は2＋2と合計4つもの「家」の墓を管理しなければならなくなる。その子どもたちの代になると，さらに大きな負担を強いられることにもなりかねない。また，戦後家族の第Ⅲ期を経験している人々にとっては，個人の意志が何よりも尊重される傾向があり，そもそも「家」に縛られるような墓のあり方自体に納得できなくなるのが自然である。もっと別のかたちの墓に対するニーズが高まってきている。そうしたニーズに応える「新しい墓」については，4節で紹介しよう。

## 仏教

　以上にみてきた葬儀・墓の「伝統」を支えるものとして常に大きな役割を果してきたのが，僧侶の活動と寺院の存在，すなわち仏教の「伝統」であった。葬儀や法事の際に死者のために経をよむ僧侶と，墓を管理する寺院，というセットは，現在における日本仏教のイメージの根幹をなすものであるといってよいだろう。その「伝統」は，いかにしてできあがってきたのだろうか[1]。

---

1) なお，日本の宗教伝統に基づく葬儀の形式としては，ほかに神葬祭（神道式の葬儀）があるが，一般的とはいえない。

## 第8章　変わりゆく葬儀・墓

　江戸時代における寺請制度の導入と寺檀関係の確立，これが日本において葬儀・墓と仏教とが密接に結びつくようになった根本的な原因である。江戸幕府は，キリシタン禁制を徹底するため，民衆が例外なくどこかの寺院の檀徒になるよう強制し，寺院の僧侶は個々の檀徒がキリスト教に関与していないことを証明する，公的な業務を請け負うようになった（寺請制度）。その際，檀徒の葬式や追善供養（四十九日，一周忌などの仏教的な先祖祭祀）は必ず属する寺院の僧侶に依頼することが義務づけられ，この義務を守らないものは罰せられた。かくして，葬儀にせよ追善供養せよ，死者に関する儀礼は仏教に任せることが，日本ではいわば自明の慣習となっていった。

　こうした寺檀関係のありようを，幕府の手先となった寺院・僧侶が民衆を精神的・経済的に支配し収奪するためにつくりあげた抑圧的な制度として，仏教への信仰とは何ら関係のないものと批判する論者も少なくない［圭室 1999］。だが，近年の研究では，寺請制度の前提となる多数の寺院の建立が江戸幕府の成立以前から始まっていること，しかもそうした寺院建立の動機が民衆による追善供養の要求にあったこと，また同じ村落内であっても個々の家やさらには個々の家の成員ごとに所属する寺院が異なる場合があったことなどから，寺檀関係はむしろ，死者の儀礼を仏教に求める，民衆の側の自発的な信仰に基づき創造されたとする説が有力になっている［岩田 2010］。寺請制度は，江戸幕府の成立以前からすでに形成されつつあった寺檀関係を，幕府が民衆管理のために便利なツールとして利用した結果と考えるのが妥当なところであろう。

　いずれにせよ，このようにして寺院・僧侶による日常的な実践の内容が葬儀や追善供養などに集中していったことは，その後の近現代の歴史のなかで，しばしば問題のもとになってきた。たとえば，僧侶が葬式ばかりやっていて生きている人間の苦悩に向き合っていない，といったような「葬式仏教」批判はしばしば耳にするところだが，こうした日本仏教をめぐる理念上の議論だけでなく，もっと現実的な問題も生じてきた。その代表が，戒名をめぐる問題である。

　戒名（浄土真宗では「法名」，日蓮宗系では「法号」とよぶ）は，日本では，葬儀の際に僧侶から故人に対して与えられる名前として知られている。仏教の誕生の地であるインドには存在しなかったが，中国で出家した僧侶に与えられる名前として発明された。これが日本に輸入されると，やはり出家した僧侶の名前

として使われながらも，しかし前述したような仏教と死者儀礼との強い結びつきのために，むしろ死者に授けられる名前として広く用いられるようになってきた。

　この戒名を授かるために寺院に納められる布施の金額が，戦後，徐々に高額化していったことから問題となった。戒名が高額となった最大の理由は，寺院経営の基盤が葬祭に依存する傾向が強まったからである。明治時代より以前，多くの寺院には武士や村の有力者から寄進された土地が豊富にあり（「寺領」），その土地を小作させて得た資産があれば，死者儀礼から得る収入には大きく頼る必要がなかった。だが，明治維新後の寺領の没収，さらには太平洋戦争後に実施された農地解放によって，寺院の経済基盤は不安定化した。そのため，寺院は葬祭の際に寄進される布施の金額や戒名の価格をアップせざるをえなかった。また，高額の戒名には「院号」という称号が付与されその立派さが社会的ステータスの証として機能したため，人々はこの戒名の高額化を必ずしも否定しなかった。だが，こうして高額化しブランド化した戒名は，バブル経済崩壊後の景気低迷のなか家計に余裕のない人が増えてくると次第に疑問を抱かれるようになり，死後の戒名という日本仏教に独自の風習に対する批判が頻繁になされるようになってきた［島田 2005］。

　このように，短くとも 400 年以上にわたって死者儀礼と強く結びついてきた，であるがゆえにそれ固有の問題も抱えるようになった日本の仏教であるが，現在，さらに大きな問題に直面している。それは，葬儀における仏教離れという動向である。この問題については，次節以降で適宜触れていく。

## 3　データからみる葬儀・墓の現在

### 葬儀に関するデータ

　葬儀・墓に関する調査は各種あるが，ここでは近年実施された比較的規模の大きい全国紙によるものを中心に，いくつか興味深いデータを紹介したい。

　葬儀をめぐる状況が急速に変化している。冠婚葬祭の互助組織「くらしの友」が 2010 年 7 月に実施したインターネット調査（対象は関東 1 都 3 県在住で，2009 年 8 月-10 年 7 月に葬儀を行った 40 歳代以上の男女 400 人）によれば，葬儀（通夜・

告別式）の会葬者の平均は，118.4 人であり，1999 年調査の 209.6 人からほぼ半減していた。会葬者 99 人以下の比較的小規模な葬儀が，全体の 55.8％ を占めた。また，葬儀の費用総額も，99 年の 366 万 7,000 円から 242 万 3,000 円へと，124 万 4,000 円（33.9％）も減少していた（『読売新聞』東京版 2010 年 9 月 23 日付）。

　戦後の都市社会における葬儀は，これまで，会葬者が過多になる傾向があった。血縁や地縁などによる狭い関係者のみならず，故人が学校や会社を通して築きあげてきた人間関係や，さらには趣味などを通して知り合い親しくなった友人など，多様な縁に基づく人々が故人に別れを告げるために葬儀に参列してきたからである。とくに会社（勤め先や取引先）の関係者については，故人とはあまり親しくはないが，職務上の義理で来訪する人も多く，会葬者をいたずらに増やすもとになりやすかった。

　そうした，縁の薄い人すらとりこんで拡大してきた葬儀のありようが，虚礼的であまり好ましくないとして，現在，見直されている。また一方で，社会の高齢化にともない故人の高齢化も進んでおり，死亡した際にはその関係者も既に死亡していたり，あるいは生きていたとしても，たとえば会社で築かれた縁が，退職後からしばらくたつので希薄化していたりするなど，関係が弱まっている場合が少なくない。こうした故人をとりまく社会状況の変化のため，会葬者が目にみえて減少しているのだ。

　葬儀についての意識も変わりつつある。『朝日新聞』が 2010 年 9〜10 月に実施した世論調査（全国 3,000 人に質問紙を郵送，2,322 の有効回答）によれば，自分の葬儀を「してほしいか」「しなくてもよいか」と二者択一で聞いたところ，「してほしい」が 58％ の過半数の一方で，「しなくてもよい」が 36％ もいた。また葬儀の規模については，「身内や親類などの参列でよい」が 74％ を占め，「多くの人に参列してほしい」は 18％ にとどまった。さらに葬儀の形式については，「なんらかの宗教に基づいた形式にしてほしい」の 41％ に対し，「宗教色を抜いた形式にしてほしい」が 44％ でやや上回った（『朝日新聞』東京版 2010 年 11 月 4 日付）。

　自分の葬儀を求めない人が 4 割近くもいるという現状は，自分の死後のことについて家族に手間をかけさせたくない，という遠慮の気持ちのあらわれとして理解できる一方，葬儀をしてもしなくても何も変わらない，という儀礼の効

力に対する信頼の衰微もまた読みとれる。また多くの参列者を望まない意思の広がりについては，先に述べたとおり，これまでの葬儀が縁の薄い参列者によってむやみに拡大してきたことに対する，反省の念がこめられているだろう。そして，宗教色なしの葬儀を望む声が目立ってきたことの裏側には，これまで日本の葬儀の「伝統」を請け負ってきた仏教に対する，懐疑の念をみてとれる。現実的にはなお9割以上の葬儀が仏式で行われているが，意識の上では，人々の仏式葬儀への好みは明らかに衰退しつつある。いま望まれているのは，参列者が限定され形式にもこだわらない，小規模のシンプルな葬儀なのである。

## 墓に関するデータ

　墓の現状についてはどうか。まず墓参りについてだが，2008年5月に実施された『読売新聞』の世論調査（全国3,000人を対象に面接調査，1,837人から有効回答）によれば，「盆や彼岸などにお墓参りをする」と答えた人は78.3%と，国民のおよそ8割が墓参りを行っている。また，同調査で「宗教を信じている」と答えた人では84%，「信じていない」人でも77%が「墓参りをする」と回答しており，宗教に対する自覚的な信仰の有無を問わず，国民のあいだで広く実践されていることが確認できる（『読売新聞』東京版2008年5月30日付）。

　『朝日新聞』によるモニター会員に対する2010年9月の質問紙調査（4,994人が回答）でも，「墓参りをしている」人は73%で，その理由（2つまで選択可）としては，「祖父母や親を供養したい」が約46%と最多で，次いで「以前からの習慣」(23%)，「先祖の供養をしたい」(22%)とする人が多かった（『朝日新聞』東京版2010年9月18日付）。現代日本に生きる多数の人々にとっては，死者の供養，とりわけ自分の祖父母や親など，遠い先祖よりもむしろ身近な死者に対する慰霊や追悼の行為が，大きな意義を持っていることを明確に示すデータである。

　また，『読売新聞』が2010年7月に実施した世論調査（全国の3,000人を対象に面接法で行い，1,792人から有効回答）によれば，「誰と一緒に墓に入りたいか」という質問（複数回答可）に対しては，「配偶者」が67%と最多であり，「先祖」の27%を大きく上回った。ついで「実の親」(26%)，「子供・孫」(22%)が多く，「配偶者の親」(4%)，「ペット」(2%)などが少数意見としてあった。「1人だけ

で」というのは3%とごく少数だった（『読売新聞』東京版2010年8月7日付）。現在の墓のイメージに浸透しているのは，個人主義よりは「先祖」に対する敬慕や愛着，そして「先祖」に対する同一感よりは，夫婦が死後もともにあることへの理想なのだろう。また，「墓に入りたくない」という意見は4%とこれもごく少数で，死後は墓に入ることを大多数の人はいまも望んでいるようだ。

なお，ペットと死後も「同居」したい人は2%と少数派のようだが，これは今後もう少し増えていくかもしれない。現在，ペットの家族化が進行しているからである。たとえば，内閣府が2010年9月，全国の成人男女3,000人（回収率64.4%）を対象に実施した世論調査によれば，ペットの犬や猫が死んだ場合の処理について，「ペット葬祭業者に依頼しようと思う」と回答した人は62.2%で，「思わない」の32.1%を大きく上回った（『産経新聞』東京版2010年10月31日付）。ペットの葬儀については人間の家族と似たようなかたちで扱いたいと考えている人が多いわけで，こうした心情が墓の方にも波及していくのか，注目される。

## 4　「新しい葬儀・墓」の諸相

### 散骨と樹木葬

おおよそ1990年ごろから，従来の仏式葬儀や「〇〇家之墓」に替わる，新しいかたちの葬儀・墓が世間によく知られはじめた。その筆頭が「自然葬」，すなわち墓ではなく海や山に散骨をする新しい葬送である。1991年10月，市民運動団体の「葬送の自由をすすめる会」（以下，「すすめる会」）が神奈川県の相模湾で自然葬の儀式を行い，これがメディアで広く報じられたことから，大きな反響を呼んだ。それまで散骨は「墓地，埋葬等に関する法律（墓埋法）」の「埋葬又は焼骨の埋蔵は，墓地以外の区域に，これを行ってはならない」との規定から一般に違法行為と受けとめられていた。だが，同会は「散骨は，節度ある方法で行われるならば法律に触れることはない」と主張し，また厚生省（当時）も「墓埋法はもともと土葬を問題にしていて，遺灰を海や山にまくといった葬法は想定しておらず，対象外」との見解を発表したことから，散骨は突如，1つの正当な葬法のかたちとして世に認められるようになった。

散骨（自然葬）はそれから少しずつ広まっていくが，その特色としてしばしば

いわれるのが，自然回帰の死生観，そして，葬儀・墓をめぐる「自分らしさ」の重視である。上記した「すすめる会」が，もともと墓地開発により里山が破壊されるのを阻止するために散骨の推進運動にとりくみはじめた，というエコロジー的な動機があったのに加え，実際に散骨を選ぶ人の多くも，墓石の下に眠り続けるのではなく，海や山といった自然のなかへと自らの生命がかえっていく，という自然志向の死後観念を愛好している。また，みなが当たり前のように行っている「伝統」的な葬儀・墓の固定観念から「自由」になって，「自分らしい」葬法を選び取れるのも，当事者たちにとっては好ましく感じられているようだ。

　ただし，散骨の実行者は，その注目度の高さに比較すると，それほど多くいるわけではない。散骨推進団体の筆頭である「すすめる会」にせよ，初の散骨から20年後の2011年2月までの時点で2,886人を1,618回の自然葬で送ったにすぎず[2]，これは同期間の日本の死亡者数のうちのほんの一部である。メディアでの話題性の高さと現実の行いとのギャップには注意すべきだろう。

　また散骨の実施は，一部でトラブルの原因にもなっている。地域住民の生活用水の源流にある山林や，漁業が行われる海域の近辺に骨をまくような事例がときに起こることから，現地の生活者がクレームの声をあげる場合があるのだ。そうした反対運動が訴訟問題に発展したり，あるいは2005年3月には北海道の長沼町で「散骨禁止条例」が可決されたりするなど，散骨の進展をめぐる状況は，骨を「まかれる」側との緊張感を常にともなうものとなっている。

　一方，散骨と同じく自然回帰を強調しながら，しかし，散骨のようなトラブル含みの葬法とは異なり安定的なかたちで展開しつつある「新しい墓」の一種に，**樹木葬**がある。これは，墓地として許可された里山の雑木林のなかに，骨壺から出した遺骨を埋め，そこに目印となる花木を植える葬法である。1999年11月に岩手県一関市の祥雲寺に初の「樹木葬」墓地が開設されたのを皮切りに，現在，全国各地につくられ大きな支持を集めている。その人気の理由は，「自然のなかに眠る」といった散骨と同様の自然志向をとりつつも，散骨とは異なり骨の場所が特定でき，また墓地としても正式に認められているので，利用者が

---

[2] 以下の「すすめる会」のHPを参照。http://www.shizensou.net/

第8章 変わりゆく葬儀・墓

写真8-2 「樹木葬」墓地（碧海撮影）

安心できるし，墓参りも可能なことにあるだろう。前節でみたように，現在も「墓に入りたくない」人は少数派なのであって，墓からの完全な「自由」を求める散骨よりも，樹木葬のように従来の葬法とも一定の連続性がある「新しい墓」の方が，今後さらに発展していく可能性は高いと思われる。

### 非継承墓と手元供養

　樹木葬とともに現在かなりの支持を集めつつあるのが，1990年代から次々と登場してきた，さまざまなタイプの**非継承墓**である。これは，個人が長期にわたり供養をしてもらえる共同墓に死後入ることを，生前から契約しておくというもので，子や孫といった継承者を前提としなくても利用できる。寺院や霊園が管理しているケースもあれば，死後のケアを請け負う市民団体が提供している場合もある。また，同じ非継承墓に契約をした者同士が，生前から血縁や地縁を超えた交流をし，絆を深めていくことがある，というのもこのタイプの墓にまつわる特徴的な現象である。かつてのような「家」の墓を継続していくのが難しくなった個人主体の時代に生きる人々のニーズにうまくこたえた墓のかたちであろう。

　また「家」の墓からの離脱，という動向に呼応した新しい慰霊・供養の文化としては，**手元供養**が近年とくに注目されている。これもやはり1990年代から，故人の遺骨を墓に埋葬せず，あるいは骨の一部を埋葬しないで，自宅に安置し

て供養・追慕するという習俗がみられるようになってきた。この新しい習俗が次第にバラエティ豊かに広がっていったことで，手元供養の文化として認知されるようになった。たとえば，遺骨を普通の骨壷に入れておくのではなく，美術性の高い器に納めたり，あるいは遺骨をパウダー状に粉砕してセラミックス製のプレートやペンダント，さらには高温処理してダイヤモンドに加工したりするなど，供養する側の趣味に応じてその形態は自由自在に創作されている。こうして，固定された位置から動かせず不便な墓にこだわるのではなく，どこにでも携帯できる遺骨を通して死者の存在を身近に感じ続けることで，配偶者をはじめ大切な人を亡くした人々は，その悲嘆や空虚感から解放され，前向きに生きていくための力を与えられるのだろう［井上 2006］。

## 家族葬と直葬

　上に紹介してきた「新しい葬儀・墓」は，これまで一般的には存在しなかった文字どおりの「新しい葬儀・墓」であったが，そうではなく，もともと存在してはいたのだが，社会におけるそれらの位置づけが大きく変わったために，あらためてその「新しさ」が意識されるようになった死者儀礼のかたちもある。その代表が，家族葬と直葬である。

　家族葬とは，故人とはあまり縁の深くない弔問者を排除し，近親者や本当に親しい友人だけで行う「小さなお葬式」である（会葬者は10名前後から40〜60名ほど）。これが現在，葬儀の主流のかたちになりつつある。言葉としては新しく，1990年代の後半から使われるようになり2000年代を通して定着してきたが，実質的にこれは，以前から「密葬」として行われてきた葬儀のやり方にほぼ等しい。1980年代までは，たくさんの縁者を呼ばずに世間から隠れて家族だけで行うような葬儀は，マイナーであり評判もあまりよくなく，ゆえに「密葬」というやや暗いニュアンスをともなう言葉で表現されていた。だが，前節でみたように，こうした小規模のシンプルな葬儀をむしろ高く評価する風潮が現在強まってきている。そのため家族葬という，「家族だけで親密に送る」といったような肯定的なイメージを喚起しやすい表現が，「密葬」にとってかわり，市民権を得てきたのである［碑文谷 2006］。

　他方，直葬とは，遺体を火葬にするだけで通夜・告別式などのセレモニーを

しない，非常に簡素な葬儀のかたちのことである。1990年代まではごくわずかであったが，2000年代に急増し，現在，都市部では葬儀全体の2～3割を占めるといわれている。この直葬にあたる葬儀は，これまで，生活困窮者やホームレスなど，ともすると葬儀の担い手がいないことも多い人々に対する福祉としてひそかに行われていた。だが，近年急増しつつあるのは，この簡素な葬儀のスタイルを，低価格でコストパフォーマンスに優れた「新しい葬儀」として選ぶ人たちである。前節でみたように，葬儀の費用は平均300万円台から200万円台へと，大幅に減りつつあるが，とはいえ，いまだ高額の負担を要することはかわりない。対して直葬は，請け負う業者にもよるが，だいたい約10～20万円と，10分の1以下の低価格である。葬儀はできるだけシンプルにすませたい，という最近のトレンドに加え，長期の景気停滞も影響して，この直葬もまた葬儀の1つの選択肢として，今後，定着していくことであろう。

## 5　死者・社会・仏教

### 消費財としての葬儀

　以上にみてきた変わりゆく葬儀・墓の内実を踏まえた上で，最後に，日本における死者と社会と宗教（仏教）の，今後の関係性について考えてみたい。
　『葬式は，要らない』というタイトルの新書本が2010年1月に発売された［島田2010］。同書は，そのインパクトの大きなタイトルも手伝い，ベストセラーとなって広く読まれ，葬式の必要・不必要に関する論争や葬儀に関する情報ブームを巻き起こした［塚田・碧海2011］。本の趣旨としては，日本の葬儀にかかる費用は諸外国に比べて高額過ぎ，「贅沢」であるから，これをやめてもっとリーズナブルな死者儀礼のかたちを創造すべき，というものである。葬祭業者や寺院・僧侶に多額の金銭を支払わなければ成り立たない今日の葬儀について，その消費財としての価値や意義を考えなおしていく必要を説いたのである。前節までに述べてきたように，現在では既存の葬儀や墓のあり方に疑問を感じる人は少なくないが，本書は，日本の葬儀のとくに価格面での難点を強調することで，そうした人々からの広範な支持を集めたのだと思われる。
　このように，葬儀を一種の消費財として評価する風潮が近年目立ってきたが，

これは，葬儀や墓など死者をめぐるモノゴトについて，生前から考える人が増えてきたことにも呼応した動きだろう。たとえば，最近では「エンディングノート」といって，生きているうちから自分の死後のモノゴトに関する方針，つまり，どのような葬儀・墓にしてほしいかや，遺品整理の希望，残された人への「別れの言葉」などをノートにあらかじめ書いておく風俗が流行してきている。自分の死後のことは自分で決め，遺族に依存しないことを尊ぶこうした社会状況において，自らの葬儀についてよく考えた結果，葬儀を宗教儀礼というよりは一種の「商品」「サービス」として扱い，その適切な価格を吟味する人があらわれてきたのだ。

## 「葬式仏教」のゆくえ

　そうした流れのなかで危機に瀕しているのが，仏教である。3節で確認したように，昨今の葬儀に関する意識調査をみる限り，仏式葬儀に対する支持は明らかに後退しているが，それも，個々人が生きているうちから自分の死後の問題について考える風潮が強まってきたことと無関係ではあるまい。大半の「葬式仏教」の寺院や僧侶は，これまでひたすら死者の魂のケアに専念してきたのだから，まだ死んだことのない人々がそのような「仏教」の必要性について真剣に考え始めれば，あまり肯定的な意見が出てこないのも当然である。自分たちは，なぜ，寺院や僧侶の活動を維持するために高額の出費を強いられるのか，納得のできる答えをみつけられない人が増えてくるのも避けがたい。

　もちろん，仏教の側もこうした現状を黙って見過ごしているわけではない。たとえば，2008年9月に発足した「寺ネット・サンガ」という宗派を超えた寺院・僧侶のネットワークは，現在の葬墓文化の改善や仏教儀礼の再建をめざして，葬儀・墓や布施（戒名）に関して悩んでいる人々に対する無料相談や，どこの寺院にも属していない人のために葬儀や供養の儀式を請け負うなどの活動を行っている。また，同ネットワークから派遣された僧侶が受けとった布施の半分は公益性の高い団体に寄付するなど，主に葬儀をめぐる改革運動から，仏教界の信頼回復をめざしている。

　あるいは，先の東日本大震災に際しては，通常の葬儀では弔う余裕もない無数の遺体を供養するために，少なからぬ僧侶が「読経ボランティア」に献身し，

好評を博した。戦後史上最大の犠牲者を出したこの震災後には，「葬儀」「慰霊」「供養」といった言葉がメディアで頻繁に用いられ，人々が死者との関わり方を強く反省させられる機会が多かったが，そうした雰囲気のなかで，死者の鎮魂の専門家である僧侶の存在感も大いに高まったといえる。このような現象をふまえて考えてみれば，社会意識の転換によりもはや時代の現実にそぐわなくなってきた「葬式仏教」も，現代人の感覚に即したスタイルで死者への向き合い方を改善していけば，新たなる活躍の場を見出すことができるのかもしれない。

2節でみたように，葬儀・墓の「伝統」は，歴史をさかのぼってみればそう長期にわたって持続されてきたものではなく，4節で紹介した「新しい葬儀・墓」の人気の高まりからも示唆されるように，死者の葬や慰霊のかたちとしては，むしろ一過性のものであったとも考えられる。他方，葬墓に深く関与する仏教＝「葬式仏教」という認識は，それらに比べればはるかに確かな歴史性を有する「伝統」だが，この「伝統」が今後維持されるか否かは，僧侶たちが今後どのように死者と向き合っていくのか，そしてその活動を人々がどう受けとめるのかにかかっているだろう。歴史のなかでほとんど常に変わり続けてきた葬儀と墓，そして宗教（仏教）はこれからどうなるのか。誰もがやがて死に，そして葬られるのだから，これは誰もが気にかけていくべき問題である。

◆さらに学びたい人のためのブックガイド

　日本における葬送をめぐる諸問題を考える際には，『日本人の死のかたち』（波平恵美子）が参考になる。同書では，おもに村落社会の伝統的な死者儀礼を紹介し，さらに国家による戦死者の処遇の仕方も取り上げて，日本人が「死者」をどう受け入れてきたのかを論じている。『死者のゆくえ』（佐藤弘夫）は，古代から近現代へと日本人の死者や他界をめぐる観念がどのように変容してきたのかを，具体的な資料によりながら分かりやすく示している。また，『民俗小事典 死と葬送』（新谷尚紀・関沢まゆみ編）は，日本における死や看取り，葬儀と墓，供養や霊魂観に関する幅広い事象の用語を解説している便利な事典である。

## 参考文献

碑文谷創 2006『新・お葬式の作法―遺族になるということ―』平凡社新書。
井上治代 2003『墓と家族の変容』岩波書店。
――― 2006「変貌する生者と死者の接点―葬儀・墓・仏壇のゆくえ―」中村生雄編『思想の身体 死の巻』春秋社, 155-188。
井上章一 1990『霊柩車の誕生 新版』朝日選書。
岩田重則 2006『「お墓」の誕生―死者祭祀の民俗誌―』岩波新書。
――― 2010「「葬式仏教」の形成」末木文美士編『新アジア仏教史 13 民衆仏教の定着』佼成出版社, 276-326。
孝本貢 2001『現代日本における先祖祭祀』御茶の水書房。
村上興匡 1990「大正期東京における葬送儀礼の変化と近代化」『宗教研究』284：37-61。
島田裕巳 2005『増補新版 戒名―なぜ死後に名前を変えるのか―』法藏館。
――― 2010『葬式は, 要らない』幻冬舎新書。
圭室文雄 1999『葬式と檀家』吉川弘文館。
塚田穂高・碧海寿広 2011「現代日本「宗教」情報の氾濫―新宗教・パワースポット・葬儀・仏像に関する情報ブームに注目して―」国際宗教研究所編『現代宗教 2011』秋山書店, 284-307。
山田慎也 2002「亡き人を想う―遺影の誕生―」国立歴史民俗博物館編『異界談義』角川書店, 33-47。
――― 2007『現代日本の死と葬儀―葬祭業の展開と死生観の変容―』東京大学出版会。

# コラム（2） 沖縄の宗教

新里　喜宣

## 沖縄社会とユタ

　日本民俗学の創始者・柳田国男（1875-1962）は，沖縄の民俗や宗教文化を日本文化の源流と位置づけた。この考え方に対して現在では多くの疑問が突きつけられているが，沖縄を見ることを通して日本の宗教文化を考え直すという意義自体は今でも有効だろう。たとえば「門中（もんちゅう）」という親族組織に注目することで，イエに代表される日本の親族組織やその先祖祭祀を再考することが可能となる。また，後述する「聖地の観光化」という問題は，日本の各地域にも共通する話題である（→第6章）。このコラムでは以上のことを意識しつつも，沖縄社会に特徴的なユタという宗教者に注目し，ユタを中心に巻き起こった社会問題から出発して沖縄の宗教について考えてみよう。

　ユタとは，自分ではどうにもできない困難を抱えている人に対して，超自然的な能力をもとにその解決策を導き出すシャーマンである。人々とユタとの関係は実に多様だが，基本的には身内に何か良くないことが起こった場合にユタが求められる傾向がある。特に家族や親族の死後49日以内に，その霊魂をあの世に送り出す儀礼を依頼するのがもっとも一般的だ。また，身内の人間が病気にかかった場合や，何か不吉な出来事が起こった際にもユタを訪れることが多い。そして，1年の運勢判断や，新しく家や墓をたてる際の吉凶判断，事業や学業などが成功するかどうかの判断を依頼することもある。ユタはこれらの依頼を受けると，自己の守護神を通して依頼者の先祖や守護神と交流し，悩みへの対応策や事の可否を下すのである。

　ユタは県庁所在地である那覇市など都市に集中する傾向があるが，だいたい

1つの村や町に少なくとも数人のユタがいると見て良いだろう。上述したようにユタへの依頼内容はさまざまであるため，ユタの側も分業体制を敷いて人々の依頼にこたえている。死者の口寄せが得意なユタもいれば，家相占いを専門とするユタもいる。人々は口コミや評判を参考に，自分の相談内容に応じてどのユタに相談するかを決める。

　ここで重要なのは，ユタと依頼者との関係は個人的なものであり，依頼者が自発的に求めることでユタの生業は成り立っているという点だ。たとえば病気の判断に関していえば，沖縄には「医者半分，ユタ半分」という諺がある。これは医者に頼ることも大事だが，時にはユタも必要だということを意味する。この諺は，人々の生活にユタがいかに深く根を張ってきたかを端的に示しており，ユタを中心とした民俗的な宗教観を必要とする沖縄社会の特徴をよくあらわしている。

## トートーメー問題

　本土とは異なり仏教と土着信仰が融合的に存在する沖縄社会とユタの関係を考える上で，「トートーメー問題」は多くの示唆を与えてくれる。トートーメーとは「位牌」を意味する沖縄方言である。そしてトートーメー問題とは，地元の新聞紙である『琉球新報』が1980年1月1日付の紙面で企画した「うちなー，女・男」という連載記事が発端となり，沖縄全土を巻き込んで展開された社会問題である。

　この記事は当初，門中における女性の苦しい立場を主なテーマとして取り上げた。本土のイエとは異なり，沖縄の人々は父方の血縁に沿って組織される門中という血縁集団に属することが多いが，父系に沿って先祖の位牌を継ぐことは，女性軽視につながる傾向がある。特に既婚女性は親族から男子を生むことを強く求められ，無理な妊娠を繰り返し，精神的・身体的につらい境遇に置かれてきた。また，基本的に女性は財産や位牌を継承できない決まりになっているため，女子しかいない家は，父の兄弟の息子を養子にもらわなくてはならず，実子に何も譲ってやれないケースもあった。こういった苦悩が新聞紙上で活発に取り上げられ，家族や親族のあり方，女性の人権などについて熱い議論が交わされることになったのである。

コラム（2）　沖縄の宗教

写真1　沖縄の仏壇（新里撮影）
上段中央に供えられているのがトートーメー。

　だが，この連載記事は後半期になると，次第に「シジタダシ」に焦点を当てたユタ批判へとシフトしていった。シジタダシのシジは「筋」，タダシは「正す」を意味する。たとえば，ある人が体調を崩しがちになったとする。その際，門中の女性たちは，病気が快復しないのは先祖と何か関係があるのではないかと考え，そろってユタの元を訪れる。ユタの方も自身の能力にしたがい事の原因を判断するわけだが，多くの場合，父系に沿って位牌を継承していないから先祖が怒り／苦しみ，その影響が「筋」として門中のメンバーに降りかかっていると説明する。そして，位牌の継承，すなわち「筋」を「正す」ように強く求めるのである。連載後半においてはこのシジタダシが議論の焦点となり，トートーメー問題のそもそもの元凶はシジタダシを行うユタにあるとする批判が繰り広げられた。
　近代化以前，もともと琉球王国という国家を形成していた沖縄は，明治維新後，日本に併合され，第二次大戦後はアメリカに統治されることになった。そして，1972年に日本本土復帰を果たすのだが，復帰以前はかなり伝統的な要素が残っていたとされる。しかし，復帰後，本土の制度や思考様式を積極的に受け入れるなかで，伝統的な制度や思考との軋轢が生じた。これがトートーメー問題の発端となり，ユタのような古くから存在する宗教者も社会から問題視される事態となったのである。

コラム（2）　沖縄の宗教

## トートーメー問題以後の宗教

　トートーメー問題は沖縄の宗教に対して大きな波紋を投じた。そして，それに呼応するかのように，宗教の側もシジタダシを意識した変化を見せ始めた。沖縄では復帰以前から本土の新宗教が一定の信者数を獲得していたが，トートーメー問題が起こった1980年代以降，新しいタイプの新宗教が登場した。その1つが龍泉（いじゅん）と呼ばれる教団である。この教団の教義上の特徴は，沖縄の民俗宗教を大枠では認めながらも，トートーメー問題で顕在化した限界を克服した点にある。龍泉では位牌を通して先祖をあがめること自体は否定しない。しかし，先祖の祟りは強く否定し，個々人に降りかかる苦難はその人の心が不安定で悟りに達していないためだと説いた。龍泉の躍進には，トートーメー問題で疑問視された伝統的な災因論を否定する教義を打ち出したことが関わっていた。

　また，ユタの側も，トートーメー問題で批判の対象になったことを克服しながら，新たな展開を遂げている。特に注目に値するのは，もはやユタとは呼べない全く新しいタイプの宗教者が現れ始めていることだ。近年，スピリチュアル・ブームの影響を受け（→第5章），沖縄を「自然と共生する文化」が残っている地として称賛する論調が高まっている。そして，その体現者としてユタについても積極的に評価しようとする言説が目立つ。これに対応して，ニューエイジ的な思想を受容し，自らをユタとは名乗るものの，シジタダシなど伝統的な宗教観は全く見いだせない宗教者も現れ始めている。これらは復帰後の沖縄社会の変化とユタの現代的な諸相を物語る一例であり，今後もこうしたタイプのユタが増えるものと予想される。

## 仏教の普及

　沖縄では元来，檀家制度は存在しなかった。そのため，家と仏教が密接な関係を結ぶことはなく，相対的に仏教の影響は少なかった。以前は，身内の人間や地域の人々が助け合って葬儀を行い，ユタを呼び故人の魂を慰撫する儀礼も行われていた。だが現在，沖縄では急速に本土からの伝統仏教が勢力を伸ばしている。その背景にはユタに対する不信感も関わっているようだ。ユタに葬儀の執行を依頼すると，先祖に対する拝みが足りていないため今後良くないこと

コラム (2) 沖縄の宗教

が起こると言われ，余計に手間と費用がかかる場合がある。人々が葬儀において仏教を選択するようになったことには，こうした要因も働いている。

　他方で，仏教の普及には沖縄社会の現代的な状況も関わっている。宗教学者の鷲見定信は，県外に働きに出た人々が仏教と触れ，それを沖縄に持ち帰ることによる「人的レベルでの交流」，復帰後，沖縄に行きやすくなったことで仏教寺院や葬祭業者が活発に沖縄に進出を始めたことによる「資本レベルでの交流」，そして，インターネットの普及による情報の交換という「情報レベルでの交流」の３点を挙げ，仏教が沖縄に根付き始める上ではこれらが複合的に関わっているとする。

　鷲見の報告を参考に寺院の増加を数値の面でも見てみよう。1972 年，沖縄の寺院数は 30 カ寺であったが，2004 年には 58 カ寺に増加した。ただ，宗教法人格を持たずに活動している寺院も多く（→コラム (1))，実際は 100 カ寺を越えていると推測される。また僧侶数は，1972 年には 80 人であったのに対し，2004 年には 465 人と 6 倍近く増えており，沖縄における仏教の普及は今後ますます加速するものと考えられる。

　しかし，ここで問題となるのは，伝統的な信仰との兼ね合いであろう。沖縄では，いまでも伝統的な葬儀を重視する層が存在し，「新しい葬儀」としての仏教式葬儀になじめないという意見もある。寺院側も，ユタのような地元の宗教者が関与する民俗的な葬儀や信仰のあり方と，どう折り合いを付ければ良いのかという点を課題として認識しており，沖縄の信仰に配慮した仏教のかたちが模索されている。

### 観光化と新たな課題

　旧来の信仰との軋轢に関連付けて述べるならば，観光化の問題も見逃せない。近年，インターネットの普及やスピリチュアル・ブームの影響により，沖縄の聖地を巡るツアーが人気を博している。これには，スピリチュアル・ブームの影響を受けたユタが積極的に関与している面も見出される。ここで聖地とされるのは，御嶽と呼ばれる，自然の中にひっそりと佇み，古くから地元の住民やユタのような宗教者が信仰の対象としてきた場所である。特に有名なのは 2000 年に世界遺産に登録された斎場御嶽である。御嶽は，もともと地元住民し

コラム（2） 沖縄の宗教

写真2　斎場御嶽（南城市，新里撮影）

か入れない聖地であったが，その地が観光化されることにより，新たな課題が登場してきている。主な問題としては信仰と経済をいかに両立させるか，という点が挙げられよう。地元の人間としては，経済的な助けになるので観光化するメリットは大きい。しかし，その土地を守り伝えてきた住民やユタのような宗教者にとっては，自然そのままの姿であって初めて信仰の対象となる。このように観光化にはデメリットもあり，聖地の変化に対する困惑の声も聞こえてくる。

　おそらく，聖地の観光化は今後さらに進むであろう。そして，この現象は沖縄の宗教を変化させる可能性もはらんでいる。聖地の観光化は必ずしも伝統的な信仰の形態が崩れることを意味するのではなく，聖地を訪れる人々と彼らを迎える人々との双方向的な作用のなかで，新たな宗教のあり方が模索される契機にもなりうる（→第6章）。事実，前述したようにスピリチュアル・ブームの興隆により新たなタイプのユタが登場したことを踏まえると，今度はそのユタたちが，御嶽を訪れる人々との相互作用のなかで新たな宗教のかたちを生み出していくこともあるかもしれない。沖縄社会と宗教のこれからの展開を考える上で，引き続き注目していきたい現象である。

175

コラム (2) 沖縄の宗教

## 参考文献

池上良正 1999『民間巫者信仰の研究―宗教学の視点から―』未来社。
門田岳久 2008「『信仰』の価値―聖地の遺産化と審美の基準をめぐる力学―」『文化人類学』73(2):241-253。
島村恭則 1995「沖縄における民俗宗教と新宗教―『龍泉』の事例から―」『日本民俗学』204:1-37。
新里喜宣 2009「沖縄のユタの宗教観における現代的変容」『文化／批評』創刊号:229-244。
琉球新報社編 1980『トートーメー考―女が継いでなぜ悪い―』琉球新報社。
鷲見定信（研究代表者）2007『沖縄における死者慣行の変容と「本土化」―那覇市周辺地域における実態調査―』平成16～18年度科学研究費補助金基盤研究(C)(2)研究成果報告書。

# 第9章　生命倫理学とスピリチュアルケア
## ——死生の臨床と宗教

山本　佳世子

生と死は，人間の宗教的な関心が立ち現われてくる局面である。近年の医療技術の急速な進歩は，人々の死生への関わり方と眼差しに変化をもたらすこととなった。本章では現代の生と死の現場（死生の臨床）におけるさまざまな問題と，それらに対する宗教界の対応について解説する。

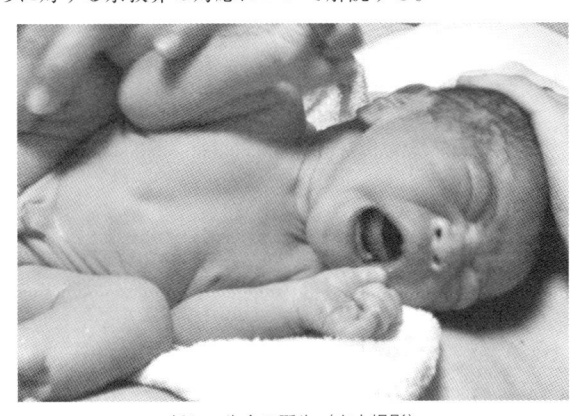

新しい生命の誕生（山本撮影）

第 9 章　生命倫理学とスピリチュアルケア

## 1　はじめに

　本章では，人々の死生に密接にかかわってきたはずの宗教が，現代社会における「死生の臨床」——死に直面し，死とは何か，生きるとは何か，ひいてはいのちとは何かを問われるような場——にどのように関わっているのかを検討する。
　たとえば，朝，元気に家を出ていった家族が，交通事故に遭い，あるいはくも膜下出血を起こし，次に会った時には脳死状態になっていたとき。たとえば，妊娠をし，幸せの絶頂にいるときに，胎児に異常が見つかったとき。多くの人は，混乱し，悲嘆し，苦悩する中で，しかし，選択を迫られる。脳死・臓器移植をするかどうか，人工妊娠中絶（以下，中絶）をするかどうか，等々。このような生命倫理と呼ばれる死生をめぐる倫理的問題は，人々に死生観を問いかける。そのような状況において，宗教はどのような役割を果たしているのだろうか。
　また，たとえば，愛する家族に，あるいは自身にがんが見つかり，治療を続けながらも徐々に状態が悪化し，とうとう末期だと告げられたとき。そして大切なその人を喪ったとき。どのようにその現実を受け止め，それでも生き続けるのであろうか。このような死の臨床においては，古来より，宗教が大きな役割を果たしてきたわけであるが，今日の日本において，人が死に直面する場面において，宗教はどのような力を持っているのであろうか。

## 2　生命倫理学と宗教

### 生命倫理学の成立と神学

　生命倫理学とは，『生命倫理百科事典』［ポスト 2007（2004）］によると，「学際的状況においてさまざまな倫理学的方法論を用いて行う，生命科学と保健医療の道徳的諸次元——道徳的展望，意思決定，行為，政策を含む——に関する体系的研究」であると定義される。具体的には，脳死・臓器移植，中絶，安楽死・尊厳死，代理母などの生殖補助医療，クローン技術や ES 細胞・iPS 細胞などの

再生医療といった倫理的課題を含む生命科学と保健医療の問題が挙げられる。

　生命倫理学は1970年代にアメリカで誕生するが、その背景として、次の3点が挙げられる。まず、1960年代から盛んになった公民権運動やウーマンリブ運動などの社会運動と連動する形で、患者の権利運動が起こる。治療の方針や方法を決めるのは、医師ではなく、患者自身の人生観や宗教観に基づいて、患者が自ら、治療方針や方法を選択しようとするものである。次に、1970年前後に、非人道的な人体実験の告発が相次ぎ[1]、アメリカ社会に大きな衝撃を与えた。こうした告発によって、人体実験をめぐる制度が確立される。さらに3つ目の背景として、医療技術の飛躍的な進展が、生命倫理を生み出したとする見方もある。主にこれら3つの背景が、互いに関連しながら生命倫理学は誕生したと考えられている。

　この生命倫理学の成立期においては、キリスト教神学者や神学関係者の活躍が目立つ。キリスト教を基盤とした社会において、ルールや倫理を論じる際に、それがキリスト教的なものになるのは当然であろう。キリスト教が生命倫理学の誕生に関わってくるのは、1962年から1965年にキリスト教の「現代化」をテーマに開かれた第二バチカン公会議[2]の影響が大きい。公会議によってカトリックは広く世界に開かれたものとなっていく。特にアメリカでは教会の世俗化の要求が高まっており、この「現代化」という方向は歓迎される。

　しかし、結局、生命倫理学に対する神学そのものの影響は薄く、むしろキリスト教を脱する方向で進んでいく。その背景に、第二バチカン公会議に対し、保守的・伝統墨守に傾く人々があった。公会議を主導した教皇パウロ6世自身がその1人であり、パウロ6世は公会議後の1968年に回勅「フマネ・ヴィテ」を出し、一切の避妊を認めない保守的な見解を表明する。こうした保守派路線はその後の教皇庁の大勢を占めていく。アメリカのカトリック系雑誌の編集者

---

1) 1972年に発覚したアラバマ州タスキギー梅毒実験は有名である。これは1932年から40年近くにわたって、黒人の梅毒患者を自然観察しつづけるというもので、梅毒に対する特効薬が開発されたのちも、それを投与して治療することをせずに、本人たちには何も知らせないまま、観察が続けられた。

2) 1962-65年に教皇ヨハネス23世によって招集された第21回目のローマ・カトリック教会の公会議。現代世界に開かれた教会刷新を目指し、16の文書を制定した。今日のカトリック教会のあり方に多大な影響を与えている。

であったダニエル・キャラハンは，カトリック教会の保守的志向に失望して1969年にヘイスティングスセンターを設立し，非宗教的な生命倫理学を構築していくこととなる。

その後の生命倫理学は，特定の宗教の原理や信念に拠らない議論が求められ，生命倫理学の担い手は神学者から哲学者に変わっていった。特に中絶などをめぐっては，宗教的保守派とリベラル派の対立もあったが，アメリカの生命倫理学の主流はリベラル派によって形成されていく。その中心は，ヘイスティングスセンターと1971年に設立されたジョージタウン大学ケネディ倫理研究所の研究者である。保守派の主張するように，それぞれの教会原則・ガイドラインを守ることはそのまま信仰の証となり，同じ価値観を共有するコミュニティにおいては有効な規範となる。しかし，特定のコミュニティではなく，多元的な価値観の共存する社会にふさわしい一般的な生命倫理学としては，個人の自己決定を尊重する世俗的な生命倫理学が求められたのである。

## 生命倫理学の日本への導入

日本に輸入された生命倫理学は，以上のように，世俗化された，自己決定に基づく生命倫理学であった。それはアメリカのさまざまな文化的・社会的背景をもって成立・展開された結果としての生命倫理学であったが，日本においては異なる文化的・社会的背景を持つにもかかわらず，先端医療の登場によって倫理的判断を迫られる場面が登場し，そのまま輸入されることとなったのである。

1980年代以降，倫理学者の加藤尚武や飯田亘之を中心に，欧米の文献に即した形で日本でも生命倫理学の議論がなされるようになったが［加藤・飯田1988］，それは海外の文献ばかりに依拠し，日本の文化的・社会的価値を問う形での学問的営みを根づかせる努力がなされていないと指摘される［土屋1998］。生命倫理という語が本格的に日本で用いられるようになるのは，1985年以降である。同年に脳死臓器移植の立法化の検討が始まり，マスコミなどで生命倫理という語が一般的にも用いられるようになった。

アメリカでは，生命倫理政策を決定する過程において，哲学を背景にした生命倫理学が社会的価値観を提示し，一定の役割を果たしてきた。しかし日本に

おいては，宗教や哲学などを通じて価値を問うことを放棄した形で，生命倫理政策がすすめられた。それが端的に表れているのが，厚生省の「生命と倫理に関する懇談会」での日本科学哲学会会長の沢田允茂の次のような発言である。

> もし価値観の多様性を認めるのならば，これはある意味では，やりたくない人はやらなければいい。しかし，やる以上は安全性はどうしても確保しなければいけない。安全性というところに絞って，あとの価値観は人によって違ってもいい［厚生省健康政策局医事課1985］。

つまり「先端医療導入における安全性と倫理・価値観の問題を分離する」こととなったのである。当時日本の生命倫理学者の多くは，脳死・臓器移植論争の政策調整現場に参加できていなかった。たとえば，1990年に設置された「臨時脳死及び臓器移植調査会（以下，脳死臨調）」の委員，参与のほとんどが医師と法学者であった。そこでは「科学がどのように社会的責任を負うか」が問われるばかりで，「社会がどのように科学を受容するか」という生命倫理学，価値観の問題が，政策決定の過程に反映されることはなかったのである。

## 日本の宗教界と生命倫理学

　日本の諸宗教も，1980年代後半より，脳死・臓器移植が社会的な関心を集める中で，生命倫理に関する議論を展開する。浄土宗，浄土真宗本願寺派，真宗大谷派，天台宗などの仏教各派や大本，立正佼成会などの新宗教は，教団付置研究所内に生命倫理に関する研究グループを立ち上げて議論を重ねたり，生命倫理に関する政策が発表されるごとに声明――その多くは慎重論である――を発表したりしている。しかし，特に仏教各派については，教団内でも統一した見解を出すことができずにおり，声明などを発表するものは少ない[3]。
　こうした事態について，日本仏教が現実の事柄の是非を判断することよりも，是非を明確に決められない事柄にそれでも向き合わなければならないという「苦」とどう対するかを問題とする傾向があったためとの指摘もある[4]［鍋島

---

3) たとえば脳死・臓器移植問題について，正式な声明を発表しているのは伝統仏教諸派の中では真宗大谷派だけである。

2007〕。キリスト教では，生命倫理に関する規範を聖書などから導き出すという方法論があるが，少なくとも日本仏教はそのような方法論を取ってこなかった。是非を示そうとすると，それぞれが自分の主張に合わせて仏典から引用するという状況が起こり，同じ仏典を論拠としながらも論者によっては全く反対の立場をとることさえある。結局，仏教を代表とする日本の宗教界は，生命倫理における諸問題に対し，明確な判断や基準を示すことができずにいる。

そのため，宗教界の動向が政策決定の場面に影響を与えることはほとんどない。多元社会においては価値観に関する議論は不問に付すべきとされ，政府の委員は医師と法学者で占められ，宗教者や宗教学者・倫理学者をはじめとした人文系の研究者はほとんどいない。日本で生命倫理の問題として取り上げられたものは，医療の現場の問題としてであり，社会的・文化的価値を問う問題にはならなかった。

## 3　生命倫理の諸問題

具体的に，日本で関心を集めた生命倫理の諸問題として，脳死・臓器移植，生殖補助医療と中絶，再生医療とヒト胚研究を挙げ，その議論を報告する。

### 脳死・臓器移植

日本で初めて脳死者からの心臓移植が行われた1968年の「和田心臓移植」[5]以降，日本では脳死・臓器移植の実施は困難な状態が続いていた。それが1980年代に入り，世界でも類を見ない，国民的議論に発展する。

脳死臨調，国会での議論を経て，1997年に「臓器の移植に関する法律」が成立する。その特徴として，臓器移植を前提とした脳死判定の実施は，本人の同意および家族の同意がなければ実施できないとし，本人の意思表示は15歳以上にのみ有効とされ，諸外国と比べ，厳しい要件となった。これにともない，

---

4) たとえば中絶問題については，後述するように，中絶の是非を判断することなく，水子供養によって，中絶によって苦しむ女性のケアを行ってきた。
5) 札幌医科大学の和田寿郎医師によって行われた。脳死判定の不十分さや，診断記録や摘出されたレシピエントの心臓がきちんと保存されていなかった点などが社会問題となり，医療不信を招いた。

第 9 章　生命倫理学とスピリチュアルケア

写真 9-1　臓器提供意思表示カード（ドナーカード）

　自身の意志を示す臓器提供意思表示カード（ドナーカード）が各地の病院や市役所，郵便局，コンビニなどにも置かれるようになった。
　しかし，脳死・臓器移植の実施件数の少なさにより，2009 年に法改正がなされ，年齢にかかわらず，本人の意思が不明であっても家族が同意している場合には実施できることとなった。家族が突然脳死状態になった時，臓器移植をするかどうかの決断を求められるようになったのである。
　脳死・臓器移植を巡る主要な論点としては，①脳死判定の医学的妥当性，②脳死・臓器移植への社会的合意，③死の自己決定が挙げられる。
　脳死判定の医学的妥当性については採用されている基準が妥当かどうか，当初より論争があったが，2009 年の法改正に当たって，15 歳未満の者からの脳死下での臓器移植も可能となり，特に小児の脳死判定基準が問題となった。小児は脳の蘇生力が高く，また脳死状態でも長期間心停止とならない長期脳死の例も多く，医療現場からも脳死判定は困難との声もある。
　脳死・臓器移植への「社会的合意」といった際に問題になったのが，死の定義の問題である。心臓死に加えて，脳死を死の基準の 1 つに加えるかどうかが問われた。脳死を人の死とすることについては，その背後に「身体は機械」と見る身体観がうかがえる。しかし脳死を人の死とすることへの抵抗感として，単なる物体としての「死体」と，故人が家族に残した身体であり，丁重な扱いを求める「遺体」を区別し，遺体を傷つけることを嫌う日本人の身体観[6]［波平 1988］や，脳死者の身体はまだ温かく，見かけ上は生きているのではないかと思える「見えない死」であるために受け入れがたい家族の立場［中島 1990］が指摘されている。

183

第9章　生命倫理学とスピリチュアルケア

「脳死は人の死である」と認める人だけが認められれば良いとする「死の自己決定権」の概念は，脳死・臓器移植への社会的合意が得られない事に対する妥協案として登場する。しかし，すべてを選択の自由に還元することは，「社会がいかに科学を受容するか」という生命倫理学の議論を回避させることにつながってしまったのである。

## 生殖補助医療と中絶
### (1) 生殖補助医療

妊娠を望む不妊の夫婦にとって有力な選択肢の1つとなっているのが，男性から精子を採取し，人工的に女性に注入する人工授精である。日本では1949年に非配偶者間人工授精による妊娠・出産が初めて報告された。また，精子と卵を取りだし受精させる体外受精による妊娠・出産は，1978年に初めてイギリスで成功する。日本では1983年に第一例が報告され，その後全国的に普及した。体外受精や人工授精といった技術を用いて，第三者の女性に妊娠・出産させることを代理出産というが，日本では，複数の母の存在は，子どもの福祉に好ましくないとされ，原則禁止されている。しかし，代理出産が認められている国——米英伊韓印など——へ行って，代理出産を利用する例が後を絶たない。これまでにも戸籍や国籍の問題で訴訟となるケースも出てきている[7]。

これらの生殖補助医療に関する議論には，①誰が親であるのか，子を持つ権利はあるのか，②費用の高さや成功率の低さ，③IQの高さや身体的特徴などの属性に基づく選択はどこまで許されるのか，といった争点がある。

代理出産の場合，依頼者の卵を用いる「借り腹」，代理母の卵を用いる「サロゲートマザー」などがあり，複数の親が存在することになる。結果，戸籍や国

---

6)「死体」と「遺体」の区別について，ニュースなどでも，「身元不明の死体が見つかった」とする報道が，身元が判明すると「遺体」と呼び変えていることからもうかがえる。遺体に対する丁重な扱いは，映画『おくりびと』(2008年公開) が記憶に新しい。一方で，事故などで遺体の一部が見つからないと，「足がないと三途の川が渡れない」「右手がないとあの世でご飯が食べられない」などといい，遺体の一部を懸命に探す姿が見られ，遺体は五体満足である事が望まれていることがうかがえる。

7) タレントの向井亜紀がアメリカで代理出産を利用したことは有名である。戸籍上の扱いについて，養子ではなく実子とする出生届の受理を求めて提訴したが，敗訴となった (2007年3月23日，最高裁)。

籍の問題だけでない「家族」概念の変化を迫られ，子どもの出自を知る権利や，アイデンティティが問題となる。また，生殖補助医療の進展は，子を持つことは権利なのか，不妊は悪なのか，といった問題をも提起する。生殖補助医療には高額な費用——体外受精は1回につき30万円程度——がかかるうえに成功率が低く——20〜40％と言われるが，年齢に大きく依存する——利用者は心身ともに疲弊していく例も多い。子どもが欲しいという欲求は，どこまで医療技術によって実現させてよいものなのか。子どもを持つことへの社会的圧力や，女性が子どもを産むための「機械」として利用される可能性もある。金銭的な報酬をともなう代理出産も国によっては認められており，貧富の格差による人体の搾取も問題となっている。

(2) 中絶

中絶は，アメリカでは大統領選の争点になるほどの大議論となる。「人を殺してはならない」とするキリスト教においては，「胎児はいつから人になるのか」が大きな問題となる。カトリックに代表されるプロライフは，人間の生命は受精の瞬間に始まり，胎児はその瞬間から人であり，生きる権利を有するとし，中絶は殺人であると主張する。それに対し，プロチョイスは胎児は人でないと主張する——その代表がパーソン論[8]である。また，胎児に生存権を認めたとしても，中絶は女性の権利であるとする主張もある。

一方，日本では中絶それ自体は大きな議論となることはない。日本では，①身体的理由，②経済的理由，③性的暴行などによる妊娠において，妊娠22週未満（母体外生存可能性）での中絶が母体保護法によって認められている。中絶に対する日本独自の在り方として，中絶あるいは死産した胎児の供養を行う「水子供養」という風習がある。江戸時代に始まった風習だが，1970年代に，中絶の合法化（1948年優生保護法）や中絶件数の増加，さらには中絶が女性の権利とする言説が登場する中でブームとなり，子を産めなかった／産まなかった女性の精神的ケアが強調された。そこでは胎児そのものの生命の尊重というよりも，

---

8) パーソン論とは，「パーソン（人格）とは何か，パーソンに含まれるのは何か」という問題を巡る議論で，生物学的な意味でのヒトと，理性を持った自己意識的存在であるパーソンとを区別し，生存権が認められるのはパーソンだけであると主張する。この立場からは，中絶や新生児の安楽死も正当化される。

子を産めなかった／産まなかった女性の在り方への関心が強いことが特徴的である［ラフルーア 2006(1994)］。

**(3) 出生前診断と選択的中絶**

また，医療技術の進展にともない，新しい形の中絶が問題となっている。現在，母体内にある胎児の段階で，生まれてくる子どもの健康状態，障害や遺伝病の有無などを調べる出生前診断——羊水検査,超音波検査,母体血清マーカー検査など——が可能となった。これは体内治療や分娩方法の決定，出生後のケアの準備などのために行われる技術とされる。しかし診断の結果，胎児に障害が見つかった場合に中絶を行うことも多く，これを選択的中絶と呼ぶ。日本では優生保護法で病気や障害がある場合に中絶を認める「胎児条項」があったが，1996年に母体保護法に改正され，廃止された。そのため，現在では胎児の障害を理由にした中絶は認められていないが，実際には「経済的理由」等として行われていると考えられる。

日本では，羊水検査などの出生前診断は，両親のいずれかが染色体異常保因者，染色体異常児出産の既往，あるいは高齢出産（35歳以上）などの夫婦から希望があった場合に，検査に関するインフォームド・コンセント（十分な説明を受けた上での同意）を得られた後に行われる。もし異常が見つかった場合は，その後の方針を自己決定しなければならない。

選択的中絶を巡っては，倫理的な問題として，反対派は，胎児段階での情報は，診断名がわかってもその重症度がわからないなど限られたものに過ぎず，子どもの幸不幸を胎児段階で決めることはできないとし，先天異常を持つ胎児の生存権を奪い，障害者差別や人権侵害につながるとする。一方で容認派は，中絶は女性の権利であるために胎児情報を入手することも権利であるとし，自由な選択が尊重されれば，それは過去の強制された優生思想とは異なるとする。また，選択的中絶と障害者差別は別問題であり，健康に生まれることは生まれてくる子の権利であるとの見解もある。日本においても，出生前診断についての説明がなかったために出生前診断を行わず，ダウン症児が産まれたとして裁判になったケースもある[9]。

さらに，最近では，遺伝子診断の進歩により，体外受精によってできた受精卵を子宮に着床させる前に遺伝子診断を行う着床前診断も可能になった。出生

前診断はその結果によっては中絶がなされるが、中絶が妊婦に与える精神的・身体的ストレスは大きく、着床前診断は中絶を回避できるとして注目される。日本での着床前診断については、日本産科婦人科学会が重篤な遺伝性疾患および染色体異常に起因すると考えられる習慣流産に限って認め、症例ごとに審議するという厳しい自主規制を行っている。受精卵、つまりは胚を「生命の萌芽」として尊重する立場から、胚の操作に慎重な態度を取っている。中絶がほとんど議論されないままに行われていることと、対照的である。

　以上のような生殖補助医療や遺伝子診断に対し、日本では法的な規制がなく、日本産科婦人科学会の会告という形の自主規制のみとなる。自主規制には、罰則規制などの実行力による限界が指摘されると同時に、内容面からも限界が指摘される。すなわち、会告の多くは科学的側面による安全性の確保が重視され、生命倫理学的な議論は不十分であると言わざるを得ない。たとえば1983年「体外受精・胚移植」に関する解説には、「受精卵の取り扱いは生命倫理の基本にもとづき、これを慎重に取り扱う」［日本産科婦人科学会1983］などとされるが、どのような思想が背景にあるのかは不明瞭である。

　自主規制とは、科学が社会に対してどのように責任を持つかを示すものであり、価値観に関する議論は欠如してしまっているのである。

### 再生医療とヒト胚研究

　1996年にイギリスでクローン羊ドリーが誕生する。クローン技術とは、まったく同一の遺伝子を持つ生物個体を作る技術であり、ドリーは世界初の哺乳類におけるクローン作成例である。また、クローン技術には、どの組織・臓器にも分化する万能／多能性のES細胞の利用によって、拒絶反応を生じない臓器などを作ることを意図する技術もある。ES細胞は1998年にはじめてアメリカで樹立され、難病治療や臓器移植への応用といった、再生医療において期待されている。

---

9)「妊婦からの相談や申し出がない場合、産婦人科医師が積極的に染色体異常児出産の危険率や羊水検査について説明すべき法的義務があるとは認められない。妊婦からの申し出があった場合でも、産婦人科医師には検査の実施などをすべき法的義務があるなどと早計に断言できない」として、医師に過失はないとの判例（1997年1月24日、京都地裁）が出ている。

## 第9章 生命倫理学とスピリチュアルケア

　ドリーの誕生は，人クローンの誕生も技術的には不可能でないことを示し，各国で人クローン研究の規制がなされた。日本においても，2000年には「ヒトに関するクローン技術等の規制に関する法律」が公布され，人クローンの作製を禁じている。その理由として，人間の育種や人間の手段化・道具化と，人権の侵害による人間の尊厳の損害，人間の生殖に関する基本的認識を大きく犯し，家族秩序の混乱を招くことが挙げられている。

　また，ES細胞は将来人に生育する受精卵（ヒト胚）を破壊することで作製されるため，倫理的に問題となっている。日本においては，ヒト胚の利用について，1990年代以降，政府の諮問機関が相次いで誕生し，総合科学技術会議生命倫理専門調査会での議論を基に2001年には「ヒトES細胞の樹立及び使用に関する指針」が策定された。これにより，体外受精の際に子宮に戻されずに廃棄されることになる余剰胚などからES細胞などの胚性細胞を作製することが認められることとなった。さらに，2004年に報告書「ヒト胚の取り扱いに関する基本的考え方」が発表され，ヒト受精胚の研究目的での作成及び人クローン胚の研究目的での作成を容認することとなる。

　この報告書については，調査会において推進派と慎重派の委員で激しい議論がなされたが，推進派によって強引にまとめられた経緯を委員の1人であった宗教学者の島薗進は，「生命科学と先端医療の推進を切望する医学界や産業会や官界の意思が〔中略〕民主的な手順を無視した強引な手法をとらせた」と報告している〔島薗2006〕。メンバーは次第に医療関係者や実業界関係者が主体を占めるようになり，哲学的・文化的・社会的な観点が反映されにくい体制になったという。

　結局，この報告書では，科学的安全基準が社会的妥当性を持ち，新たな治療法によって恩恵を受ける人々が幸福になることが倫理的であるように示される。脳死・臓器移植や生殖補助医療の議論と同様に，あるいはそれ以上に，文化的・社会的価値観に基づいて科学技術を規制する議論が排除され，ますます規制緩和の方向で進んでいる。ここに日本の生命倫理学の議論の特殊性が現れている。

　さらに最近ではiPS細胞研究が話題を集めている。2006年に京都大学の山中伸弥教授によって世界ではじめて作られたもので，体細胞から万能細胞を作ることが可能となり，ES細胞のように受精卵を用いないことから，倫理的問

題をクリアしたとされる。しかし本当にそうなのだろうか。iPS 細胞の開発によって，たとえば女性から精子を，男性から卵子を作ることや人クローン作成も可能になるかもしれない。決して倫理的問題がなくなったわけではないにもかかわらず，倫理的問題に関する議論がこれまで以上に軽視されてしまっている。

## 4 スピリチュアルケアと宗教

### 臨床牧会教育の成立と神学

　死生の臨床と宗教の関係を考えるとき，生命倫理学の議論に加え，病や死といった人生の危機に直面した際の対応が挙げられる。人は人生の危機において，「なぜ私が」「死んだらどうなるのか」「人生の意味とは」といった実存的な問いを発する。そうした問いに，従来は宗教が答えを提供してきたが，近年では，主に欧米において，病院チャプレン（以下，チャプレン）と呼ばれるスピリチュアルケア専門職が担っている。チャプレンとは，教会・寺院に属さずに施設や組織で活動する，何らかの理由で教会に通うことができない状況にある人たちのための宗教者である。病院の他に，刑務所や軍などでも活動しており，欧米においては一般的な存在である。

　そのチャプレン養成の実質的な世界基準となっているのが，アメリカの臨床牧会教育協会（Association for Clinical Pastoral Education：ACPE）で行われている**臨床牧会教育**（Clinical Pastoral Education：CPE）と呼ばれるプログラムである。アメリカでは，チャプレンになるためには CPE を修了していることが求められる。

　CPE は，1925 年にアントン・ボイセンによってアメリカのボストンで始まる。当初は，キリスト教神学教育に臨床的な要素を大きく取り入れ，牧会者教育をより実践的にする，という教会サイドの必要性に基づくものであった。チャプレンは，教会に行くことのできない入院患者に礼拝の機会を保障し，教会共同体と精神的なつながりを確信させる役割を果たすこととなった。しかし，やがて患者の苦悩や不安に耳を傾けてくれる牧会者を意識するようになり，CPE はキリスト教色を後退させることとなる［伊藤 2010］。

実際，病院には自身の信仰とは異なる信仰を持った患者がいる。そうした患者へのケアはしなくてよいのか。宗教の違いも超えて，ケアは実現されるべきだという理念へと発展していく。現在チャプレン職はキリスト教に限定されることなく，ユダヤ教チャプレンや仏教チャプレンも数多く見られるようになった。現在，チャプレンは既成宗教の布教活動は行わない，教会などからは一定の距離を保った専門職として受け入れられている［伊藤 2010］。

とはいえ，ACPE では，「チャプレン専門職共通基準」として，CPE 参加者には何らかの宗教における大学院レベルでの神学教育を受けていることと，所属宗教団体からの推薦・承認が求められている。その背景には，価値を問題にする際には宗教が問題になる，という考え方がある。CPE の大きな目的の1つは，宗教者としてのアイデンティティの確立があるとされ，あくまで神学教育の一環でなされるものである。

一方で，1980年代後半より，医療の側からもスピリチュアルケアが求められるようになる。近代ホスピスの母と言われるシシリー・ソンダースは，終末期ケア（ターミナルケア）では，患者の抱えるペインとして，身体的・心理精神的・社会的・スピリチュアルなペインを挙げ，それらへの全体的なケアが必要だと説いた［ソンダース・ベインズ 1990(1989)］。

さらに1999年には，WHO（世界保健機関）で憲章前文における健康の定義について，「健康とは，肉体的，精神的，スピリチュアル（spiritual），社会的に完全によく在るという動態的（dynamic）な状態であって，単に疾病や病弱がないというのではない」という，「スピリチュアル」と「動態的」という語を新たに加えた改正案が1999年総会に提出される。実質的な審議に付されることなく，採択保留となったが，この議論によって，日本でもスピリチュアルケアへの関心が高まっていった。

## スピリチュアルケアの日本への導入

日本で最初に CPE が行われたのは1964年のことである。アメリカへ留学し，CPE を学んできた牧師たちが中心となって開催した。不定期ながら継続的に1968年まで開催されたが，それ以降は停滞期に入る［西垣 2010］。その後，シシリー・ソンダースが終末期の患者の抱えるペインとしてスピリチュアルペイン

を挙げたことから，日本のホスピス運動[10]とあいまって，主にキリスト教系病院のホスピス（緩和ケア施設）において，スピリチュアルペインとスピリチュアルケアが認識されていき，チャプレンが配置されるようになる。1993年には仏教系緩和ケア施設であるビハーラ病棟も長岡西病院にでき，スピリチュアルケアに当たるビハーラ僧が配置された。現在では，宗教を背景に持つ病院の緩和ケア施設のほとんどが，その宗教の聖職者や信者をスピリチュアルケア専門職として配置している。また，宗教を背景に持たない病院の緩和ケア施設でも，スピリチュアルケア専門職を配置する病院が散見されるようになってきている[11]。

　しかし，本格的に日本でスピリチュアルケアが議論されるようになるのは，WHOによる健康の定義改正の議論と，緩和ケア病棟の普及による。宗教的ケアの流れとは関係なく，医療者からみたよりよい患者ケアという視点から，輸入されたのである。

　そのため，日本のスピリチュアルケア議論は，特に終末期医療において，いかにスピリチュアルペインに対処するか，という視点からなされるようになる。スピリチュアルペインを発見し，そのペインを取り除くべく，ケアをする。このような傾向は，村田久行の「村田理論」［村田 1998］に代表されるが，「スピリチュアルケアの医療化」と言われ，宗教性は排除され，ケア提供者はその技能・スキルの向上が目指される。

　それに対し，アメリカのCPEに基づいたスピリチュアルケアを実践しようとする流れもある。専門職養成においては，ケアの技能・スキルの習得を目指すのではなく，自己理解を深め，自己受容する，すなわち自身がスピリチュアルケアを受ける経験をする。ケアされる経験を通じて，ケアする人となることを目指すのである。とはいえ，アメリカのCPEと比して，日本のスピリチュアルケア専門職養成は，宗教との関係においては独自の展開をする。

　日本では18世紀後半以降，死後の世界や霊魂の存在を否定する傾向が一般

---

10) 終末期の患者と家族が，積極的な医療を行わずに痛みの緩和のみを行い，その人らしく最後の時間を過ごせるよう配慮した施設をホスピス（緩和ケア施設）といい，1980年代から1990年代以降に全国でホスピス設立に向けた運動が展開された。
11) 専門職を配置していない場合，看護師などがスピリチュアルケアについて学び，看護業務の中で実践を試みている例が多い。

第9章 生命倫理学とスピリチュアルケア

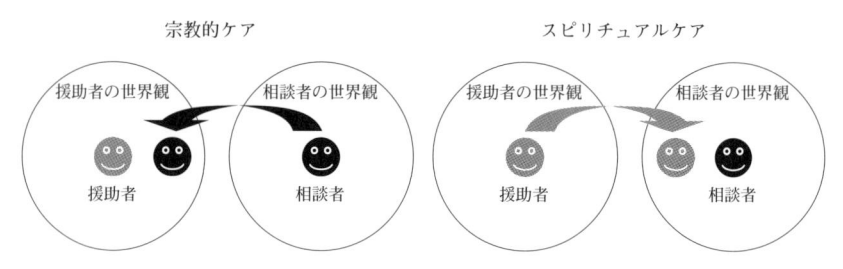

図9-1 宗教的ケアとスピリチュアルケアの違い［谷山 2009：29］

化したとされ，その原因として西洋からの合理的思考のみならず，知識人の間に流布した儒学を代表とする現世主義があった。そうした現世主義的傾向は，明治日本において「国民道徳」が求められる中で加速する。学校教育のみならず社会教育の現場から，宗教的な傾向は排除されていくこととなった［桐原 2009］。さらに，戦後日本の政教分離と公教育における宗教教育の禁止を通して，公の場での宗教に関する議論がなされなくなる。そのため，社会的に宗教に関する十分な議論の蓄積がなく，スピリチュアリティについても議論が十分に深まっていない。そのような状況において，医療におけるスピリチュアルケアが議論されている。

結果，日本の専門職養成プログラムにおいて，信仰の有無や宗教的教育の有無が問われることはない。さらに，市民レベルでの宗教的理解が浅いと言わざるを得ない日本においては，宗教的ケアとスピリチュアルケアを分けて説明するようになる。欧米においては宗教的ケアとスピリチュアルケアは同義で用いられることも多く，日本の特殊な宗教事情に合わせた，独自の発展と言える。

宗教的ケアは宗教者であるケア提供者が，自身と同じもしくは近い信仰を持ったものに対して，その信仰に基づいた気づきや答えを与えるケアであり，自身の信仰世界にケア対象者を迎え入れることでケアを行う。そこでは提供者がケアの場の主導権を握っている。それに対し，スピリチュアルケアでは提供者は宗教者とは限らず，対象者の信仰の在り様も限定されない。ケア対象者の世界に自身が入り込むことでケアを行う［谷山 2009］[12]。

---

12) 江原啓之に代表される「スピリチュアル・カウンセリング」（→第5章）は，カウンセラーの世界観に基づいて相談者に答えを示すものであり，この分類では「宗教的ケア」であるといえる。

スピリチュアルケアにおいては，ケア提供者は自らの価値観を手放し，根源的な価値観が揺さぶられて苦悩している患者に対し，患者の価値観に徹底的に寄り添いながら，価値観を再構築する作業を共にする。アメリカでは，その人の根源的な価値観に関わる苦悩については宗教を経由すると考えるために，ケア提供者は宗教者であることが求められるのに対し，日本では，宗教者でなくとも人の根源的苦悩を理解し，触れることができると考えるため，ケア提供者は必ずしも宗教者であることは求められない。

以上のように，日本のスピリチュアルケアは，一方でスピリチュアルペインを診断し，介入によって取り除くという「医療化」の流れと，他方で価値観を大きな問題としながらも「脱宗教化」する流れとがある。

## スピリチュアルケアの今後の展開

日本では，スピリチュアルケアは当初は終末期医療において語られる傾向にあったが，近年，救急医療や急性期医療，生命の誕生の場面，死別後の悲嘆，認知症者へのケアなどが議論され，実践されるようになってきた[13]。さまざまな人生の危機において，価値観の転換が迫られる場面で，価値を再構築する過程や，価値に基づいて自己決定することを支えるものとしてスピリチュアルケアを捉えようとするものである。

また，葬式仏教などと揶揄され，形骸化が批判される仏教をはじめとした宗教界が，現代日本における存在意義を見出そうと，スピリチュアルケアに積極的に取り組む動きも見られる。確かに人生の危機において，生きる意味やあの世についてなど，人は宗教に通ずる実存的な問いを発する。日本の複雑な宗教性から，汎宗教的・脱宗教的スピリチュアルケアが志向される一方で，宗教者の活躍の場としてもスピリチュアルケアが期待されているのである。

さらに，スピリチュアルケアの普及・定着を目指し，スピリチュアルケアの

---

13) たとえば急性期病院である府中病院（大阪）や産婦人科や小児科など周産期医療が充実している愛染橋病院（大阪），在宅緩和ケアを行う爽秋会岡部医院（宮城）は，常勤のスピリチュアルケア専門職を雇用している。公立病院でも，たとえば地域の急性期病院である市立堺病院（大阪）や市立彦根病院（滋賀）の緩和ケア病棟はスピリチュアルケアの専門職ボランティアが常時活躍していたり，スピリチュアルケアの実習を受け入れたりしている。とはいえ，これらは稀少な例であり，緩和ケア病棟以外で活躍するスピリチュアルケア専門職は日本では非常に少ない。

効果を示そうとする動きが日米共にみられる。スピリチュアルケアの介入前と介入後,あるいは介入群と非介入群を比較し,数値化することによってその効果を示そうとするものである。それは医療者にスピリチュアルケアの意義を認めさせるためのものであるが,価値観に関わる問題,時に超越的次元を含む問題を数値化することは本来不可能であり,スピリチュアルケアの医療化として批判も多い。

## 5　おわりに

以上,生命倫理学とスピリチュアルケアの文脈において,「死生の臨床」に宗教がどのように関わってきたか,概観した。

日本では生命倫理の諸問題に対し,ますます医師中心で議論が進み,宗教や倫理などに基づいて価値を問うことなく,よってそうした価値に基づいた社会的同意を得ることも放棄したまま,規制が緩和される方向に進んでいる[14]。結果,1人ひとりが生命倫理を問われる状況に直面した際に,自己決定が求められるようになっている。その際には,各人が自身の問題としてそれを捉え,自身の価値観に照らして判断せねばならない。

各宗教・宗派の見解が実際に政策決定に影響を及ぼすことはないのが現状ではあるが,体系的な死生観に基づく各宗教・宗派の見解や議論は,私たち1人ひとりが自身の価値観に照らして自己決定を下す際の一助となろう。自己決定が求められる世の中だからこそ,宗教界は個人の自己決定を支え得るような活発な議論が期待される。

生命倫理学にしても,スピリチュアルケアにしても,医療化の流れの中で価値を問うことがおろそかにされがちであるが,死生の臨床はそこに直面した個々人に対し,間違いなくその価値観を問うてくる。1人ひとりが適切に対応していくために,自身の価値観を明確化していくことがますます重要になって

---

14) 一方,アメリカにおいては,2000年代に入り,宗教的保守派とリベラル派の対立が激化している。これは2003年の大統領レポートで保守派の生命倫理の議論が展開されたことに端を発する。それまでの生命倫理学は主にリベラル派のアカデミックな学者によって議論がなされていたが,政治的な運動とも連動して,近年激しい議論がなされるようになっている。だが,どちらにしても,生命倫理の問題は価値の問題としての議論が前提とされている。

くると同時に，宗教がそこでどのような役割を果たし得るのかが大きな課題として存在するのである。

> ◆さらに学びたい人のためのブックガイド
> 『はじめて出会う生命倫理』（玉井真理子・大谷いづみ編）は，脳死・臓器移植，生殖補助医療，安楽死・尊厳死など，答えのなかなか出ない生命倫理に関わる諸問題について考え続けるための入門書である。『宗教と生命倫理』（小松美彦・土井健司編）は，仏教・キリスト教・儒教・ヒンドゥー教・イスラーム・神道の各宗教がどのような死生観を有しており，生命倫理の諸問題に対して現実にどのように関わってきたのかを論じている。本章で紹介したスピリチュアルケアについては，『スピリチュアルケア学概説』（窪寺俊之）が，その歴史と現状や実践の仕方について具体例を挙げて解説しており参考になる。

**参考文献**

伊藤高章 2010「臨床スピリチュアルケア専門職養成―現代日本社会の必要に応えて―」窪寺俊之他編『スピリチュアルケアを語る 第三集―臨床的教育法の試み―』関西学院大学出版会，41-59。
加藤尚武・飯田亘之編 1988『バイオエシックスの基礎―欧米の「生命倫理」論―』東海大学出版会。
桐原健真 2009「"あの世"はどこへ行ったか」清水哲郎監修，岡部健・竹之内裕文編『どう生き どう死ぬか―現場から考える死生学―』弓箭書院，163-183。
厚生省健康政策局医事課 1985『生命と倫理について考える―生命と倫理に関する懇談報告―』医学書院。
村田久行 1998『ケアの思想と対人援助―終末期医療と福祉の現場から―』川島書店。
鍋島直樹 2007『親鸞の生命観―縁起の生命倫理学―』法藏館。
中島みち 1990『見えない死―脳死と臓器移植―』文芸春秋。
波平恵美子 1988『脳死・臓器移植・がん告知―死と医療の人類学―』福武書店。
日本産科婦人科学会 1983「「「体外受精・胚移植」に関する見解」に対する考え方（解説）」『日本産科婦人科学会雑誌』36(7)：1131-1133。
西垣二一 2010「日本に於ける臨床牧会教育の初期の記録―第一回より第五回まで―」窪寺俊之ほか編『スピリチュアルケアを語る 第三集―臨床的教育法の試み―』関西学院大学出版会，25-39。

第 9 章　生命倫理学とスピリチュアルケア

ポスト，ステファン　2007(2004)『生命倫理百科事典 3rd ed.』生命倫理百科事典 翻訳刊行委員会訳，丸善出版．

ラフルーア，R. W. 2006(1994)『水子―〈中絶〉をめぐる日本文化の底流―』森下直貴・遠藤幸英・清水邦彦・塚原久美訳，青木書店．

ソンダース，C. ・ベインズ，M. 1990(1989)『死に向かって生きる―末期癌患者のケア・プログラム―』武田文和訳，医学書院．

島薗進　2006『いのちの始まりの生命倫理―受精卵・クローン胚の作成・利用は認められるか―』春秋社．

谷山洋三　2009「スピリチュアルケアをこう考える―スピリチュアルケアと宗教的ケア―」『緩和ケア』19(1)：28-33．

土屋貴志　1998「「バイオエシックス」から「生命倫理学」へ―米国における Bioethics と日本への導入」加藤尚武・加茂直樹編『生命倫理学を学ぶ人のために』世界思想社，14-27．

# 第10章　政治と宗教
## ——現代日本の政教問題

藤本龍児・塚田穂高

> 日本国憲法には,「政教分離」の規定がある。だが,政治・国家と宗教をめぐる現実の諸問題はそんなに簡単にはいかない。靖國問題・さまざまな政教分離訴訟・宗教団体の政治進出といったトピックを,近現代日本の政治と宗教の関係枠組のなかで考えてみよう。

終戦記念日に靖國神社を参拝する人々(2011年8月,塚田撮影)

第10章　政治と宗教

## 1　はじめに

　政治に対しては無関心。宗教に対しては忌避感と自覚的信仰なし。そんななかで「政治と宗教」と言われても，身近なこととはとても考えにくい。しかし，政治と宗教をめぐる諸問題——政教問題には，その国の歴史と文化が刻み込まれており，また「宗教」へのまなざしも反映されているのである。
　本章では，まず現代日本につながる政治・国家と宗教との関係の歴史をたどり，その特有な背景をつかむ。続いて，具体的な政教問題として，靖國問題，政教分離訴訟，宗教団体の政治進出・関与の事例を扱う。各トピックにおける論点をつかみ，これらの問題の広がりを理解してもらいたい。

## 2　近代日本の政治と宗教

　戦後の日本で政教分離といえば，「政治」と「宗教」の分離だと捉えられ，それは近代社会における普遍的な理念だと考えられている。しかし，例えばアメリカでは，分離すべきとされているのは「国家」と特定の「教会」でしかない。ドイツでは，特定の教会に公法人の資格を与えて優遇する公認宗教制度がとられているし，教会税を徴収する権利さえ与えられている。イギリスも，英国国教会に特別な地位を与える国教制度が採用されているし，国王は英国国教会の首長を兼ねている。戦後日本における政教分離の考え方は，グローバルな視点からすれば，かなり特殊だと言わざるをえない。なぜ戦後の日本では，そのように考えられるようになったのだろうか。それを理解するには，少なくとも明治維新に始まる近代日本の歩みを追うことから始めなければならない。

### 大日本帝国憲法の成立と「国家神道」の形成
　江戸幕府を倒した維新政府の最大の課題は，近代国民国家を建設して欧米列強に対峙し，植民地化の危機を回避することであった。維新政府は，独立を守るべく矢継ぎ早に政策を打ち出し，国家機構（state）を整備していく。しかし，それを十全に機能させるには，国民意識（national identity）を醸成しなければな

らなかった。しかも，その精神的紐帯は，維新政府の価値観や歴史観を正統化し，かつ西洋思想やキリスト教に対抗できるものでなければならない。もともと勤皇精神によって江戸幕府を倒した維新政府は，当然ながら**天皇**とその背後にある**神道**を採用した。古代では政治が「まつりごと」と呼ばれ，天皇が執り行う神道の「祭祀」と不可分のものとされていた。維新政府は，そうした古代における政治と宗教の在り方にならおうとしたのであった（王政復古）。

こうして近代の日本では，天皇を奉じ，政治の基底に神道を据える，という意味での**祭政一致**が目指されることになる。しかし，この頃には，従来の「祭」が，近代的な概念である「宗教」に置き換えられようとしていた。ここに，近代日本における政治と宗教の問題が現出することになる。

政府は当初，神道のみを採用する**神道国教化政策**を進めるが，仏教勢力の反対によって転換を余儀なくされた。次に政府は，キリスト教に対抗するためにも，神仏合同の教導職制度をつくり，国民を教化しようとした。しかし，その場合にも「三条の教則」（敬神愛国，天理人道，皇上奉戴・朝旨遵守）を掲げ，神道的内容を核心としていたので，まもなく暗礁に乗り上げてしまう。そして1884年に，その教導職制度が廃止されるにおよんで，（神社を除く）各宗教集団はようやく国家の統制からいちおう「自由に」活動できるようになった。この頃には政教分離の理念が輸入され，その実現が求められるようになっていたこともあり，1889年に発布された大日本帝国憲法には**信教の自由**（第28条）がうたわれたのである。

ただし，そこには「安寧秩序ヲ妨ケス及臣民タルノ義務ニ背カサル限ニ於テ」という限定が付されていた。また，そもそも第3条には「天皇ハ神聖ニシテ侵スヘカラス」とあった。つまり，明治憲法における信教の自由は，天皇崇敬が前提とされていたのであり，もちろんそれは神道と深くつながっていたのである。しかしながら，神道は宗教ではなく祭祀であり，神官は祭祀を司る者であって宗教者ではない。ゆえに，たとえ神官が官吏として，また神社が官社という形で政治に関わっていても，それは政教分離違反にはならない，とされたのである。このような**神道非宗教論**に基づき，明治憲法には，古来の祭政一致の理念と近代の政教分離の理念とが共存することになったのである。

憲法発布の翌1890年には，神道と深く結びついた国家理念（後述する「国家

神道」)を国民へ浸透させるために**教育勅語**が出された。それによると，教育の淵源は**国体**にあるとされている。国体とは，皇祖皇宗が国をはじめて徳を示し，臣民が忠孝を尽くして心を1つにしてきた，という日本独特の国の在り方のことである。教育勅語は，そうした神話に連なる国体に基づき，臣民が守るべき徳目を説くものであった。「国民道徳としての神道」が説かれたと言ってもいいだろう。それ以降，全国の学校では，教育勅語に基づきながら，歴史や修身の教科で，国体論や皇道論の内容が教えられるようになっていく。

また，広く一般国民の国民意識は，外交や戦争によって醸成されていった。1894年には日清戦争が，1904年には日露戦争が起こり，世界各国の予想を覆して勝利を収めた。1911年には不平等条約の改正を果たし，1914年から始まった第一次世界大戦でも，いちおうの戦勝国となる。1919年のパリ講和会議では，つい半世紀前まで植民地化の危機にさらされていた日本が，米英仏伊と肩を並べる五大国として迎えられることになった。このとき日本は，維新以来めざしてきた近代化という目標に一定の達成をみたと言っていいだろう。

以上のような近代国民国家の形成過程において，神道の果たした役割は大きい。そのように国家と結びついた神道は，「国家神道」と呼ばれる。この語は「国家機関としての神社神道」という意味で戦後GHQ（連合国軍総司令部）によって公式に用いられ始めた。しかし次第に，その語が意味するところは広がっていき，現在では，神社神道だけでなく天皇崇敬や国体論，さらには皇室祭祀までをも含めた，儀礼や観念の総称として用いられている［村上 1970；島薗 2010］。「宗教ではない」とされて明治憲法や教育勅語に組み込まれ，国家を支えるイデオロギーとなった神道の影響力が問題となっているのである。

ただ，第一次世界大戦以降，状況が大きく変化していくことにも留意しなければならない。第一次世界大戦は，欧米諸国に，物的資源や人的資源など，あらゆる国力を注ぎこむ総動員体制をとらせることになった。そうした趨勢のなか日本でも，これまで見てきた国家や国体といった政治の次元と，神道や天皇といった宗教の次元との関わりが変化していくのである。

## 「現人神」の創作と戦後の日本国憲法

1920年，日本は，戦中の好況から一転して戦後恐慌に陥り，そこへ1923年の

関東大震災があって，長い不況にあえぐことになる。とりわけ農村は，恐慌に加えて冷害や飢饉が起こり，生活は困窮をきわめていた。都市では労働争議が頻発し，マルクス主義に魅せられる人々が増え，「天皇制」を打破して革命を起こそうとする共産主義が広がり始めた。さらに，1929年にアメリカで始まった世界恐慌によって各国は保護主義に走り，日本は国際貿易のなかで孤立していくことになる。

　そのような情勢のなか日本の軍部は，1931年に，基本的には地政学的戦略から，また何より資源や農地を獲得せんとして，独断で満州に進出していった。長引く不況に苦しんでいた大衆は，その目覚ましい戦果に熱狂し，一度は不拡大方針を出した内閣も，世論の流れに逆らえなくなっていく。軍部や国粋主義者は，さらに大衆をまとめあげて政治に動員するために，あるいは軍部に反対するリベラル派や革命をもくろむ共産主義勢力を抑え込むために，天皇機関説問題や国体問題を持ち出していく。

　天皇機関説とは，天皇を国家機関の一つと考え，その超越的神格性を否定する憲法学説である。明治憲法では天皇の大権がうたわれているとはいえ，天皇もあくまで憲法から制約を受ける立憲君主である。そうした説は，すでに日清戦争以前から主張されていたが，美濃部達吉が天皇主権説を批判する形で展開し，1910年代の論争を経て，1920年代には知識人たちに広く支持されるようになる。その後，大正時代末には学会の定説となり，国家公認の学説ともなっていた。昭和天皇（1901-1989）もそれを当然のこととして支持していた。

　ところが，満州事変の頃から，天皇を「現人神」として極端に神格化する思想が流布されるようになり，1935年には天皇機関説問題が持ち上がった。この年，軍部や国粋主義者が内閣に迫って「機関説は国体の本義に反する」という国体明徴声明を出させた。総動員体制を作り出すために，「現人神」という形で「観念としての天皇」をまつりあげ，天皇を政治的に利用することによって言論の自由や信教の自由を封殺する空気を作り出していったのである。

　しかし日本は，1945年8月に敗戦をむかえることになった。そして，戦後日本における政治と宗教の問題は，天皇の極端な神格化が否定され，「国家神道」が反省されることで形成されていく。つまり，現代日本において，政治と宗教が分離されなければならないと考えられるのは，基本的にはそうした戦中への

反動からくるものなのである。

「国家神道」の解体は，敗戦の年に GHQ が発した「神道指令」[1]によって進められた。これは，神社神道を国家から制度的に分離し，神道的色彩を有する儀式・慣例・神話・物的象徴などの一切を国家から除去しようとするものであった。また 1946 年元日には，天皇のいわゆる「人間宣言」[2]が出され，GHQ のもとで作成された日本国憲法（1946 年 11 月公布・1947 年 5 月施行）において天皇は，日本国ならびに日本国民統合の「象徴」（第 1 条）とされた。そして，次のような条文が組み込まれたのである。

第20条第1項：信教の自由は，何人に対してもこれを保障する。いかなる宗教団体も，国から特権を受け，又は政治上の権力を行使してはならない。
同第2項：何人も，宗教上の行為，祝典，儀式又は行事に参加することを強制されない。
同第3項：国及びその機関は，宗教教育その他いかなる宗教的活動もしてはならない。
第89条：公金その他の公の財産は，宗教上の組織若しくは団体の使用，便益若しくは維持のため，又は公の支配に属しない慈善，教育若しくは博愛の事業に対し，これを支出し，又はその利用に供してはならない。

これらによって，戦後における政教分離の理念とその基本的な枠組が確立された，とされる。しかし実際には，次に見ていくように，この理念をめぐって多くの論争や問題が起こっていくことになるのである。

## 3　「靖國問題」の形成と展開

これまで見てきたように近代の日本は，国民国家を形成・発展させる過程で，多くの犠牲者を出した。多くの国民が「国のため」に命を落としたのである。

---
1) 正式には，「国家神道，神社神道ニ対スル政府ノ保証，支援，保全，監督並ニ弘布ノ廃止ニ関スル件」。1945 年 12 月 15 日に出された。
2) 正式な題名はないが，「新日本建設ニ関スル詔書」などと称される。

もちろん，近代国民国家は，国民の生命と財産を守る義務を負う。ところが，自国の防衛を担うのは基本的に国民以外にはいない。ゆえに防衛のためには，どうしても犠牲者が出ることを避けられないのである。ここに，近代国民国家のために犠牲となった死者といかに向き合うか，という政治と宗教の問題が浮かびあがる。それを，今に残しているのが「靖國問題」にほかならない。

## 靖國神社の成立と変遷

　靖國神社（以下，靖國と表記）の起こりは，尊皇派の志士たちが，幕府との政争のなかでたおれた同志の霊を追悼するために行った招魂祭にあった。その起源は，反体制派の「私祭」だったのである。ところが，倒幕軍が政権をにぎって官軍になると，招魂祭は体制派の「公祭」に変わっていった。

　1869年には，東京・九段坂上の地に東京招魂社が創設され，各地方にも招魂社が建立されていく。その東京招魂社が，1879年に「靖國神社」と改称された。こうして靖國は，幕末にペリーが浦賀に来航した1853年以降，近代国民国家の建設のために殉じた人々を哀悼するとともに，その命を賭して成した事績を顕彰し，後世に伝えていくための神社となったのである。

　前節のとおり神道は，宗教とは区別され祭祀とみなされていた。靖國ではまず，戦没者の名前が記載された霊璽簿に基づいて招魂式が行われる。その後，本殿で祭儀が行われ，それをもって戦没者の魂は祭神とされた。祭神は，戦没者が出るたびに合わせて祀られる，すなわち合祀されていく[3]。

　それと同時に靖國では，相撲，能楽，競馬，花火，サーカスなども行われ，民衆は，例大祭や招魂祭の時などに行われる催し物を，お祭りとして楽しんだ[坪内2001]。靖國は，共同体のために犠牲となった人を祀る場であるとともに，非日常の時間と空間にひたる祭の場でもあったのである。この点を見過ごすと，靖國に対する一定の親しみや支持の背景を，単にイデオロギー的なものとしてしか理解できなくなる。

　そのように多様な次元を持つ靖國も，1930年代に入るとイデオロギー的様相を強くしていった。1931年の満州事変以降には総動員体制が進み，戦没者が急

---

3) 現在祀られているのは，246万余柱である。なお「忠魂」や「忠霊」と呼ばれていた戦没者の霊が，優れた功績をあげた霊として「英霊」と称されるようになったのは日露戦争以後である。

速に増えていくことになる。それにともない，各地の招魂社も増設され，1939年には一斉に護国神社と改称された。護国神社は，それまでの国境を越えて，樺太や台湾といった植民地にも建てられ，各地で公的な慰霊・追悼ができるように整備されていく。

1940年には神祇院が設けられ，あらためて敬神思想の普及が強化された。政治イデオロギーと化した神道は，とりわけ日本の宗教的伝統と関わりの薄いキリスト教徒や信仰を異にする新宗教の信徒，文化伝統の異なる植民地の人々にとって信教の自由を抑圧するものとなっていく。国民道徳として公的領域に置かれていた「国家神道」は，公私の境界を越えて私的領域を侵犯するものになっていったのである。靖國は，近代戦争における戦没者の公的な追悼という役割を担ったがゆえに，「国家神道」の問題を最も鋭く突きつける存在として認識されるようになった，といえよう。

終戦後，「国家神道」が解体されていくなかで，靖國は，神社としての独自性を保つギリギリの線で存亡をかける駆け引きをし，一宗教法人になった。その意味で靖國は私的な存在に変わったのである。しかし靖國としては，公務にたおれた人々を神道式の儀礼によって公的に慰霊・追悼・顕彰するという創建以来の使命観に変わりはない。また，戦没者の遺族にとっても，親族の死が公的な意義を持っていることを確認する場所であることに変わりはない。ここに，現在まで続く「靖國問題」が生じてくる。

### 追悼の公共性と国際性

1953年，財団法人日本遺族会が組織され，戦没者に対する公式的な顕彰が求められるようになる。1956年には，国家と靖國の関係を回復せんとする「靖國神社国家護持運動」が開始された[4]。創建百年をむかえた1969年には，自民党が「靖國神社法案」を国会に提出し始める。

この法案では，憲法に抵触しないように，いくつかの条件が課された。儀式などの点で靖國の宗教性を薄め，制度上も宗教法人から特殊法人にする，というものである。しかしそれはむしろ，戦前の神道非宗教論を想起させ，神社本

---

4) この他には，伊勢神宮の国家管理を求める運動もあった。

庁を除くほとんどの宗教団体が反対運動をおこした。そして当の靖國も，本来の祭祀儀式を行えず，「神霊不在」になることを受け入れるわけにはいかない，として法案に反対するようになる。

こうして，公的機関復帰を目指す保守派の間でも意見が分かれ，見解を統一して法案を作成することは難しい，ということが明らかになった。法案は1973年を最後に提出されなくなり，これ以降保守派は法案ではなく，首相や閣僚の参拝を定着させることによって，靖國の公共性を公認させるように働きかけるようになるのである［田中2002］。

実のところ1951年9月のサンフランシスコ講和条約の締結以降，占領下における吉田茂首相の参拝をはじめ，首相の公的な参拝は何度もなされていた。メディアも，それを批判することはなく，むしろ当然の行為としていた。しかし，国家護持運動や靖國神社法案が争われる過程で，保守派とリベラル派の対立が形成され，首相の靖國参拝も問題視されるようになっていく。

そして1975年，三木武夫首相が戦後初めて，終戦記念日である8月15日に参拝を行った。三木は問題を避けるために，**私的参拝**であることを強調したが，逆にこの発言によって，政治家の参拝が公的なものなのか私的なものなのか，ということが取りざたされるようになる[5]。

1985年には中曽根康弘首相が，この問題に決着をつけるべく8月15日に公式参拝した。そして，神道の参拝形式をとらないことをもって，政教分離に違反しないと主張したのである。遺族らは首相の公式参拝を後押ししたが，リベラル派からはごまかしにすぎないと批判され，他方，靖國側からは「神様に対し非礼きわまりない」との声もあがり，あらためてこの問題の複雑さがあらわになった。

そして，この時から靖國問題は国際問題にもなってくる。その際の中心的争点は，東条英機ら14名のいわゆるA級戦犯合祀の問題であった。A級戦犯とは，日本がまだ占領されている時期に，連合国によって行われた極東軍事裁判（東京裁判）で，とくに戦争指導者として裁かれた者を指す。A級戦犯は1978年に合祀され，その事実は1979年に明らかになっていたが，1985年になって

---

5) この1975年を最後に，昭和天皇は靖國を親拝（参拝）することはなかった。

第 10 章　政治と宗教

写真 10-1　終戦記念日に靖國神社を参拝する小泉純一郎首相
（2006 年，写真提供：共同通信社）

初めて国際問題として取りざたされるようになったのである。

　公人である首相が A 級戦犯の合祀された靖國に参拝するということは，先の戦争を肯定，美化することになるのではないか。とりわけアジア諸国からは，再び侵略戦争をもくろんでいるとみなされるのではないか，とリベラル派は批判した。それに対して保守派は，アジア諸国と言っても，中国と韓国以外からの批判はほとんどなく，逆にインド，タイ，スリランカ，インドネシアなどの政府要人は靖國を参拝しているという事実を指摘し，靖國問題が国際的な政治運動に利用されていると批判した。また，東京裁判をめぐっては，国際法上の問題点も指摘されており，これ以降，靖國問題のなかで大きな比重を占めるようになる[6]［小堀・渡部編 2005］。

　翌 1986 年以降，現実政治においては，中国と韓国からの批難を受けて，首相による公式参拝は途絶えることになった。しかし 2001 年 8 月 13 日に小泉純一郎首相が参拝を行い，再び国内外から議論が起こった。これを契機に，新しい

---

6) 2006 年，元宮内庁長官のメモが発見され，そこに昭和天皇が A 級戦犯合祀について不快感を持っていたという内容が記されていた。これ以降，これを根拠にして意見を主張する知識人・新聞社説・政治家などが現われ，戦中と同じような「天皇の政治利用」の問題があらわになった。

国立追悼施設を設立することも検討されるようになる。しかし，靖國に代わる追悼施設などありえないという意見や，他方で国民を戦争に動員するような新たな施設になりかねないという意見などもあり，議論は容易には進んでいない。

なお2000年代に入ってからは，韓国・台湾出身者ならびに沖縄戦の遺族らから，戦没者の名前を霊璽簿から削除し，合祀を取り消すよう求める霊璽簿訴訟が各地で起きている。裁判では，「一宗教法人」たる靖國には「祀る自由」があるとして，合祀取り消しなどは一切認められていない。遺族の意志がどれだけ酌まれるべきかという問題をはらんでいる。

このように「靖國問題」には複数の論点が絡み合い，複雑な展開をなしている。たとえ公的な慰霊・追悼・顕彰の必要性は認められたとしても，誰が（その主体），誰を（その対象），どのような方法で（その形式）行うのか，ということが問われるようになっている。それらは，近代国民国家についてどう考えるかという国家観や，死者にどう向き合うかという宗教観などと切り離せない問題なのである。

## 4 政教分離訴訟の展開

「国家神道」の解体と日本国憲法により，戦後日本の政教関係の枠組は再編成された。だが，そこでの「宗教」の定義は明確ではなかった。高度経済成長と都市化という社会変動と，過去の戦争に対する反省が進むにつれ，戦前との連続性を持つ政教関係をめぐる問題がじわじわと顕在化していき，訴訟という形となったものも出てきた。本節では，最高裁まで争われた代表的なケースを中心にその広がりをみていく［田中1997ほか］。

その嚆矢が，津地鎮祭訴訟（1965年提訴）である。これは，三重県津市の市体育館起工式において市が主催して神式地鎮祭を行い，公金（7,663円）を支出したことが，政教分離違反（20条・89条）かどうか争われたものである。原告は共産党市議であった。地裁では地鎮祭は「習俗」だとして合憲となったが，高裁では「神社神道は宗教学上も国法上も宗教である」として違憲判断となった。多くの議論が飛び交うなか，1977年7月の最高裁では合憲判断が下された。ここで提示されたのが，目的効果基準という政教分離の判断基準である。これは，

国家と宗教（的な行事など）とを完全分離させることは現実的ではなく，当該行為の目的が宗教的意義を持ち，その効果が宗教に対する援助・助長・促進などになるような行為かどうか，という基準で判断されるべきとするものである。これは，以降の政教分離訴訟のスタンダードとなっていった。よってこれに照らすと，市主催の地鎮祭とは，（確かに神道式の宗教行事で，執り行う神職にとっては宗教性があっても）目的は無事安全を願う世俗的事項であり，それを行っても神道を援助する効果はない，とされたのだった。

　ここで問題となっているのは，「宗教」（神道の信仰）対「反宗教」ではない。新しい建物を建てる際に神式の地鎮祭は当然慣習として行うべきと考え（てき）た市（行政）側と，それは神道という「宗教」の行事だと考え問題視する側との拮抗である。ここでは，「宗教」として神道を信仰し実践するアクター（神道者・神社界側）は実は脇に置かれている。「当たり前だ（った）」という認識と，戦前の反省からいって憲法違反だとみなす認識。戦前／戦後の国家―宗教の関係枠組の齟齬，「宗教」観のズレが見られる。こうした従来「当たり前」，習俗・慣習・伝統と見られていたことが，徐々に「宗教」とみなされ問題化されていくことは，後続するケースにも通底する部分だと言えよう。

　山口自衛官合祀拒否訴訟（1973年提訴）は，公務中に事故死した自衛官が山口県護国神社に合祀されるのを，クリスチャンの妻が拒否したものであった。地裁・高裁は原告の「宗教上の人格権」を認め，ともに違憲判断だったが，1988年6月の最高裁では合憲判断となった。ここでもやはり目的効果基準が持ち出され，合祀が同神社を援助するようなものではないなどとされた。これは前節の靖國霊璽簿訴訟と相似形の問題であり，「祀る自由」と「祀られない自由」，公的な死者をいかに慰霊・追悼・顕彰できるかという問題と，遺族の意志はどのように酌まれるかがせめぎ合う問題だといえる。

　次に，箕面忠魂碑違憲訴訟（1976年提訴）は，大阪府箕面市が戦没者忠魂碑を小学校正門前に公費約8,600万円をかけ移築再建したことにつき，①公費での移築，②教育長の慰霊祭への公務での参列，③市戦没者遺族会への補助金支出，の是非が問われたものだ。これらは分割して訴訟が進められ，1993年2月と1999年10月にいずれも最高裁で合憲判断となった。ここでも目的効果基準が適用され，これらの行為が特定宗教を援助するものではない，などとされた。

このように，これらの事例はいずれも宗教性が皆無ではないが，目的効果基準に照らして合憲と判断されてきたというのが大きな流れであった。

戦後の政教分離訴訟の展開において，初めて最高裁で違憲判決が下され，エポックメイキングとなったのが，**愛媛玉串料訴訟**（1982年提訴）である。これは，当時の白石春樹愛媛県知事が1981〜86年にかけて靖國神社の「みたま祭」などに玉串料・献灯料名目などで公金（計16万6,000円）を支出したことが，政教分離違反だとして提訴された住民訴訟（原告団長は真宗大谷派僧侶）だった。地裁では違憲，高裁では合憲だったが，97年4月，最高裁で違憲判断となった。判決は，「一般人が本件の玉串料等の奉納を社会的儀礼の一つにすぎないと評価しているとは考え難い」とした。前後には同種の岩手靖國違憲訴訟（1981年・1982年提訴，1991年1月高裁で違憲判決，後に確定）もあり，前節でみた靖國問題が大きく社会的に問題化していく流れを受けている。しかし，同時に地域の戦没者を，現代の首長ないし自治体がどのように慰霊・追悼・顕彰できるかという問題をはらんでおり，それは首相の靖國公式参拝問題ともパラレルとなっている。

2010年，政教分離訴訟は思わぬ形で新たな展開を迎えた。**砂川市有地上神社違憲訴訟**（2004年・2005年提訴）である［塚田2010］。これは，北海道砂川市が市内の空知太神社・富平神社に市有地を無償貸与している現状は政教分離違反だとして，市民2人が提訴したものだ。2010年1月，最高裁で空知太神社については違憲判断が下った（ただし高裁差戻し）。政教分離に関する最高裁違憲判断は2件目である。

明治期に創設された空知太神社（法人格なし）は，1948年ごろ住民が提供した現在地に移転。1953年，住民は固定資産税の負担解消のためなどから同地を当時の町に寄付。1970年，町内会館（公民館）が新築され，その折に祠が会館内に納められ，会館と神社が一体の現在の形となったというケースである。これらの動きが，いずれも戦後であることには注目すべきだ。こうした神社付き土地の受領と継続使用の承認，町内会館と神社の一体化などがよもや政教問題だとは，当時は考えられなかったのだろう。

判決は，従来のものと微妙に異なった。目的効果基準は採用されず，「当該宗教的施設の性格，当該土地が無償で当該施設の敷地としての用に供されるに

第 10 章　政治と宗教

写真 10-2　空知太神社外観(2010 年 12 月, 塚田撮影)
奥の町内会館と神社が一体となっている。

至った経緯，当該無償提供の態様，これらに対する一般人の評価等，諸般の事情を考慮し，社会通念に照らして総合的に判断すべき」という「新基準」(と目されるもの) が提示された。また，20 条 3 項の「国の宗教的活動」ではなく，20 条 1 項後段の「宗教団体への特権付与」と 89 条とが取り上げられ，「氏子集団」という「宗教団体」に無償供与という便益が提供されているので違憲とされた。特定の「宗教団体」への特権付与について，最高裁で違憲が認定されたのは初である。従来のケースが地鎮祭挙行や忠魂碑設置，玉串料支出といった「行為」についてだったのが，本件では土地の無償供与という「状態」が取りざたされたことも影響しているようだ。

　2010 年 12 月の高裁差戻し審では，神社の区分を明確化し，土地を賃貸しすること (年 34,762 円) などで，合憲とする判決が下った[7]。賃貸しにすれば，そもそも政教分離が達成されるのかという疑問も出てくる。新たに教会や神社・祠・慰霊碑などを建てたいといっても，国や自治体が公有地を賃貸ししてくれることはまずないだろう。「便益」「特権」とはいったい何なのか。

---

7) 2012 年 2 月, 最高裁での再上告審では原告側の請求が棄却され, 合憲判決が確定した。

この判決は，全国各地に波及した。公有地が「宗教」施設に供与（無償・有償）されている類似ケースのメディア等による「捜索」が始まったのである。だが，宗教法人格を持つ寺社・教会の敷地（の一部）が公有地にかかっているような場合と，法人格なしだが氏子が管理するようなムラの神社が公有地上にある場合，管理者もわからないような小祠や石碑，地蔵などの場合では，対応が違って当然だろう。いずれにせよ，北海道のムラの小さな神社のケースは，政教分離問題に思わぬ一石を投じることとなった。ここでも問題となっているのは，「宗教」認識と現状とのズレである。原告のクリスチャンらの認識にそのまま寄り添う必要はないが，「氏子集団」と「地域住民」とはもはやそのまま重ならない。「当たり前」だったことの基盤はもう揺らいでいるのである。

　以上，政教分離訴訟の展開を見てきた。各ケースについて，自分はどう思うかを考えてみよう。だが同時に，当時の当事者にとってどうであったのかも考慮したい。事例は，神道・神社や戦没者に関するものが目立つ。戦前の国家―宗教体制あるいは習俗・慣習・伝統と，戦後の認識枠組との間のひずみに起因するためだろう。だが，ことは神道だけに限られるわけではない。特に東日本大震災後，多くの寺社が流出・倒壊するもその復興に公金支出はできない，あるいは公的な慰霊・供養に宗教者が関わることができない，などの問題も生じてきているのである。

## 5　宗教団体の政治進出・関与

　靖國問題や政教分離訴訟は，主に国や地方自治体が宗教的活動や慰霊などにどう関わるかが取りざたされたのだったが，政教関係をめぐるトピックのもう一面として，宗教団体が政治にどう関わるかという問題がある。一般に，宗教団体が特定の政党を支持することには，強い忌避感がある[8]。そこにはどのような問題があるのか。それは戦後の政教分離体制とどのように関わるのか。そうした問題を考えるためにも，本節では具体的な事例を見ていこう。

---

8) 2010年実施の大学生4,311人調査では，「（支持するのは）よくない」54.7％，「どちらかといえばよくない」23.9％［井上編 2011］。1999年実施の1,345人回答の世論調査では，「特定政党支持は好ましくない」27.0％，「選挙に関わることは好ましくない」35.2％［石井編 2011］。

宗教団体や宗教者の政治関与といった際に，宗教者自らが立候補する場合，宗教団体が特定の既成政党や候補者を推薦し支援する場合などさまざまなパターンがあるが，もっともインパクトが大きいのは宗教団体自らが政治団体を結成し候補を立てるような場合だろう。戦後日本におけるそうした事例としては，創価学会—公明党，オウム真理教—真理党，幸福の科学—幸福実現党などの例がある[9]。

創価学会（→第2章）が支持母体の公明党は，すでに50年余の歴史があり，一定の社会的勢力となっている。衆議院35・参議院20議席の国政第3党，地方議員2,933名という規模だ（2016年3月末現在）。政党助成法等による「政党」であり，政党助成金も支出されている。学会の政治活動は，二代会長・戸田城聖の「王仏冥合論」に裏打ちされた宗教的理想の実現（政教一致・「国立戒壇」建立）を目標に始まった。堅固な会員の支持を基盤に，1954年の学会文化部，1961年の公明政治連盟，1964年の公明党と歩を進め，地方議会から参議院，衆議院へと進出してきた。多くの批判も受けてきており，1969-70年の「言論出版妨害事件」後，「国立戒壇」建立の路線を放棄し，学会との「政教分離」（役員が重複しないなど）姿勢を打ち出した。1993年の細川連立政権，1994年の新進党参加を経て，1999年の自自公連立政権（2003年からは自公連立）への参加以降，2009年まで政権与党の座にあった[10]。同年衆挙選では小選挙区で全滅となり野党となったが，2012年12月の衆院選では9小選挙区で全勝して31議席を獲得し，再び自民党と連立して政権与党となった。

次に，オウム真理教—真理党の場合（→第3章）。宗教法人化と前後する1989年に政治進出を決め，政治団体・真理党として届け出た。教祖・麻原彰晃を含む25人が，1990年2月の第39回衆院選に出馬した。消費税廃止・医療改革・教育改革・福祉推進・国民投票制度導入の構想（直接民主制・大統領制）を主要

---

9) 他に，宗教法人和豊帯の会—女性党の例などもあるが省略する。戦後まもなくは，天理教など複数の宗教団体が自前の候補者を立てて国政に送り出していた例もあるが，現在は多くはない。新宗教と政治の関わりについては，［井上ほか編 1990：562-571］の「政治との交錯」の節などを参照。なお，特に新宗教が比較的政治に関心を示すのは，その組織力をもって社会的影響力を高めるためと考えられるが，そこには戦前の抑圧的・統制的な国家体制への反省・反動という動機も働いている。
10) この連立は，政権与党としての自民党の延命装置として機能した。公明党候補が出ない選挙区では，自民党候補への支援が呼びかけられる一方，自民党側も「比例は公明へ」と訴えた。

政策に掲げた。奇抜な選挙パフォーマンスを繰り広げ衆人の注目を集めたが，東京4区の麻原の1,783票が最高得票で，25人の総計でも10,089票の惨敗だった。当時は教団 PR に過ぎないという見方が大勢だったが，実際には政治力の必要性（法人認証に際して。また，学校・病院などの設立計画もあった）や，信者の信仰心を試すなど種々の動機が介在していたようだ。なかでも大きかったのは，切迫した終末観と宗教的ユートピアの実現という動機である。麻原には，強い現世（政治・社会）批判とともに，世紀末に「ハルマゲドン」が起こるとする終末意識があった。それを乗り越えるために，日本を「シャンバラ」化し，世界救済の拠点としようと考えた。そして，世紀末までに政権をとる第一歩として自分だけでも当選することを考えたのだった［塚田 2015］。だが，ピーク時でも信徒数1万数千ほどだったオウムの動員力は，実際の選挙では限界があり，大衆の支持を得るべくもなかった。落選後，麻原は票が操作されたと陰謀論を唱えた。以後，政治には二度と出なかった。地下鉄サリン事件後の裁判では，この惨敗が後の無差別宗教テロへの大きな転換点となったことが明らかにされた。だが，世間的には，その政治進出は一過性の出来事としてやり過ごされていった。

　近年の例では，幸福の科学―幸福実現党がある［塚田 2015］。国内会員数約1,100万人をうたう同教団（→第2章）は，当初は政治進出をしないと明言し，他方で一部の自民党候補を支援してきた。2009年5月，同教団は政治団体・幸福実現党を結成し，同年8月の衆院選に出ると表明した。大川隆法総裁を含む337名が立候補したが，全員落選した。比例区総計が約46万票，小選挙区総計が約107万票だった（あと33万票ほどで「政党」となっていた）。翌2010年の参院選にも24人が立候補したが全員落選。その後も，毎回の国政選挙に出たが，すべて敗れている（2016年5月現在）。一時，大江康弘議員が入党したが，後に離党した。衆院選マニフェストでは，大減税（消費税全廃）・北朝鮮核ミサイル防衛・9条改正・GDP 世界一・小さな政府・教育改革（いじめ防止・宗教教育）などを掲げた。全国紙には「新・日本国憲法試案」を広告掲載した。その根幹にあるのは，社会の諸セクターは宗教的価値・理念に基づき営まれるべきという政教一致観であり，それにより「仏国土・地上ユートピアの建設」を目指している。これらの諸政策や方針が，高級霊や存命の人物の守護霊からの「霊言」

に裏打ちされている点も特徴的である。議員ゼロの現在も，活発な政治活動を継続しており，今後も国政をはじめ挑む姿勢である。また，保守層や保守論客との親和性も高く，そうした勢力との協同がなされるかも注目される。

先例が少ないため，どういう教団が自前の政治団体を結成し独自の候補を擁立するかは一般化し難い。強いていえば，既成勢力や主張に収斂されない独自の政教一致観・ユートピア観をそなえていること，伝統的価値観の尊重姿勢や皇室崇敬が稀薄（あるいは特殊）なこと，などが挙げられそうである。

他方，宗教団体が特定の既成政党や候補者を支援するケースであれば，広範に見られる。神社界では**神社本庁**（政治団体・神道政治連盟があり，主に自民党候補支援），仏教界では**全日本仏教会**，新宗教界では立正佼成会などを中心に**新日本宗教団体連合会**などの連合体がそれぞれ政治活動に関わり，自民党・民主党候補を中心に推薦・支援してきた。新宗教では，かつては生長の家が**生長の家政治連合**を結成し自民党の保守政治家支援を中心に活発に活動していた。これらは基本的には主義主張や方向性に適う候補者を支援するものである。

以上，宗教団体の政治進出・関与のケースを見てきたが，ではそこにどのような問題があるだろうか。そこには，複数の論点が絡み合う。まずは国の見解を確認しておこう。憲法審議段階の 1946 年 7 月の第 90 回帝国議会で，金森徳次郎国務大臣は「宗教団体そのものが政党に加わるということがあり得るのかどうかは，にわかに断言できませぬけれども，政党としてその関係者が政治上の行動をするということを禁止する趣旨ではございませぬ」と答弁した。この見解はその後も引き継がれ，比較的近年でも内閣法制局は，政教分離原則は「宗教団体が政治的活動をすることをも排除している趣旨ではない」としている（1995 年 12 月など）。このように国は宗教団体の政治的活動を排除しておらず，選挙結果などあくまで民意に委ねている。

「宗教者は一切政治に関わるべきではない」という一般的な忌避感は，厳格な政教分離と言えるが，「宗教は心の問題」（社会的次元に出るべきでない）との見方と表裏一体であり，宗教の持つ社会性を考えると若干狭い宗教観である。

教団が特定候補を支援する場合，「この人なら，自団体の方針に適う政治をしてくれるかも」と考えるのは，業界団体や組合などと変わらないとも言える。

次に，具体的に憲法の「国からの特権」「政治上の権力行使」（20 条 1 項），「公

金支出」（89条）という点を考えてみよう。公金としては政党助成金の存在がある。これは裏を返せば，政党でなければよいのか，政治団体で議員ゼロなら勝手にやらせておき，もし大きくなったら慌てて騒げばよいのか，ということにもなりかねない。また，税制などで優遇されている宗教法人が政治進出することを問題視する見方もあるが，これも法人でなければよいのかとなる。

政教一致を唱えていること自体の問題視もできるが，そもそも政教分離を批判し改革を訴える運動に対し，そのように批判することもあまり意味がない。

こうした問題を我々が考えるのには，やはり最大の事例である創価学会―公明党のケースが念頭にあろう。同党が政党となり約50年。多くの論客や勢力がそのあり方を批判・検討してきた。それでも1999年から10年間は政権与党となり，その間に政教分離違反が訴訟等で認定されることもなかった。いわば日本社会はそのようなあり方を追認してきたとも言える。もちろん，近年になり元公明党幹部による創価学会税制調査の際の干渉証言が出るなど，検討されるべき問題はある［矢野2011ほか］。だが，同党が再び野党となり，我々が真剣にこの問題を考えるタイミングは流れてしまった感もある。

ヨーロッパのキリスト教政党や「アラブの春」後のイスラーム政党の例などを鑑みると，この問題については日本の特殊性という面もある。国民として，有権者として，考え続けるべき問題である。

## 6　政教問題における衝突克服のために

最後に，以上のさまざまな政教問題を踏まえつつ，この問題に関する一定の合意を形成していくために，その要点を整理しておこう。

そもそも「政教分離」なる概念は，日本国憲法の20条と89条前段の条文を総称する場合に用いられるか，それらに内在している原理原則を表す場合に用いられているものであり，条文にこの語が用いられているわけではない。ゆえに憲法学者のあいだでも，それが「政治と宗教」「国家と宗教」「国家と教会（宗教集団）」いずれの分離なのか，見解は一致していない。これにも大きく分けて2つの立場があり国家と宗教の関わりを一切認めないとする**厳格分離説**と，ある程度の関わりを認める**限定分離説**が対立している［大原ほか1989］。

## 第10章　政治と宗教

　冒頭で紹介したように，欧米諸国では，理念的にも実際的にも，厳格分離説はとられていない。フランスでは，政治と宗教を最も厳格に分離する「ライシテ（非宗教性）」の原則が掲げられているが，それによって逆に，いわゆる「スカーフ問題」が生じており，ムスリムの信教の自由を侵しているのではないか，という疑いが深刻化している。

　国際比較の視点からわかるのは，フランスを除いて，多くの欧米諸国では政治と宗教が密接な関係を持っており，それにもかかわらず信教の自由が侵されているとは考えられていない，ということである。しかし，だからといって，必ずしも日本が多数派の国々にならう必要はないだろう。日本が独自に，政治と宗教をなるべく厳格に分離する道もあるかもしれない。

　しかし，いずれにせよ重要なのは，次のようなことだと考えられる。それは第一に，フランスを含め，各国の政治と宗教の関わりは，それぞれの歴史や文化によって規定されている，ということである。歴史や文化から遊離して政治と宗教のあり方を考えるのは，現実から乖離しているがゆえにイデオロギーや原理主義的な思想になりかねない。ゆえに日本では，少なくとも神道と仏教の関わりをはじめ，近代初期における植民地化の危機や，第一次世界大戦前後の国際社会における日本の位置，満州事変以降の政教関係の変化，そして敗戦によりもたらされた戦後体制の性格などに，よくよく留意しなければならないだろう。

　また第二には，3・4節でみたような宗教観のズレを解消すべく「宗教」という概念を捉え直す，ということである。多くの日本人は，特に「宗教を信仰する」といった意識を持たないまま，寺社に参拝したり，地域のお祭りに参加したりする。とりわけ神道に対しては「宗教ではないのではないか」という神道非宗教論につながるような心性はなかなか消えることがない。日本の宗教には，近代的な宗教概念に収まらず，欧米の理論では説明できない部分があることも確かである。そうした日本の宗教性についての割り切れない思いが，政教問題の背後に渦巻いていると考えられる。近年，日本のみならず，各地域・各文化との関わりで宗教概念を見直す必要性が認識されるようになっている。政教問題はそうした見直しの作業のフロンティアに位置しているといっても過言ではないのである。

そして第三に、各国で共通して目指されているのは、正確には政教分離そのものではなく信教の自由だということである。国教制度をとっていてもそれが保障されている国もあれば、厳格に分離されていてもそれが危ぶまれている国もある。必要なのは、歴史や文化を踏まえながら、信教の自由を侵さないような政治と宗教の関わりを模索していく、ということであろう。

以上のように近年では、政治や社会など公的領域に関わる宗教を論じる必要性がますます認識されてきており、それは「公共宗教論」などと呼ばれる［藤本2009］。あらためて読み直せば、本章のいたるところに「公」という言葉を見つけることができるに違いない。実のところ、この章そのものが、一種の公共宗教論になっていると言ってもいいだろう。現代日本における政治と宗教の問題は、単なる法律問題として捉えるわけにはいかず、国家観や歴史観、宗教観などが絡み合う思想的な問題として考えなければならなくなっているのである。

◆さらに学びたい人のためのブックガイド

まずは多くの批判を呼びつつも議論の前提となった書として、『国家神道』『天皇の祭祀』『慰霊と招魂』（いずれも村上重良）を挙げる。3冊とも岩波新書である。『国家神道形成過程の研究』（阪本是丸）は神道学からの徹底した歴史研究である。靖國問題については、『靖国問題の原点』（三土修平）や『靖国神社』（赤澤史朗）が論点も豊富で参考になる。『実例に学ぶ「政教分離」』（正・続・新、政教関係を正す会）は、40年にわたり政教分離問題を追ってきており内容が豊富だ。公明党に関しては、初期のものでは『創価学会＝公明党』（村上重良）、学術的な業績では『戦後日本の宗教と政治』（中野毅）などが資料的価値もあり、詳しい。戦後の「国家神道」については『国民の天皇』（ルオフ）などから関心を広げていこう。公共宗教論については、『近代世界の公共宗教』（カサノヴァ）・『〈公共宗教〉の光と影』（津城寛文）を読んで、日本や世界のケースを考えてみよう。

第 10 章　政治と宗教

**参考文献**

藤本龍児　2009『アメリカの公共宗教―多元社会における精神性―』NTT 出版．
井上順孝編集責任　2011『第 10 回学生宗教意識調査報告』2010 年度文部科学省科学研究費補助金（基盤研究 A）「大学における宗教文化教育の実質化を図るシステム構築」・國學院大學日本文化研究所．
井上順孝・孝本貢・對馬路人・中牧弘允・西山茂編　1990『新宗教事典』弘文堂．
石井研士編　2011『世論調査による日本人の宗教性の調査研究』（平成 20 年度～22 年度科学研究費補助金（基盤研究 B）研究成果報告書）．
小堀桂一郎・渡部昇一編　2005『決定版 全論点 新世紀の靖國神社』近代出版社．
村上重良　1970『国家神道』岩波新書．
中野毅　2003『戦後日本の宗教と政治』大明堂．
大原康男・百地章・阪本是丸　1989『国家と宗教の間―政教分離の思想と現実―』日本教文社．
島薗進　2010『国家神道と日本人』岩波新書．
田中伸尚　1997『政教分離―地鎮祭から玉串料まで―』岩波ブックレット．
─── 2002『靖国の戦後史』岩波新書．
坪内祐三　2001『靖国』新潮文庫．
塚田穂高　2010「北海道砂川市有地神社の最高裁違憲判断とその余波―RIRC 宗教記事データベース所収記事から見えてくるもの―」『ラーク便り』46：54-64．
─── 2015『宗教と政治の転轍点―保守合同と政教一致の宗教社会学―』花伝社．
矢野絢也　2011『乱脈経理―創価学会 VS.国税庁の暗闘ドキュメント―』講談社．

# 第11章　日本における宗教教育の歴史とその課題

高橋典史・山本佳世子

日本では近代以降，宗教をめぐる教育がさまざまな問題を抱えつつも展開を遂げてきた。本章では，日本における宗教教育と近年重要視されつつある「生と死」をめぐる教育の歴史と現状について解説しよう。

東京都内の宗教系大学（大正大学，高橋撮影）

第11章　日本における宗教教育の歴史とその課題

## 1　はじめに

　宗教と教育の歴史は古い。そもそも，キリスト教の修道院，仏教の僧院などに見られるように，多くの宗教では宗教者（聖職者）たちを育成するための機関やシステムを作り上げてきた。またその一方で，宗教者ではない一般信者などに対する教育も行われてきた。
　たとえば，中世ヨーロッパで生まれた「大学」という教育・研究機関も，その多くがカトリック教会の神学校などが母体となっていた。近世以前の日本においても，学問を教育・研究する機関としては，多くの学僧を抱えていた大寺院などがその代表だった。また，庶民のあいだでも，寺子（小）屋で子どもたちに教えていた人々には僧侶や神職が少なくなかった。
　しかしながら，西欧を中心に近代国家が形成されていくにつれて，宗教と教育の関係も変化していく。近代国家のなかには**政教分離**の原則を取るようになっていくものが現れ，そうした国々では宗教と政治的な領域とが分けられていった結果，公教育に関しても宗教勢力が関わらないものになっていったのである。
　現代日本における公教育（国公立の学校で行われている教育）も，基本的にはこうした「世俗」的な教育を基本としており，その枠組みのなかで宗教が教育されている。ただし，そうなるまでには明治以来のさまざまな経緯があった。そこで本章ではまず，近代以降の日本における宗教教育の歴史と現状について紹介する。
　さて，ひと口に「宗教教育」といっても，その性質によってさまざまなタイプに分けられる。しばしば取り上げられるものには，**宗派教育・宗教知識教育・宗教（的）情操教育**という3つのタイプがある。
　宗派教育というのは，各宗教団体が自らの運営する学校で自分たちの信仰に基づいた教育を生徒たちに施すことをいう。たとえば，キリスト教系の学校で聖書を読む授業を行ったり，仏教系の学校においてブッダや宗祖の教えを学ぶ授業を開いたりすることがこれにあたる。宗教知識教育は，社会科などの科目（日本史・世界史・地理・倫理といった領域）のなかで宗教に関わる知識が教えられ

るものであり，学校教育において広く行われている。そして，宗教的情操教育とは，特定の宗教に偏らない一般的な宗教性に基づいた教育を通じて，生徒たちの情操を育むことを目的としたものである。しかし，特定の宗教や価値観によらない教育が公教育において実現可能かどうか，今なお議論が続けられている[1]。

もちろん，これら3つのタイプは状況を整理するための便宜的な分類であり，教育の現場においてははっきりと分けられるものではない。たとえば，キリスト教の歴史や教えを学ぶような宗派教育の授業にも，宗教知識教育や宗教的情操教育の要素は含まれている。実際には3つのタイプの教育は関わり合うかたちで行われてきたといえる。

キリスト教やイスラームの歴史などについて知識のみに限定して教育することは，公立の中学校・高校でもこれまで行われてきた。しかしその一方で，生命や死といった古来より宗教と深く結びついてきた諸問題を，単なる知識としてではなく，個々人の倫理観や感情と関わるかたちで教育することの社会的なニーズも近年高まってきている。日本に関して注目すべきは，そうした「生と死の教育」が宗教教育と直接的には関係せずに取り組まれてきた点である。本章の後半部では，そうした生と死の教育とそれに隣接する道徳教育としての「心の教育」が，どのように行われてきたかについて取り上げたい。

## 2　日本における宗教教育の歴史

### 近代の宗教教育

日本における宗教教育の歴史は，近代国家の形成と深く関わっていた[2]（→第1章・第10章）。明治の初め，新たな国家づくりを目指していった新政府は，天

---

1) そのほかにも，ジャーナリストの菅原伸郎は，宗派教育・宗教知識教育・宗教（的）情操教育の3つに加えて，「カルト」に対する安全教育としての「対宗教安全教育」，他国の宗教やマイノリティの宗教を尊重するための「宗教的寛容教育」の2つを提案している［菅原1999］。また，宗教社会学者の櫻井義秀は，キャンパス内勧誘のような「カルト問題」に対する実践的な対策として，高等教育における「宗教リテラシー教育」の必要性を訴えている［櫻井2007］。
2) 以下，本章における日本の宗教教育の歴史については，［國學院大學日本文化研究所編1997；貝塚茂樹2006；宗教教育研究会編2010］をおもに参照した。

皇を中心とした皇国思想の普及や欧米から入ってくるキリスト教勢力への対抗を目的とする国民教化政策に着手した。神職・国学者・儒者・僧侶といった人々やその他の職能者たちが広く国民の教化にあたり，そこでは「敬神愛国」や天皇崇敬に基づく国民の教化が目指された。しかし，こうした試みはそれほど成果があがらず，ほどなくして終息してしまった。

他方，1872 年に西欧にならって近代的な学制がしかれて以降，学校教育制度は試行錯誤が続いていたが，明治も中頃になると帝国大学令・小学校令・中学校令・師範学校令が出され，近代的な制度が整備されるようになる。そして当時の政府は，学校教育を通じて尊皇愛国の思想を身につけた忠良な国民を育成することを目論んだ。

こうした天皇制を核とした国民道徳を教育しようとする政府の意向を体現したものが，1890 年に発布された**教育勅語**である。教育勅語は天皇から国民へ伝えられるメッセージという形式をとって，忠孝といった儒教的な徳目と尊皇愛国の思想を初等教育の段階から養おうとするものだった。国家が定めた祝祭日には，教員と生徒たち全員が学校へ集まり，御真影（各学校へ下賜された天皇と皇后の公式写真）に対して最敬礼と万歳をした後，教育勅語を奉読，それからその行事にふさわしい唱歌を合唱するといった儀式化された式次第が定められるなど，その実態は宗教的色彩が濃かった[3]。

だがその一方で，近代国家として信教の自由の体裁を保とうとした明治政府は，天皇を中心とする神道的な国家祭祀とその他の一般的な宗教とを区別し（神道非宗教論），宗教と教育の分離も徹底させた。そして，1899 年には官立公立学校および学校令下のあらゆる学校における「宗教教育」と「宗教上の儀式の執行」の禁止が定められた（ただし，一般の「学校」には属さない「各種学校」であれば，宗派教育を含む宗教教育を行えたため，キリスト教系の私立学校の多くはこちらを選んだ）。

このように政府が学校教育における宗教教育の実施を厳しく制限していった背景には，神道的な尊皇愛国の思想を教育することを非宗教的なものとして特権化し，キリスト教を代表とする宗教勢力の教育界における拡大を制限しよう

---

3) 1891 年 1 月，第一高等中学校での教育勅語奉読式の際，キリスト教の信者であった教員の内村鑑三が奉拝を拒否したため，批判を浴びて辞職に追い込まれた内村鑑三不敬事件はよく知られている。

とする思惑があったとされる。ここにも、「非宗教」とされた神道的な天皇崇敬が国家によって社会の公的領域に位置づけられた一方で、キリスト教・仏教・教派神道などの「宗教」は私的領域へと排除されるという近代日本における宗教の二重構造の存在を確認できるだろう（→第1章）。

なお、1918（大正7年）年に大学令が出されると、1920-30年代にかけて宗教系の私立大学が次々に誕生する。たとえば、仏教系では龍谷大学・大谷大学・立正大学・駒澤大学・大正大学、キリスト教系ではプロテスタントの同志社大学・立教大学・関西学院大学、カトリックの上智大学、神道系では國學院大學などである。

また、大正デモクラシーや大正教養主義の流れで、民間レベルでは知識偏重の教育から、生徒たちの個性・自発性・創造性を重視した教育が求められるようになっていた。そうしたなかで、昭和に入ると、特定の宗教には拠らない宗教的情操教育による生徒たちの道徳心の向上というアイデアが論じられていった。

しかし、戦争へと近づいていくにつれて、国家権力による教育内容への介入も強まっていく。当時の文部省は国民道徳を養成するための教育に注目するようになり、1930年代にはこの宗教的情操教育というアイデアを取り入れるかたちで、教育勅語の徹底や滅私奉公の精神の推進が行われた。そして、戦時体制下の学校教育は国家主義・軍国主義に取り込まれていき、天皇を頂点とする国家への忠誠を促し、「皇国臣民」を育成するための手段となってしまった。

## 戦後の宗教教育

前項で説明したように、「戦前は宗教的だった」としばしばイメージされがちな近代日本の学校教育は、実際には「非宗教」とされた神道的な尊皇愛国に関わる教育を除き、宗教教育、特に宗派教育は厳しく制限されていた。

1945年の大戦の終結後、日本の宗教教育をめぐる状況は大きく変わった。同年10月には課程外であれば、私立学校でそれまで一切禁止されていた宗派教育や宗教儀式を行うことが可能となった。また、12月にはGHQ（連合国軍最高司令官総司令部）により「**神道指令**」[4]が出されていわゆる「**国家神道**」は解体させられ、戦前の状況への反省から公教育から神道的な教育も排除される方針が

第 11 章　日本における宗教教育の歴史とその課題

示された（→第 10 章）。

そして，1946 年に公布された日本国憲法によって示された信教の自由と政教分離原則は，戦後の宗教教育にも大きな影響を与えることとなる。

「日本国憲法　第 20 条」〈信教の自由と政教分離原則〉（1946 年 11 月 3 日公布・1947 年 5 月 3 日施行）
　　第 20 条第 3 項　国及びその機関は，宗教教育その他いかなる宗教的活動もしてはならない。

さらに，この新憲法の規定を踏まえて制定された**教育基本法**により，宗教教育の方針が定められた。

「教育基本法　第 9 条」（1947 年 3 月 31 日公布・施行）
　　第 9 条（宗教教育）　宗教に関する寛容の態度及び宗教の社会生活における地位は，教育上これを尊重しなければならない。
　　2　国及び地方公共団体が設置する学校は，特定の宗教のための宗教教育その他宗教的活動をしてはならない。

これら一連の法律の制定によって，公教育における宗派教育的な宗教教育の排除（宗教知識教育のようなものは，研究・教育上の必要があれば認められる）と，生徒の信教の自由を侵さない範囲での私立学校における宗教教育の自由化という戦後日本の宗教教育の基本的な性格が決定づけられていったのである。そこには，特定の宗教の利益にならないことへの配慮と，宗教への寛容の姿勢という 2 つの側面が並存してきたといえる。

なお，戦後の GHQ の占領期でも宗教的情操教育の必要性が論じられていた。

---

4) 1945 年 12 月 15 日に GHQ により下された「国家神道，神社神道ニ対スル政府ノ保証，支援，保全，監督並ニ弘布ノ廃止ニ関スル件」の通称。そのなかには，「全面的ニ或ハ部分的ニ公ノ財源ニ依テ維持セラレル如何ナル教育機関ニ於テモ神道ノ教義ノ弘布ハソノ方法様式ヲ問ハズ禁止セラルベキコト，而シテカカル行為ハ即刻停止セラルベキコト」といった条文があるように，あらゆる教育機関において，神道の教義を布教したり，教科書にそうした内容を記載したりすることや，神社への参拝や神道関連の儀式を行うことが禁じられた（それを後援することも認められなかった）。

敗戦直後の国民の精神的な空白状況において，国民の道徳心を育成するための宗教的情操教育の積極的な役割に期待した文部省は，教育基本法第9条（宗教教育）のなかに「宗教的情操の涵養」という文言を入れることを考えた。しかし，特定の宗教によらない宗教的情操教育は不可能であると判断した占領軍側の反対によって，結局，同法は前掲の内容となったのである〔貝塚2006〕。

さて，1947年の学校教育法施行規則では，私立学校に関しては「宗教」を教科課程に入れることが可能となり，「道徳」に代えて「宗教」の科目を設けることができるようになったため，宗教系の私立学校のなかには宗教の授業を行うものが現れた。さらに1949年には私立学校法が公布されたため，宗教系の学校法人による学校の設置が相次いでいく。こうして宗教教育についていえば，戦前とは異なり，公立学校と私立学校とでは大きな違いが生まれていったのである。

宗教教育が制限された公教育に関しては，その後，道徳教育の重要性が論じられていった。1958年，小学校に「道徳の時間」が設置され，1963年には高校の社会科に「倫理・社会」という科目が加わる。

1966年，文部省に置かれた文部大臣の諮問機関である中央教育審議会（中教審）が，「後期中等教育の拡充整備についての答申」とあわせて提出した答申である「期待される人間像」には次のような文章がある。

　五　畏敬の念をもつこと
　　以上に述べてきたさまざまなことに対し，その根底に人間として重要な1つのことがある。それは生命の根源に対して畏敬の念をもつことである。人類愛とか人間愛とかいわれるものもそれに基づくのである。
　　すべての宗教的情操は，生命の根源に対する畏敬の念に由来する。〔中略〕このような生命の根源すなわち聖なるものに対する畏敬の念が真の宗教的情操であり，人間の尊厳と愛もそれに基づき，深い感謝の念もそこからわき，真の幸福もそれに基づく。（「期待される人間像」1966年10月31日，中央教育審議会）

一読してわかるように，「期待される人間像」では特定の宗教によるものでは

ないものの、宗教的な性格のかなり強い情操教育が目指された。しかし、こうした教育方針に対しては、教育界では特定の価値観を押しつける恐れがあるといった反発も大きく、実現化までには至らなかった。ただし、その後も道徳教育を強化しようとする流れは続いており、公教育における宗教教育、とりわけ宗教的情操教育のあり方をめぐる議論は現在まで続いている。

## 3　宗教教育の現状と諸問題

すでに説明したように、現代日本において宗教教育が広く実施可能なのは、宗教知識教育だけでなく、宗派教育や宗教的情操教育も行うことのできる私立学校だけである。それでは、日本には宗教系の私立学校はどのくらいあるのだろうか。以下に挙げるのは、文部科学省が公表している現在の日本における学校数（表11-1）と、㈶国際宗教研究所宗教情報リサーチセンター（http://www.rirc.or.jp/）が独自に調べたデータベースをもとにした宗教系の私立学校の数の表（表11-2）である。

表11-2からはキリスト教系の私立学校の数が非常に多いことが見て取れるだろう。ここでいうキリスト教系にはカトリックの多くの修道会のほか、プロテスタントの各教派による多数の学校が含まれる。この学校数の多さは、明治初期以来、キリスト教は教育事業に熱心であり、特に女子教育を積極的に行うなど、いわゆるミッション・スクールと呼ばれる学校を数多く運営してきたことに由来する。なお、仏教系や新宗教系の学校も同様で、多様な宗派や教団によって学校が運営されている。

さて、宗教系の私立学校の多くでは、週1時間くらいの割合で「宗教」関連の授業があり、礼拝や祈りといった宗教的な儀礼も行われている。そこでは、学校を運営している宗派・教派・教団の教えや理念に基づいた教育が実施されている。たとえば、禅宗系の学校では座禅を実際に行ってみる授業を開いたり、キリスト教系の学校の多くでは定期的な礼拝やクリスマスの行事などが催されたりしている。また、大学や短大に関しても、キリスト教系の学校であれば、一般教養の必修科目として「キリスト教学」「聖書」といった科目が、仏教系の学校だと「日本仏教史」「真宗史」などの科目がたいてい設けられている。

表 11-1　日本における学校数（2010 年度）[5]

|  | 国立 | 公立 | 私立 | 総計 |
|---|---|---|---|---|
| 小学校 | 74 | 21,713 | 213 | 22,000 |
| 中学校 | 75 | 9,982 | 758 | 10,815 |
| 高等学校 | 15 | 3,780 | 1,321 | 5,116 |
| 大学・短大 | 86 | 121 | 966 | 1,173 |

表 11-2　日本における宗教系の私立学校の数（2009 年 3 月 26 日現在）

|  | 小学校 | 中学校 | 高等学校 | 大学・短大 | 総計 |
|---|---|---|---|---|---|
| 神道系 | 0 | 3 | 5 | 4 | 12 |
| 仏教系 | 11 | 54 | 111 | 78 | 254 |
| キリスト教系 | 82 | 183 | 218 | 131 | 614 |
| 新宗教系 | 3 | 13 | 16 | 4 | 36 |
| 総計 | 96 | 253 | 350 | 217 | 916 |

　一方，現在の公教育，とりわけ初等・中等教育において宗教はどのようなかたちで教えられているのだろうか。

　端的にいって，日本の公立学校では義務教育の段階では，宗教について体系的に教えられることはほとんどない。小学校の「社会」や中学校の「歴史」のなかで，宗教に関わる歴史的な事件・偉人・文化遺産が部分的に言及されるのみである。高校では「倫理」が公民の分野のなかにあり，大学入試の選択科目の 1 つにもなっている。そこでは，哲学・思想教育の文脈で，キリスト教・仏教・儒教・日本の宗教などの歴史と思想が教えられている。このように公教育における宗教に関わる教育は，宗教教育として特化されているものではなく，その他の多くの事がらも学ぶ授業の中の一部で取り上げられるに過ぎず，教える教員もそれを学ぶ学生の側も「宗教教育」としてはっきりと意識しているものではない。

　また，これらの科目では思想や歴史が重視されるぶん，各宗教の信仰生活の

---

5) 文部科学省『学校基本調査―平成 22 年度（確定値）結果の概要』
　http://www.mext.go.jp/b_menu/toukei/chousa01/kihon/kekka/k_detail/__icsFiles/afieldfile/2010/12/21/1300352_1.pdf
　http://www.mext.go.jp/b_menu/toukei/chousa01/kihon/kekka/k_detail/__icsFiles/afieldfile/2010/12/21/1300352_2.pdf

実態であるとか，宗教に関わる現代的な諸問題についてはあまり取り上げられない傾向が見られる。また，感性や徳目を養うということよりも，知識として主要な宗教の歴史や思想を学ぶための教育という性格が強い。

さらにいえば，公教育においては，宗教を教える教員を養成するということ自体がなされてこなかったという根本的な問題もある。小中学校の「道徳」の授業は教科ではないため，教員免許状は必要とされないし，高校の「倫理」も哲学・思想の一部として宗教が取り上げられているにすぎないので，宗教に特化した科目ではない[6]。

いずれにせよ，日本の宗教教育の歴史のなかで長らく議論されてきた「知識」と「情操」をめぐる問題は解消されてはいない。たとえば，2006年に改正された教育基本法の文言は注目に値する。

「教育基本法 第15条」（2006年12月22日公布・施行）
（宗教教育）
第15条　宗教に関する寛容の態度，宗教に関する一般的な教養及び宗教の社会生活における地位は，教育上尊重されなければならない。

この法律の制定過程では，「宗教的情操教育」を盛り込むかどうかが議論され，当時の自民党と公明党の連立政権（安倍晋三政権）内で合意が得られなかったため，「宗教に関する一般的な教養」という「知識」の範疇に収まるような表現に落ち着いた［宗教教育研究会編2010］。「公教育において宗教的情操教育を行おうとした場合，宗教的な中立性が確保できるのか？」という大戦直後に占領軍が提起した疑問は，今なお解消できないままであるともいえるだろう。

このように「知識」の面にせよ，「情操」の面にせよ，日本において宗教教育は，いまだに十分になされているとはいえない状況にあることは間違いない。

---

[6] 宗教系の私立学校（中学・高校）において「宗教」の時間を担当する教員は，大学で「宗教科」の教員免許状を取得している。ただし，この免許状を取得できる国公立大学は非常に少なく（東北大学文学部，東京大学文学部，京都大学文学部など），基本的にはキリスト教系，仏教系，神道系の私立大学のなかで宗教科の教職課程のカリキュラムを組んでいるところで取得することになる。そのため，宗教科の免許状取得は，同じ宗派や教派の学校において宗派教育を実施するためのものとなっている傾向にある［宗教教育研究会編2010］。

宗教教育をめぐる論争が続いてきた一方で，教育現場での実質化はそれほど進んではいないというのが現状なのだ。

しかしながら，20世紀後半以降，在日外国人人口，国際結婚，流入する外来宗教といったものの数が増加するなかで，日本社会の多文化・多宗教化が進展している。また，インターネットの発達にともなう情報化の波により，膨大な量の宗教情報が社会に氾濫するようになってきた。その一方で，1995年のオウム真理教による地下鉄サリン事件に代表されるような，いわゆる「カルト」事件もたびたび発生している。そうしたなかで，宗教に関する教育への社会的な要請は高まっている［井上2011］。

そして，高等教育（大学教育）レベルでの取り組みではあるものの，こうした社会状況に積極的に対応することを主眼とした宗教文化教育という新たな宗教教育のあり方が，教育学ではなく宗教学の分野を中心に近年さかんに論じられつつあることは注目に値する。

宗教文化教育とは，グローバル化と高度情報化が進むなかで，大学生に自国と他国の宗教文化について学び，その理解を深めてもらうことを目的としたものであり，各種の取り組みが行われている[7]。これまで述べてきたように，公立学校では宗教について学ぶ機会はごく限られたものであり，また宗教系の私立学校においても宗派教育が中心である。そうした現状を考えれば，高等教育における異文化理解・国際理解教育にも通じる宗教文化教育の試みが，今後，小中高校生から社会人も含めたより幅広い人々にとっても，国内外の多様な宗教に関する基本的な知識を得てその理解を深めていくための一助となることが期待される。

それでは次に，これまで解説してきた宗教教育よりも，さらに「情操」に関わるといえる「生と死の教育」が，日本においてどのように取り組まれてきたのかについて取り上げてみよう。

---

7) 2011年には「宗教文化教育推進センター」（通称 CERC（サーク））が発足し，大学における所定の科目の単位を取得したうえで認定試験に合格した者には，「宗教文化士」という資格が認定されるという取り組みも始まった。http://www.cerc.jp/

## 4 日本における「生と死の教育」

### 「生と死の教育」の始まり

　かつて，三世代同居が当たり前で，ほとんどの人が自宅で亡くなっていた時代には，子どものころから身近な人を看取り死別を経験し，そうした経験を通じて，人が亡くなるとはどういうことなのか，死別の悲しみにどう対処していくのかを学んだ。日常のなかに，死生観を育む機会があったのである。しかし，核家族化や病院死の増加，医療技術の発展などを背景に，死と向き合い，生を見つめ，死生観を育む機会が失われてきた。死を日常から排除し，病院へと隔離（死の病院化）していった結果，「死生観の空洞化」が進んだ。団塊の世代以降，親，あるいは自身や配偶者の死が，はじめて経験する身近な死の経験となることもある。空洞化した死生観しか持たない者が，それでも死に直面し，死に向き合わざるを得なくなってきている。結果，その死にどう対処してよいかわからず，非常に深い苦悩を経験することになる。

　近年，死の病院化と死の隠蔽への反動として，死への関心が高まっている［島薗2003］。その1つが，意識的に生や死について考える場を創出しようとするものであり，学校教育においても「生と死の教育」の必要が言われるようになった。それらは「死への準備教育」や「いのち教育」「いのちの教育」「いのちの授業」「死の教育」など，さまざまな呼称があり，明確な定義や統一された呼称はない。本論では，生や死，いのちを扱う教育群をまとめて「生と死の教育」と呼ぶこととする。

　生と死の教育のモデルは，欧米における death education であり，欧米では宗教教育の枠組みのなかで行われることが多い。しかし日本においては，宗教教育とは異なる流れにおいて，生と死，いのちを扱う教育が展開されてきた。1980年前後から，欧米で行われてきたものを日本においても取り入れようとする動きが見られるようになる。学校における death education を日本で最初に紹介したのは，ドイツ人でカトリックのイエズス会神父であるアルフォンス・デーケンである。

　死が社会的タブーとされるなかで，あらためて死について学ぶ必要が認識さ

れ，欧米では 1970 年代より初等・中等教育において death education が行われるようになる。デーケンは，それを「死への準備教育」と訳し，日本の学校においても必修科目として取り入れることを提唱した［デーケン 1986］。ドイツにおいては，必修科目である宗教教育のなかで取り入れられているものである。それは，いつかは誰にでも訪れる死についての思索を深めることで，死までの時間を「どう生きるか」考えることを目指す。

　デーケンは「死への準備教育」で扱うテーマとして，以下の 15 項目を挙げている［デーケン 1986］。すなわち，①死へのプロセス，②人間らしい死に方，③死別による悲嘆，④死への恐怖と不安，⑤死にまつわるタブー，⑥自殺予防，⑦病名告知，⑧死と死へのプロセスをめぐる倫理的な問題，⑨医学と法律に関わる諸問題，⑩葬儀，⑪時間の貴重さの発見と，価値観の見直し，再評価，⑫死の芸術，⑬個人的な死の哲学の探究，⑭宗教における死，⑮死後への考察，である。

　デーケンはさらに「避けられない死」と「避けられるかもしれない死」に分けて考える。前者は病死や老衰などによる死を指し，死とは何かを考え，死を見つめることで生を見つめ直す作業を求める。後者は自死や交通事故，エイズ，戦争などを指し，なぜ起きるのか，どうしたら防げるのかを考えるものであり，倫理観や正義感を身につけさせるといった道徳的志向性を含む。

　デーケンは，1982 年に日本で設立した「生と死を考える会」で死への準備教育を展開する。会の活動は，①死別体験の分かち合い，②生と死についての意味の探求（死への準備教育），③終末期医療の充実，を柱に据える。1980 年代よりさかんになったホスピス運動（→第 9 章）と相まって，生と死を考える会は全国各地に設立されていく。しかし 1999 年，死への準備教育に対する見解の相違から会内部で対立が起こり，生と死を考える会は分裂する。デーケンのキリスト教的価値観への反発と，「そもそも死を教えることができるのか」というより根源的な問いがあったという。できるのはせいぜい「共に考えること」なのではないかという指摘である[8]。結果，デーケンは生と死を考える会を脱会，「東京・生と死を考える会」を新たに設立する。生と死を考える会は，死への準備

---

8)「生と死を考える会の創立者デーケン氏，新組織　死の教育，意見対立」（『朝日新聞』1999 年 6 月 2 日付）。

教育よりも遺族ケアがその活動の中心になっていく。

　キリスト教文化圏では，死生など価値観に関わる内容は宗教を経由するという伝統があるため，death education は宗教教育の一環でなされることが多い。宗教者と信徒の関係が羊飼いと羊で表現されるように，その際に教員は生徒を「教え導く存在」なのであろう。それが日本の教員には受け入れられなかったのではないだろうか。デーケンの活動は，市民レベルでの死への関心の高まりというニーズに呼応するかたちでは成功するが，学校における死への準備教育に限ると，必ずしも普及にはつながらなかった。

## 生と死の教育の興隆

　1990年代後半以降，生と死の教育は新たな展開を見せる。1994年の愛知県で発生した中学生いじめ自殺事件が社会の注目を浴び，さらに1997年には神戸連続児童殺傷事件が，そして2000年には17歳の少年による犯罪が複数報道され，いじめや少年犯罪の増加，凶悪化，低年齢化といった言説が立ち現れる。その是非については本論では問わないが，子どもの「いのち観」が問題視され，その原因として，「死のタブー化」に加え，「テレビゲームによって育まれたリセット可能なヴァーチャルないのち観」が挙げられた。そして，それに呼応するかたちで，子どもたちに「いのちの大切さ」を教えることが必要だ，という言説のもと，生と死の教育があたかもブームのように提唱されるようになる。

　阪神淡路大震災を経験し，神戸連続児童殺傷事件があった「兵庫・生と死を考える会」では「生と死の教育」部会が精力的に活動を展開する。デーケンを踏襲しつつ，「生きることのすばらしさ」「生かされていることへの感謝」を確認する。さらには，「心の教育」の一環として生と死の教育を位置づける。

　教育学者の得丸定子はデーケンのキリスト教的・欧米的実践を批判し，日本の死生観に基づく「日本的いのち教育」を提唱する。かつての日本では存在した自然発生的な「いのち教育」が消滅してしまった現在において，それに代わるかたちで「生命の有限性と尊厳性」「いのちの大切さ」を教えようとする［得丸2000］。

　これらの実践からは，避けられない死を扱う目的の変化がうかがえる。すなわち，「死に備えての生き方を考える」から，「避けられるかもしれない死」を

防ぐための「生きる力」を養うために避けられない死について考えるのである。デーケンは,「いのちの大切さ」という語を用いることはなかった。それが,少年犯罪への注目などを経て,「子どもたちにいのちの大切さを教えなければ」という意識へと変容していったのである。

　また,臨床心理士であり,スクール・カウンセラーとして子どものケアにたずさわってきた近藤卓は,1998年に「子どもといのちの教育研究会」を設立し,「いのちの教育」を提唱する。いのちの教育とは,「いのちのかけがえのなさ大切さ素晴らしさを実感し,それを共有することをとおして自分自身の存在を肯定できるようになることをめざす教育的営み」であると定義する［近藤2002］。その実践においては,共有体験を通じて,「自分は受け入れられている」と感じ,基本的自尊感情を高めることを目指す。

　近藤の実践は,生きづらさを抱えている生徒たちのケアに焦点が置かれている。さらに,基本的な自尊感情を育むことは,「他者を思いやることができるように」なり,「自然環境・社会環境を,守り育てる態度や行動が取れるようになる」ことにつながるとする［近藤2009］。

　死に焦点を当てる死への準備教育から,生と死を含むいのち全体を扱うものへ,さらには死よりも生のすばらしさに焦点が移行してくるなかで,哲学的な思索を求めた前者から,体験的なワークをしたり,がん患者や遺族などの当事者の体験を聞いたりと,より情緒に訴える体験・経験を重視する後者へとその内容は変化し,それとともに道徳的な指向性も強くなってきた。

## 生と死の教育の隣接領域

### (1) 道徳教育としての「心の教育」

　生と死の教育を提唱する者が,その枕詞として「いじめや少年犯罪,子どもの自死の増加」を挙げて,子どもたちの「いのち観」を育むことを目指す傾向は,政府によっても進められている。1990年代後半から,道徳教育推進の動きが活発になる。1996年には中教審で「生きる力」答申[9]が出され,「生きる力の育成」という方針が示される。さらに1998年に「心の教育」答申[10]が出され,

---

9) 1996年中央教育審議会答申「二一世紀を展望した我が国の教育のあり方について（第一次答申）」。
10) 1998年中央教育審議会答申「新しい時代を開く心を育てるために」。

第 11 章　日本における宗教教育の歴史とその課題

写真 11-1　「心のノート」（山本撮影）

「生命の大切さ」を育む心の教育が提唱される。ここで，道徳教育が「心の教育」と呼びかえられるようになる。1998 年に告示された道徳の学習指導要領では，「生命の尊さ」を理解し，「いのちのかけがえのなさ」を尊重することが挙げられるようになる。答申を受け，2000 年には「心のノート」の作成がすすめられ，2002 年に「心のノート」は全国の小・中学校に配布されることとなった。

「心のノート」は，「人間を超えたもの」への「畏敬の念」を育もうとする宗教的情操教育的な内容，絶えず自分の心を見つめるように促し，一方で他者とのかかわりが描かれない心理主義的な内容，現実の葛藤や矛盾を描かずにスローガンのみを掲げ，とにかく「いい子」であることを求める徳目主義的内容，国を愛する心を育むことを目指す愛国心教育的な内容であるなどと批判も多い。特に，教科書や副読本のように検定や届出を経ずに配布されるために，新たな国定教科書であるとする反発が強い。

このような内容は，戦後の道徳教育推進の動きと連続したものであり，少年犯罪やいじめ問題が社会問題化し，「いのちの大切さ」を子どもたちに教えることを世論が求めるなかで，道徳教育から心の教育と呼びかえ，進められた。こうした動きに呼応するかのように，生と死の教育も道徳的志向性を強めており，心の教育と重なる内容を持つようになってきているとも指摘される［山本 2009］。

### (2) 生命倫理教育

　生命倫理学（→第9章）を背景とした**生命倫理教育**は，1980年代後半より，実践の積み重ねがなされている。バイオテクノロジーと先端医療の発達がもたらす生と死の問題群の倫理的・法的・社会的ジレンマに向き合う。高校の「現代社会」の教科書には，1980年代前半から，体外受精や男女産み分けの記述がなされており，1989年告示の学習指導要領の「倫理」には，その解説で生命倫理が位置づけられたため，高校「倫理」のほとんどの教科書に生命倫理の諸問題が掲載されるようになった。さらに1998年告示の学習指導要領では，「現代社会」でも生命倫理の諸問題が位置づけられるようになった。「現代社会」か「倫理」「政治・経済」が必修となっているため，近年の高校生は必ず生命倫理の問題を学校教育において目にすることとなった。

　デーケンをはじめ，生と死の教育はその内容に生命倫理の諸問題をも含むことが多い。生と死の教育の一環でなされる生命倫理教育は，単にその是非を問うだけでなく，その問題の背景にある社会・文化的価値をも問いながら，自身の問題に照らし合わせ，結局は「いかに生きるか」を考えることにつながっていく。

## 生と死の教育の課題

　生と死の教育は，死をタブー視し，死を遠ざけてきた大人たちが，自身が死に直面して，どうしたらいいかわからなくなったことから，子どものころから死について考える場が必要だと考えるようになり始まった。それに少年犯罪やいじめなどが社会問題となるなかで，子どもたちのいのち観を問題視し，「いのちの大切さ」を教えようとするものに変質していった。

　さらに子どもたちの道徳的退廃を嘆く声と結びつき，道徳教育的な意義を生と死の教育に見出す。ここでは，そもそも道徳的退廃とは何なのか，また子どもたちのいのち観が問題だとして，では正しいいのち観とは何なのか，といった議論は経られていない。

　また，死について扱うと，「死後どうなるのか」という問いを避けることができず，公立学校の教員はそれを話題にすること自体も「宗教教育」であるとして躊躇する。わずかでも宗教的な内容に触れることはできる限り拒否しようと

する態度が，戦後の教育政策のなかで染みついているのである。

なぜ生と死の教育が求められるのか。死を教えることなどできるのか。こうした問いが，大人たちにあらためて問われている。

## 5　おわりに

本章で取り上げてきたように日本においては，近代以降，さまざまな「宗教教育」が模索されてきた。そして，その試行錯誤は今なお続いている。

しかしながら，そうした事態は裏を返せば，時代状況に即した宗教教育が常に求められてきた証拠であるともいえるだろう。国際化が進み，多様な外国人たちが到来している現代社会にあっては，さまざまな宗教の基本的な知識を持つことは不可欠であるし，自分たちの身の周りの宗教や習俗について知っておくことも重要である。また，いわゆる「カルト問題」などについて基礎情報を得ておくことも，社会を生きていくうえでのリスク軽減のために有用だ。さらに，少子高齢化が進み，従来の家族のあり方が変容しつつある社会状況にあっては，生命や死をめぐる問題について学び，深く考えるということに教育が果たす役割はますます大きくなっていくだろう。

宗教教育とは今まさに我々が考えていかなければならない課題なのである。

---

◆さらに学びたい人のためのブックガイド

　日本における宗教教育の歴史と動向についての基本文献としては，『宗教と教育』（國學院大學日本文化研究所編）をまず一読してほしい。また『宗教教育資料集』（同編）もある。近年の成果としては『宗教を考える教育』（宗教教育研究会編）において，日韓独豪の10人の研究者たちが，論争が続いてきた公教育における宗教教育の新たなあり方を模索している。また，『現代のエスプリ499　いのちの教育の考え方と実践』（近藤卓編）では，生と死の教育（いのちの教育）が求められている背景やその目的と意義，家庭や学校での実践例が紹介されている。同書には，宗教教育，「心のノート」，学習指導要領などと生と死の教育の関係性についての論考も収められており有用である。

## 参考文献

デーケン，アルフォンス 1986『死を教える』メヂカルフレンド社。
藤原聖子 2011『教科書の中の宗教―この奇妙な実態―』岩波新書。
――― 2011『世界の教科書でよむ〈宗教〉』ちくまプリマー新書。
井上順孝 2011「グローバル化・情報化時代における宗教教育の新しい認知フレーム」『宗教研究』369：111-137。
貝塚茂樹 2006『戦後教育のなかの道徳・宗教〈増補版〉』文化書房博文社。
國學院大學日本文化研究所編 1993『宗教教育資料集』すずき出版。
――― 1997『宗教と教育―日本の宗教教育の歴史と現状―』弘文堂。
国際宗教研究所編 1998『教育のなかの宗教』新書館。
――― 2007『現代宗教2007 宗教教育の地平』秋山書店。
近藤卓 2002『いのちを学ぶ・いのちを教える』大修館書店。
――― 2009「いのちの教育概説」近藤卓編『現代のエスプリ499 いのちの教育の考え方と実際』至文堂，45-52。
櫻井義秀 2007「「カルト」対策としての宗教リテラシー教育」国際宗教研究所編『現代宗教2007 宗教教育の地平』秋山書店，300-321。
菅原伸郎 1999『宗教をどう教えるか』朝日選書。
島薗進 2003「死生学試論（1）」『死生学研究』1：12-35。
宗教教育研究会編 2010『宗教を考える教育』教文館。
得丸定子 2000「学校で「死」を教える」カール・ベッカー編著『生と死のケアを考える』法藏館，17-44。
山本佳世子 2009「教育現場における生と死」清水哲郎監修，岡部健・竹之内裕文編『どう生き どう死ぬか―現場から考える死生学―』弓箭書院，71-91。

# 第12章　グローバル化する日本の宗教
――日本宗教の海外進出と外来宗教の到来

高橋典史・李賢京・星野壮・川﨑のぞみ

近代以降,国境を越える移動や移住が増加していくにつれて,宗教もまたグローバルに展開し変化してきた。本章では日本の宗教の海外進出と外来宗教の日本での広がりを取り上げて,「移動する宗教」が持つ特徴について解説する。

東京都内のイスラームのモスク
(東京ジャーミイ(渋谷区),高橋撮影)

第 12 章　グローバル化する日本の宗教

## 1　はじめに

　宗教は移動する。日本の伝統宗教の1つとされる仏教も，もともとは古代インドで発生し，それが中国，朝鮮半島から日本へと伝わってきた。キリスト教も戦国時代に日本へ伝わり，明治以降，多くの宣教師たちが来日するようになり，日本へと定着してきたものだ。古来より人間の移動とともに，文化や宗教といったものも地域や国を越えて伝播してきたといえる。近代以降もそれは同様ではあるが，グローバル化の流れが強くなり，国境を越えるようなヒト・モノ・情報の移動が加速化・複雑化していくなかで，宗教の移動も激しくなってきた。

　本章では，近代以降に強まるグローバル化の流れに，日本の諸宗教（以下，「日本宗教[1]」と呼ぶ）がいかにして海外へと進出し，その一方で海外産の宗教（以下，「外来宗教[2]」と呼ぶ）がどのように日本へ到来して活動してきたのかを取り上げる。

　19世紀後半以降，数々の宗教教団が日本から海外地域へと進出していったという事実を知る人は，それほど多くないかもしれない。しかしながら，第二次世界大戦（アジア太平洋戦争）において日本が敗戦するまで，日本宗教は，東アジア，インドシナ半島，旧南洋諸島，ハワイ・北米などの広大な海外地域で活動を展開したのである。日本の敗戦後，日本宗教の大半は植民地や占領地域から撤退していったが，ハワイ・アメリカ大陸ではその活動を存続させた。その後，新宗教教団を中心に再び海外布教が活発化し，各地で非日系人信者も獲得してきた。

　一方，バブル景気に沸いた1980年代後半以降，日本においては南米からのデカセギ[3]の日系人やアジアを中心とする国々からのいわゆるニューカマーの外

---

1) ここでいう「日本宗教」とは，近世以前から存在するいわゆる「伝統宗教」と，幕末維新期以降に発生する「新宗教」の2つを含んでいる。
2) 歴史的には仏教・儒教・キリスト教といったものも，元来は「外来宗教」であるといえるのだが，本書でいう「外来宗教」は，20世紀後半以降，来日する外国人とともに日本へ流入するようになってきた新たな宗教集団を指す。それゆえ，そこにはチベット仏教やタイの上座部仏教のような仏教系の集団も含まれるし，韓国系や南米系のキリスト教のプロテスタント教会なども含まれる。

表 12-1　日本の国籍別外国人登録者数
（上位 10 カ国，2010 年末現在）[5]

| 国名 | 人数（単位は「人」） |
| --- | --- |
| 中国 | 687,156 |
| 韓国・朝鮮 | 565,989 |
| ブラジル | 230,552 |
| フィリピン | 210,181 |
| ペルー | 54,636 |
| 米国 | 50,667 |
| ベトナム | 41,781 |
| タイ | 41,279 |
| インドネシア | 24,895 |
| インド | 22,497 |

国人労働者やその家族が増加しており，現在 200 万人以上の外国人が在住している[4]。また，国家政策レベルでも，減少する労働人口を補うことを目的とした大規模な移民の受け入れが論議されてきた。そうした状況を反映して，現在では国外から多くの外国人たちが来日して定住を進めており，それとともに外来宗教も数多く到来するようになっている。とりわけ韓国系や南米系のプロテスタント教会，イスラームのモスクなどの増加には目を見張るものがある。本章では，それらの宗教集団について，日本に到来した経緯，組織の展開状況，その担い手たちの実態，宗教活動の具体的な内容，日本社会のなかで現在抱えている問題，といった点を中心に紹介していく。

多民族化・多文化化が着実に進行している現代日本の状況を考えるならば，こうした宗教のグローバルな動きについての知識を得て，その理解を深めるということは，今後ますます重要なものになっていくことは間違いない。

---

3) 本章では日本に住む南米系日系人の代表格として，在日ブラジル人をおもに取り上げて説明する。その際に，日系ブラジル人 1 世から 3 世までとその配偶者，ならびに彼らをとりまく非日系ブラジル人をあわせて「デカセギ」と呼ぶ。ちなみに「デカセギ」という言葉は，すでにブラジルではポルトガル語化している。
4) 現在の日本の外国人登録者数は 2,134,151 人である（2010 年末現在，法務省「登録外国人統計」による）。http://www.moj.go.jp/housei/toukei/toukei_ichiran_touroku.html
5) 法務省「登録外国人統計」をもとに筆者が作成（参照元は注 4 と同一）。

第12章　グローバル化する日本の宗教

## 2　日本宗教の海外進出

### 近代における海外進出

　日本宗教の海外進出は，仏教を先陣として19世紀後半から始まった。仏教に関しては，知識人を中心に「思想」として欧米社会に紹介された点も重要ではあるのだが，ここでは海外へと移住していった人々と密接に連動した組織的な海外布教の展開について取り上げていきたい。

　そうした日本宗教の海外進出は，台湾・朝鮮半島・中国東北部などを中心とするアジア地域の日本の植民地におけるものと，ハワイやアメリカ大陸へと渡った日系移民を追いかけて布教を展開していったものの2つのタイプに大別できる。これについて宗教社会学者の井上順孝は，前者を「国策依存タイプ」，後者を「移民依存タイプ」と名づけている［井上1985］。

　さて，近代において最も活発に海外布教を行ったのは，浄土真宗を筆頭とする伝統仏教だった。伝統仏教の海外布教の始まりは，明治初年の真宗大谷派の小栗栖香頂による中国布教であるとされている。しかし，各宗派の海外布教が本格化するのは，日清戦争（1894-1895年）以後のことであり，東西本願寺を中心に日系仏教のおもな宗派がアジア地域やハワイ・北米へと渡っていった。

　もちろん，こうした日系仏教による精力的な海外布教の背景には，海外へと勢力を拡大していこうとする当時の日本国家の影響があり，とりわけアジア地域における活動は当時の国策に依存するものであった。また，各宗派のおもな布教対象も，基本的には海外地域に在住していた日本人や日系移民であった（ただし，植民地では現地人への布教も，一部ではあるものの行われた）。

　他方，19世紀後半から1920年代初めにかけて，おおよそ20数万人が移住したとされるハワイ・北米西岸に関しては，1890年代から浄土宗・浄土真宗本願寺派・曹洞宗などの各宗派が進出し，現地の日系移民たちのエスニック・チャーチ（特定の移民や民族集団によって構成されている宗教組織）としての重要な役割を果たしていった。各地の寺院では，葬式や追善供養（回向），年中行事，文化・教育活動などの日系移民たちに向けたさまざまな活動が行われていった。その一方で，非日系人向けの布教にはそれほど熱心ではなく，非日系人信者の獲得

第12章　グローバル化する日本の宗教

写真 12-1　海外の日系仏教寺院(ハワイ曹洞宗別院, 高橋撮影)

もごくわずかであった。

このように戦前期の伝統仏教の海外布教は，いずれの地域についても基本的には在外日本人や日系移民を対象とするものだった。とはいえ，海外地域では日本のような檀家制度は成り立たないため，葬儀や追善供養よりも日本人／日系移民たちに社会的・文化的なサービスを提供することに比重を置いていたようだ。なお，キリスト教の宗教伝統が色濃いハワイ・北米地域では，日本の伝統仏教もキリスト教式の寺院の組織・運営形態に改変したり，子どもたちに向けた日曜学校（サンデースクール）を開いたりするといった現地社会への適応が志向された。また，英語化の努力も行われ，仏教の経典や解説書の英訳，礼拝などにおける英語の使用などが進められた。

こうした取り組みの背景には，米国社会において日系移民に対する偏見や差別（排日運動）が強まり，日米関係も悪化しつつあったため，米国の一般社会に向けて仏教に関する理解を深めてもらう必要があったというだけでなく，米国で生まれ育ち，英語を母語とする日系2世たちにも対応しなければならなかったという2つの側面があった。

また，1901年に建てられた官幣大社の台湾神社を皮切りに，朝鮮半島，中国東北部，樺太（サハリン），シンガポールなどのインドシナ半島，旧南洋諸島といった日本の勢力下の地域や日系移民が多数居住していたハワイなどに，**海外**

243

第12章　グローバル化する日本の宗教

神社（戦前の日本の国外への勢力拡大に伴いアジア太平洋地域などに創建された神社）が創設された。海外神社では，新年・天長節（天皇の誕生日を祝う祝日）・紀元節（神武天皇が即位した日とされる祝日）・明治節（明治天皇の誕生日を祝う祝日）の際には各種の祭事や集団参拝が催されるなど，日本本土におけるものと近い活動が行われていた。そして，植民地においては現地の非日本人住民に神社祭祀が強制されたことも看過できない問題である。

　伝統宗教以外にも天理教，金光教などの新宗教教団が，これまた在外日本人や日系移民を対象として布教活動を行った[6]。なかでも最も活発な布教活動を行ったのが天理教であり，明治20年代から東アジアでの布教を始め，その後，植民地だけでなくハワイや米国本土にも数多くの教会を設立している。なお，日中戦争が勃発すると軍部は，天理教や金光教のような教派神道系の教団に対し，現地住民（非日本人）への積極的な布教を要請することもあったとされる。

## 戦後の新宗教の海外展開

　1945年の日本の敗戦後，日本宗教はアジアや旧南洋諸島から撤退し，現地にあった寺院や神社などの宗教施設もほぼ消滅する。一方，ハワイや北米西岸では，戦中は日本宗教の活動が厳しく制限されたものの，戦後になると活動を再開させて現在に至っている（ただし，ハワイに多くあった海外神社に関しては戦後その数は大幅に減ってしまう）。また，伝統仏教の各宗派は，ブラジル，ペルーなどの南米[7]での布教にも着手する。北米やブラジルにおいては，戦後に新たに海外神社が創建されたというケースもある。

　これらの地域では，戦後も伝統宗教（寺院や神社）は現地の移民社会におけるエスニック・チャーチとしての性格を保持しており，現在でも非日系人への布教はあまり進められていない。ただし，北米の曹洞宗は例外であり，戦後，禅に関心を持つ一般のアメリカ人たちが増加するにつれて（たとえば，アップル社の創設者の故スティーブ・ジョブズ氏などがよく知られている），こうした人々に向

---

[6) 新宗教の海外進出の全体像については，［井上ほか編1990］の「新宗教の海外布教」の項目（608-657頁）を参照されたい。

[7) ブラジル，ペルー，アルゼンチンといった南米諸国も日本から多くの移民たちが移住した地域である。たとえば，ブラジルには20世紀初頭から1970年代初めにかけて，日本から計約25万人が移り住んだとされる。

けた禅センター（禅堂）が設立されていった。その結果，現地には日系人向けの寺院と非日系人向けの禅センターが併存することになった。また，同じく曹洞宗では，1960年代後半に単身でフランスに赴任した弟子丸泰仙が，禅の教えを広めていった。

　このように禅（Zen）の教えが欧米社会で広まっていった背景には，1960-70年代に欧米の若者たちの間で対抗文化（カウンターカルチャー）が隆盛し，東洋文化に対する関心が高まっていたことが大きく影響している。

　とはいえ，日本宗教の海外布教における戦後の新たな動きとして最も注目すべきものは，新宗教教団による活発な布教である。宗教学者の藤井健志は，日系新宗教の海外布教に関するこれまでの先行研究が対象にしてきた地域を，ハワイ・北米西岸，ブラジルなどの日系移民社会が存在してきた「第一の地域」，ヨーロッパ，アメリカ大陸，オーストラリア，東南アジアなどの大きな規模の日系移民社会が存在しない「第二の地域」，そして台湾，韓国，旧「満州」などの東アジアにおける戦前の日本の植民地であって，戦後に日本人社会が解体した「第三の地域」の3つに分類している［藤井1997］。ここでは藤井による分類を参考にして，現地の信者数が特に多い「第一の地域」と「第三の地域」の現状を紹介したい。

　創価学会・立正佼成会・解脱会・真如苑・天照皇大神宮教・世界救世教・世界真光文明教団・崇教真光などの教団が，戦後，南北アメリカ大陸をはじめ，ヨーロッパ，アフリカ，オーストラリア，東・東南アジアといった世界各地で活動を展開していく。

　前述した「第一の地域」に含まれる米国では，1960年代後半以降，創価学会，真如苑などが英語による非日系人への布教に力を入れて，積極的な活動を展開していった。このうち創価学会には，現在11万人をこえる信者がいるとされている［川端ほか2010：90］。また，ブラジルでも生長の家（約250万人），世界救世教（約31万人），PL教団（約30万人），創価学会（約15万人）などの教団が，現地社会へ積極的に適応して非日系人信者を数多く獲得している（括弧内はブラジルにおける信者数，［渡辺2001：7］を参照）。

　また戦後，一度は解体した東アジアの「第三の地域」における日系新宗教の布教活動が，20世紀後半以降，再び活発化する傾向がみられる。たとえば，台

第12章　グローバル化する日本の宗教

写真 12-2　海外の新宗教の施設(天理教ハワイ伝道庁, 高橋撮影)

湾の日系新宗教の信者の概数は, 創価学会：10万人, 天理教：2-3万人, 佛所護念会教団：1万2,000世帯, 真如苑：7-8,000人, 生長の家：2,800人であり［寺田2009：17］, 同じく韓国に関しては, 創価学会：約148万人, 天理教：約27万6,000人, 生長の家：約11万3,000人などとなっている［李ほか2005：188］。

　海外布教にあたっては日本宗教のいずれの教団も, 現地社会への適応を目指してきたが, その方向性には違いも見られる。伝統仏教の多くや海外神社, 新宗教でも天理教などでは, その教えの普遍的な側面をアピールしつつも, 日本文化の普及などにも力を入れている。一方, 創価学会・生長の家・真如苑などは現地社会の文化を積極的に取り入れようとする傾向が強い。

　さらに, 現在の日本宗教, とりわけ日系新宗教の海外布教の展開状況には地域によっても差がみられる。もともと日系移民社会という基盤があった「第一の地域」に比べて, それがない「第二の地域」ではそれほど信者は獲得されてはいない。一方, 戦後いったん日本人社会は無くなったものの, 地理的に日本と近く, また文化的にも親和性の高い「第三の地域」では現地人信者が数多く獲得されてきた。

　日本の新宗教の多くは, 伝統宗教と比べると, 分かりやすい教えとそれほど複雑ではない呪術的な実践に立脚する人々の普遍的な救済（世界救済）を説いており, また一般の信者たちが布教者として熱心に教えを広めようとする傾向

も強い(→第2章)。そのため,異文化社会においても広まりやすい性格を持っていると考えられる。しかし,実際に海外地域でどれだけ伸長できるかは,日本人／日系移民社会の有無といった布教先の社会と日本との歴史的な関係性,文化・民族的な類似性,異なる宗教文化に対する開放性といった受け入れ社会の性格なども大きく影響している[8]。

以上のように,近現代の日本宗教は,日本という国家の海外進出の流れを受けて海外布教を積極的に展開してきた。日本の敗戦はその活動に大きなダメージを与えたが,その後は新宗教教団が活発な展開を見せてきたのである。

本節で示したように20世紀後半までは,日本宗教が国外へと向かう傾向が顕著であり,それとは逆に国外から流入してくる新たな外来宗教教団は,セブンスデー・アドベンチスト教団,末日聖徒イエス・キリスト教会(モルモン教),ものみの塔聖書冊子協会(エホバの証人),世界基督教統一神霊協会(統一教会)といった,一部の海外産のキリスト教系新宗教が中心であった。そうした状況が大きく変わるのは,在日外国人が増加し始める1980年代後半以降のことである。

## 3　日本における新旧の韓国系キリスト教会の展開

### 朝鮮半島から日本への移住とキリスト教の布教開始[9]

朝鮮半島から日本への移住は,おもに1910年の植民地支配の開始から終戦の1945年までにかけて行われた。日本にやってきた人々の多くは,宗教的救済を朝鮮半島の民間信仰に求めた[飯田2002]が,それをキリスト教,特にプロテスタントに求めた人々も少なくなかった。

日本における朝鮮半島系のキリスト教の布教は,東京にいた朝鮮人留学生を対象にして始まった[韓国基督教歴史研究所1990]。1908年に東京YMCAの礼拝に参加していた数人の朝鮮人留学生たちが,朝鮮人だけの教会を設立するた

---

8) 日本の新宗教の海外進出の成功要因については[島薗1992]などを参照のこと。
9) 本節では,朝鮮半島にルーツを持つキリスト教,特にプロテスタントを対象としている。韓国では一般的に「基督教＝プロテスタント」と見なされており,本節でも便宜的に「キリスト教」と記す。なお,統一教会や摂理などのキリスト教系新宗教に関しては,ここでは触れないことを断っておきたい(→第3章)。

めに朝鮮のキリスト教会に牧師の派遣を要請し，現在の「在日大韓基督教会」（以下，「在日大韓教会」と略す）の礎になった。

その後，東京では留学生中心，関西においては労働者中心の教会の信者構成になるという二分化が見られるようになった［金1989］。そのため，在日大韓教会は，東京においては留学生のために，関西においては労働者のために布教活動や支援を行った。さらに，1937年の日中戦争や1941年の太平洋戦争によって，多くの朝鮮人たちが日本全国の工場や炭鉱などへ強制連行されることになった。彼らの多くは非識字で低学歴であったため，在日大韓教会は布教のためだけでなく彼らへの支援を行うためにも，日本各地に教会を設立していった［徐2005］。

日本の敗戦後，滞日朝鮮人のほとんどが故郷へ帰還し，大半の朝鮮の宗教も日本から撤収していった。キリスト教としては唯一，在日大韓教会だけがその活動を継続することになった。在日大韓教会は布教活動のみならず，日本に残留することになった在日コリアン（以下「在日」と略す）の人権や社会的地位向上，差別的待遇の改善などに積極的に関わる一方，朝鮮人としてのアイデンティティ，生きる意味，そして希望を与える「民族教会」としての役割を担っていった。

## 韓国人ニューカマーの増加と教会の設立ラッシュ

1980年代以降，多くの韓国人がより良い暮らしを求めて海外移民に関心を持つようになっていった。その結果，欧米では教会を中心に韓国人コミュニティが形成されてきた。1989年に韓国政府が海外旅行の自由化を認めて以降，日本でも来日する韓国人，いわゆる**韓国人ニューカマー**が急増した。留学生や企業駐在員，日本人の配偶者などの在留資格を持つ韓国人女性，風俗業関係の仕事で出稼ぎにきた韓国人女性などが，大都市を中心に急速に増加していった［イムほか2005］。こうして来日した韓国人ニューカマーのなかにはキリスト教信者が多く［金ほか1996］，韓国人ニューカマーの増加とともに，彼ら／彼女らを後追いする形で多くの韓国系キリスト教会（以下，「韓国系教会」と略す）が設立されるようになっていった[10]。

こうして日本各地で設立された韓国系教会は，韓国人ニューカマーにとって

韓国での信仰生活を継続するというだけでなく，日本での生活に必要な情報やサービスなどを手に入れることができる場にもなっており，韓国人ニューカマーが日本社会に適応していくうえで重要な役割を担っている。

その一方で，増加する韓国系教会は，旧来の在日大韓教会の存在を揺るがすほどの大きな影響力を持つようになっている。1980年代以降，韓国人ニューカマーとともに増加してきた韓国系教会＝「新しい教会」は，在日大韓教会＝「旧来の教会」が独占してきた在日社会におけるキリスト教世界の再編成をも促してきたのである。現在，信者数が最も多いとされている韓国系教会は，在日ではなく韓国人ニューカマーが集う「新しい教会」である。

## 新旧教会の差異

今日，日本国内にはどれくらいの韓国系教会が存在するのだろうか。たとえば，在日大韓教会の数だけでも日本全国に約100カ所[11]あり，また韓国のメガ・チャーチ（信者数が1万人を超える教会）である純福音教会は70カ所以上[12]にある。これら以外にも韓国から流入してきた教会が数多く存在しているほか，さらに近年，牧師のいない日本の教会に韓国人牧師が就いて韓国式の宣教方法を用いて教会を運営しているケースなどもあるため，こうしたものも含めると韓国系教会の数は非常に多い。

なお，在日大韓教会は宗教法人登録をしているのに対して，1980年代以降，韓国人ニューカマーによって設立された韓国系教会で法人登録しているものは少ない。また，教会堂の所有形態を見ると，在日大韓教会は教会堂を所有しているが，韓国系教会の教会堂は賃貸である場合が多い。

一般的に在日大韓教会の信者の多くは在日であるが，牧師は在日よりも韓国

---

10) 2005年度の韓国の宗教人口は総人口の53.1％であり，総人口に占める割合は，仏教22.8％，プロテスタント18.3％，カトリックが10.9％，儒教0.2％となっている（韓国統計庁KOSIS国家統計ポータルサイトを参照）。http://kosis.kr/
こうした韓国のプロテスタント人口から判断して，来日するプロテスタント信者の韓国人ニューカマーの数も多いことが予測できる。

11) 在日大韓基督教会のウェブサイトを参照。http://kccj.jp/

12) 日本においては「日本フルゴスペル教団（Japan Full Gospel Association）」という教団名であるが，一般的には「純福音教会」と呼ばれている。純福音東京教会のウェブサイトを参照。http://www.fgtv.jp/

から来日した韓国人ニューカマーであることが多い。ただし，近年になって新しく設立された在日大韓教会の場合は牧師だけでなく，信者も韓国人ニューカマー中心であるケースが多い。また，一概にはいえないものの，多くの在日大韓教会は当初，日本での「民族語＝韓国語」による宣教を目指して設立され，母国語でメッセージを聞いて癒されたいという宗教的な欲求があるため，現在でも基本的には民族語での礼拝に固執する傾向が見られる。

しかし，在日の世代交代は進んでおり，特に3-4世になると朝鮮語が分からない人が多くなっている。現在の若い世代の信者たちは，自分が一番理解できる言語（＝日本語）を通じてメッセージを聞いて癒されることを望んでいるのだが，在日大韓教会はこうしたニーズには柔軟に対応しきれていない。そのため，近年では3-4世の教会離れが問題とされており，またこうした人々が韓国人ニューカマー中心の韓国系教会へ移ってしまうケースも増えつつある。現在の在日大韓教会は，信者の高齢化が進んでいる日本のキリスト教会と同じような状況に置かれているともいえる。

これに対して，1980年代以降，韓国人ニューカマーの宣教師によって設立された韓国系教会は，言語問題に柔軟に対応している。韓国語礼拝だけでなく，日本語礼拝や同時通訳，さらには中国語などの他言語にも素早く対応し，また衛星放送を通じて韓国にある本部教会の礼拝をそのまま中継（写真12-4）するなどして，信者たちの多様なニーズに応えている。

## 伸張する韓国系教会

日本で活動する韓国系教会の多くは，ペンテコステ派のプロテスタント教会である。日本においても韓国のペンテコステ派教会と同様に聖霊体験を重視し，伝道方法や教会の運営方法などは韓国からそのまま移入している。

もともとは20世紀初めの米国で始まり，世界中に拡大したペンテコステ派教会では，「聖霊の降臨」や「異言」などの体験が重視され，「神癒」のような現世利益主義を強調する。聖霊（Holy Spirit）とは，キリスト教において父なる神，子なるキリストとともに三位一体を形成する第3の位格であるが，これが人に宿り，啓示を与えられるのが「聖霊の降臨」である。ペンテコステ派教会では，この聖霊の降臨によって，泣き，叫びながら，これまで学んだことのな

第12章　グローバル化する日本の宗教

写真 12-3　純福音東京教会の外見
（東京都新宿区，李撮影）

写真 12-4　ある韓国系教会での日曜礼拝の様子（李撮影）

い意味不明の言語である「異言」を話し出すことで，病気や貧困などが癒される（＝消滅される）「神癒」が受けられるとされる。

　これらに加えて，こうした韓国人ニューカマー中心の韓国系教会は，カリスマ性を備えた牧師が精力的に活動していることが多く，また若者に向けたゴスペル音楽のコンサートやサークルなどを通じた布教活動にも熱心であるといったように，従来の日本のキリスト教会にはあまり見られなかった特徴を有しているため，日本人も含めた多くの人々を惹きつけている。

　確かにこれら「新しい教会」の信者の多くは韓国人ニューカマーであるが，信者の属性を見ると，韓国人留学生，駐在員とその家族，あるいは密航した人々や水商売の女性など，それぞれの教会ごとに信者の属性は異なっており，その信者構成は多様である。日曜礼拝に出席する信者数は教会によってさまざまであるが，東京のある韓国系教会の日曜礼拝には 1,000 人以上の人々が，また大阪のある韓国系教会の日曜礼拝には約 650 人の信者が出席しているなど，韓国人ニューカマーの宣教師によって設立された教会は在日大韓教会に比べて，平均的に教会の規模が大きく，信者数も多くなっている。

　現在，韓国人ニューカマーが多く居住する都市部のほとんどには，韓国系教会が存在している。そのため，最も簡単に韓国人ニューカマーたちに接することができる場所が韓国系教会であり，キリスト教徒ではない韓国人たちも教会

に訪れるようになっている。韓国系教会は韓国人たちが最も頻繁かつ定期的に集まるコミュニティになっており，近隣に居住する韓国人たちを結びつける機能を果たしている。少なくとも週1回は日曜礼拝に出席して韓国人同士の交流を持つ。さらに水・金曜日の祈祷会や平日の夜が明ける前（午前5～6時の時間帯）に行われる早天祈祷会へ参加する人も多い。そして，週に1回程度，信者たちの小グループ（セル・グループ）が信者の家に集まり，礼拝を行いながら親交を深めている。礼拝後には，日本での生活に必要な事がら（ビジネス，住宅，税金，子どもの教育など）がおもな話題となって交流が持たれ，そのなかでも子どもを持つ親の多くは，子どもの進学に関する情報を活発に交換している。

さらに，近年では韓国人だけでなく，日本人，中国人，中国の朝鮮族留学生，ホームレスのような社会的に疎外された人々によってほとんどが占められる教会が展開するなど，韓国系教会は多様性を見せている。その一例としては，2000年代に入ってから日本で起こった「韓流ブーム」を布教手段として利用することで，多くの日本人信者を獲得した韓国系教会が増加しているという状況を指摘できる。これらの韓国系教会は，教会内に韓国語教室や料理教室を設けたり，韓流スターによるコンサートを開催したりするなどして，韓国文化に興味を持つ非信者の日本人を信仰へと導いているのである。

すでに1990年代末には，ニューカマー中心の韓国系教会の存在が，信者の高齢化が進む一方で新たな信者獲得も進んでおらず，教勢の低迷が著しい既存の日本のキリスト教界に対し，福音運動の再展開を促すなどの大きな影響を与えていることが指摘されていた［マリンズ2005 (1998)］が，現在その影響力はますます大きくなっているといえるだろう。

## 4　南米系日系人の急増とキリスト教

### デカセギ達の流入とエスニック・ビジネスの成立

日本の1980年代はバブル期という未曽有の好景気時代で製造業を中心に深刻な人手不足に苦しんでいた。それに対してブラジルなどの南米諸国では，人々は強烈なインフレに苦しみ，社会不安が増大していた時期に当たる。つまり日本には人材を輸入する要因が，ブラジルには人材輸出を促す要因がちょう

ど揃っていたのである。こうして移民1世を中心に，1980年代になって南米日系人が来日するようになった。

そして1990年に「出入国管理及び難民認定法」(通称「入管法」)が改正された。これによって，海外移住した日本人の子孫である2世，3世とそれらの配偶者が，それまで厳しく禁じられてきた単純労働に従事することができるようになった。そしてブラジルを中心とした南米に移民として渡っていた南米日系人が，一気に日本にデカセギとして来日するようになったのである。多くのデカセギは大規模製造業が集まる北関東地方(群馬県大泉町，同太田市など)や東海地方(静岡県浜松市，愛知県豊橋市，同豊田市など)の下請け工場で働くようになり，それらの地域が集住地域となっていった。

1980年代後半や1990年代初期に来たデカセギたちは，出稼ぐための短期来日を考えていた。ところが1990年代中期以降滞在が長期化すると，家族を日本に呼び寄せるようになった。そして次第に日本国内でブラジルと同じように生活できる「リトル・ブラジル」ができてきた。つまり，ブラジルと同じように生活するためのサービスを提供する，エスニック・ビジネスが成立していったのである。これにより，後発のブラジル人やリピーターの渡航にともなうリスクやコストが軽減される方向に作用し，お金さえあれば簡単に来日できるような環境が整えられた。このエスニック・ビジネス成立期に，多くのブラジル人が日本にある教団に訪れるようになり，ブラジル由来の宗教も流入してきたといわれている。また，デカセギたちが自分たちで宗教教団を設立したのもこの時期である。

カトリックとプロテスタント

「ブラジルの宗教といえばカトリック」と思われがちである。実際に2000年に行われたブラジル地理統計院による全国民向けの宗教人口調査によると，カトリックが74%，プロテスタントが14%となっている。ちなみにブラジルの総人口の0.8%，およそ140万人とされるブラジルの日系人[13]の宗教の人口分布も，(前述の調査によると)カトリック64%，プロテスタント7%，仏教11%，東

---

13) ブラジル地理統計院のウェブサイトを参照のこと。http://www.ibge.gov.br/home/

第12章　グローバル化する日本の宗教

洋の新宗教3％，無宗教11％となっている。つまり，日系人もカトリック信者の割合が高いのである。

ところが，1980年の全国民向けの調査を参照すると，カトリックが90％を占め，プロテスタントは7％弱であった[14]。つまり，カトリック信仰が停滞気味で，プロテスタント教会が勢力を拡大していることが分かる。そのなかでも，特にペンテコステ派の成長が著しい。ペンテコステ派は，20世紀初頭に米国で勃興した後，比較的早くにブラジルに移入され，現在では一大勢力を誇るようになっている。

大規模製造業のみならず，食料加工業や農業も盛んで温暖な愛知県T市（以下，本節ではプライヴァシーへの配慮から，市名を伏せる）は，1990年代前期からデカセギが集住していった。以下ではT市での日本にある教団に参加していくケース（カトリック）と，ブラジルに由来を持つ宗教が新しく日本で立ち上がるケース（プロテスタント）を事例として，日本におけるデカセギと宗教の様子について見ていこう。

**(1) あるカトリック教会の例**

T市にあるカトリック教会（1948年設立）では，1994年頃にはすでに50人近くのデカセギが通うようになっていた。その後T市のデカセギ人口が伸びていくにつれ，教会に訪れるデカセギも急増した。1990年代末になると，ポルトガル語（以下「ポ語」と略す）や，（ペルー人やボリビア人向けの）スペイン語のミサ[15]が行われるようになり，「コムニダージ（comunidade）[16]」という共同体が編成され，各委員を選出して自立した共同体運営が行われるようになり，共同体からの代表者が教会全体の会議に出席するようになった。日本人側から見ても，ミサの出席者数が日本人と並ぶようになったこの時期において，交流促進と葛藤回避のためにこのような動きは歓迎されたという。

2000年代に入ると，T市教会では，ブラジルにおいて2月のカーニバルと並

---
14) ブラジルの日系人人口，および宗教人口は注13と同ウェブサイトを参照のこと。
15) カトリック教会は世界的組織であるため，すでに日本に多くの外国人神父が到来しており，外国語での布教が他宗教に比べて比較的容易である点も見逃せない。
16) 日本語では「信仰共同体」と訳される。多くの外国人が訪れる教会では，エスニシティや使用言語によりそれぞれ信仰共同体が形成される傾向にある。

ぶ祝祭である「フェスタ・ジュニーナ（Festa Junina）」を挙行するようになった。この祝祭はデカセギ集住都市のカトリック教会の多くで行われているが，T市のフェスタ・ジュニーナは特に大規模なことで知られている。この祝祭を催すために，他エスニシティ[17]共同体の協力が必要であったという。そして，この祝祭を行う過程そのものが，ブラジル人信者内の紐帯を強化し，他エスニシティの共同体との連携が深まる結果を導いたのである。現在でもこの祝祭には，T市のみならず近郊の都市や他県からもデカセギたちが集まる。

　現在このカトリック教会では日本語・ポ語のほか，英語・スペイン語・（フィリピン人向けの）タガログ語でのミサが行われている。ポ語ミサは月に2回ほどが行われており，2009年9月の時点では200人近くの出席者が確認できた。

　しかし，集住地域にあるカトリック教会全てがこのようではない。T市教会では6年ほど前から，（日本語を流暢に操る）ブラジル人神父が主任神父を務めており，ほかにも外国人神父がいるような教会である。さらに主任神父が各エスニシティの信者（特に日本人信者）にきめ細かい気配りを行いながら，葛藤回避を行ってきたことを忘れてはいけない。集住地のカトリック教会のなかには，月に一度しかポ語ミサが行われないところもある。当然ながらこのような教会では，T市教会のようなことは望めない。

　地域社会は，日本人の多くが「ブラジル人の宗教はカトリック」と考えていることもあり，カトリック教会にデカセギが集まることをごく自然なことと捉えている。これは大規模な祝祭を市有地で行うことに対して，市がカトリック教会に容易に許可を与えたことにもつながっているかもしれない。

## (2) あるプロテスタント教会の例

　デカセギ集住都市の郊外を車や自転車などで走っていると，大きなガレージや倉庫の屋根に十字架が飾られている光景をよく見かける。その建物には大体「Igreja（教会）」や「Jesus（イエス）」とポ語で書かれており，それがブラジル系プロテスタント教会であることが分かる（カトリックでは既存の日本の教会を共同利用している）。日本に存在するブラジル系プロテスタント教会は，デカセギ

---

17) ここでいう「エスニシティ（ethnicity）」とは，民族・出身地・言語・宗教・慣習などの共通する諸特徴によって定義される社会集団，もしくはそうした社会集団への帰属意識を意味する。

第 12 章　グローバル化する日本の宗教

写真 12-5　T 市内のあるブラジル系プロテスタント教会 (星野撮影)

自身がブラジルで教えを学んでいて，来日してから「宗教的使命」に目覚めて創立するパターン（デカセギ設立型）と，ブラジルの大規模教会がデカセギ達に布教するために支部教会を日本に建設するパターン（教団参入型）の2種がある。またデカセギ設立型のなかにも，創立後にブラジルの大教会の支部となるパターンと，日本だけで独自の教会組織・ネットワークを作り上げるパターンがある[18]。ここではデカセギ設立・日本独自型の一教会の例を紹介しよう。

　愛知県 T 市にある教会は，同じ愛知県の A 市に本部教会がある教団の支部（ブランチ）である。教団自体は 1993 年にデカセギであったある義兄弟が立ち上げた。彼らは 1991 年にデカセギとして日本に来たが，日本社会に適応できず苦しむ人々の多さに唖然としたという。彼らは困窮するデカセギたちに神の言葉を届けようと，発刊間もないエスニック新聞に記事を載せたところ，多くの電話が来るようになったという。彼らは，自分たちの仕事が空いた時間を聖職者活動に当てて，やがて専任の牧師として 1993 年には教団を設立するに至った。その後も彼らは多くの同志や信者を口コミや新聞・ネットなどのエスニック・メディアを介して得るようになり，日本でのブラジル系プロテスタント教会では最大規模を誇るようになった。

---

18) このような教会のなかには，逆に日本からブラジルへと「逆輸入」の形で進出していく教団もある。

第12章　グローバル化する日本の宗教

写真12-6　プロテスタント教会での日曜集会の様子（星野撮影）

　プロテスタント教会は，カトリック教会にくらべると集会が非常に多い。平日の夜には，牧師宅や他の聖職者宅など，市内を中心に12カ所でセル・グループの集いが行われる。土曜日は教会で夜から集会が行われる。夜に集会が行われるのは，仕事帰りの信者達を考えてのことである。日曜日は朝から夕方まで教会は開放され，全体集会，セミナー，ダンスレッスン，牧師への相談などが間断なく行われている。その間ずっと教会にいる信者もいれば，集会のみで帰る信者もいる。
　ペンテコステ派が中心のブラジル系プロテスタント教会の集会は，ギター，ドラム，シンセサイザーなどで音楽が流れるなか行われる。クライマックスともなれば，牧師が壇上でシャウトするように神の教えを説き，動き回る。信者たちは聖職者たちと抱き合ったり，祈りを捧げたり，教えに耳を傾けたり，と各々のスタイルで集会に参加している。なかには聖霊の力に満たされて，倒れ込んでしまう信者もいる。ブラジルで盛んになっているプロテスタント教会の礼拝スタイルが，ほぼ日本でも再現されているのである。
　2009年時点で，この教会では多いときに150人ほど，少ないときでも80人程度の信者が集会に出席していた。もちろんほとんどがブラジル人である。よって，ブラジル系プロテスタント教会はエスニック・チャーチの典型例といえる。

257

このような教会は，大きい集住都市であれば20近く存在する。しかし，このように賑わい，エネルギッシュな空気で満ち溢れている教会もあれば，信者が20人にも満たないような教会も存在する。デカセギ達はプロテスタント教会間を頻繁に渡り歩くためである。信者側の選定基準は，牧師のパーソナリティ[19]であったり，集会の時間であったり，家族・友達の存在であったりとさまざまである。

プロテスタント教会の信者の多くは日本に来て他の宗教（特にカトリック）から移ってきた人が多い。筆者（星野）の質問紙調査によると，およそ信者の40％がカトリックから移ってきた人々であることが判明した。集住地域の日本人側はブラジル人の生活実態をあまり知らないといわれている［梶田ほか2005］。さらに，デカセギの間でプロテスタントが伸張していることすら知らない日本人が多いのである。デカセギ側も，エスニック・ビジネスが提供するサービスを享受している限り，日本人と付き合うこと無く不自由ない生活ができてしまう。このように，もともと地域住民とデカセギの間には壁がある。プロテスタント教会も，このような人々を多数信者として抱えるようになったのではないかと考えられる[20]。

## 5 日本におけるイスラームの広がり

### イスラームとは

イスラームは，7世紀のアラビア半島で預言者ムハンマドに降された啓示によって誕生した，ユダヤ教・キリスト教と同じ唯一神（アッラー）を戴く宗教である。現在では10億人以上の信者を持ち，世界三大宗教の1つとされる。しかしほとんどの日本人にとってはなじみが薄く，しかも2001年のアメリカ同時多発テロ以降，テロ・危険・女性抑圧，というイメージが刷り込まれてしまっている。一方で，全国各地にモスク（イスラームの礼拝施設）が建てられ，日本

---

19) この場合の牧師のパーソナリティは宗教的「カリスマ」としての魅力もさることながら，世俗の人間としての「人格」としての意味合いが強い場合も多い。
20) もともとブラジルのカトリック信仰が公的なレベルでは形骸化していることや，日本のカトリック教会が十分な対応をできていないことなども考えられる［山田2010］。

生まれ・日本国籍のムスリム（イスラーム教徒）が増加し続けているという事実は，ほとんど知られていない。私たちのすぐ隣で暮らしている彼らは，どのような経緯で来日し，どのような生活を送っているのだろうか。

## 日本とイスラームの関わり

　日本とイスラーム諸国との関係が始まったのは明治以降である。ロシア革命後にはロシアから多くのムスリムが亡命し，東京回教寺院（現在の東京ジャーミィ）が設立された。また，第二次大戦中には日本の軍部と政府によるアジア諸地域の支配のためのイスラーム地域研究が行われた。戦後，数少ない日本人ムスリムたちは留学や外交で来日した外国人ムスリムの協力を得ながら信仰を守ってきた。海外の宣教団体などの助けも得て，1972年，聖典クルアーン（コーラン）の日本語訳も初めて出版された。1973年の石油危機では産油国でもあるイスラーム諸国に対する関心が一時的に高まったものの，依然としてほとんどの日本人にとって，イスラームは「砂漠の彼方の不思議な宗教」とみられていたのである。

　こうした日本におけるイスラームの状況に劇的な変化が起こったのは，1980年代半ばからのバブル期である。好景気を支えた製造業・建設業では，「3K（キツイ・キタナイ・キケン）」と呼ばれる職種で労働力が不足し，アジア諸国から労働者が募られ，そのなかには南・東南アジアを中心とするイスラーム諸国も含まれていた。

　最初にやってきたのは，パキスタンおよびバングラデシュの人々である。旧イギリス領インドから独立した両国は古くから国策として出稼ぎを後押ししてきたため，1980年代，ビザがとりやすく国内の何十倍も稼げる日本への出稼ぎに人気が集まった。1988年にイラン・イラク戦争が終わるとイランからも大挙して労働者が来日した。また，1993年には産業技術習得のための技能実習制度が導入されるとインドネシアやマレーシアからも若者が増加した。しかし，あまりに出稼ぎ労働者が急増したことで，これらの国々との間でとられていた査証免除措置は1990年前後に相次いで停止された。さらに，1990年の改正入管法で日系人に合法的に単純労働も認める滞在資格が新設され，1991年にバブルが崩壊したことで，イスラーム諸国からの出稼ぎ労働者は大部分が帰国を余儀

なくされた［桜井 2003］。
　他方で，これらの出稼ぎ労働者のほとんどが若い独身男性だったため，なかには日本人の女性と結婚した人もいた。結婚により滞在資格が安定した彼らのなかには親族や同郷者とのネットワークを活かしてビジネスを起こす者もあり，1990 年代以降，イスラーム諸国出身者の日本定住が始まった。

## 在日ムスリムの暮らし

　現在，日本に暮らすムスリムはどれくらいいるのだろうか。桜井啓子は「在留外国人統計」における「短期滞在」資格者を除くイスラーム諸国会議機構加盟国出身者の数と，不法滞在者の数を加味して，2000 年末時点で外国人ムスリムが 6 万 3,500 人余り，日本人も合わせると 7 万人余りになると見積もった［桜井 2003：29-37］。同様の方法によって 2010 年末時点で推計すると，もちろん全てが熱心なムスリムというわけではないが，およそ 10 万人弱となる。「日本人の配偶者等」の資格などをみると，日本人は約 1 万人いるとみられる。外国人ムスリムは，インドネシア（24,895 人），バングラデシュ（10,175 人），パキスタン（10,299 人），イラン（4,841 人）出身者に定住者が多く[21]，ほかにもマレーシアやスリランカといった東南アジア，インド[22]，中東諸国[23]，アフリカ大陸出身の人々もいる。パキスタン人を中心に中古車輸出業や貿易業を営む人が多く，彼らが多く住む関東の郊外では，幹線道路沿いには英語の看板の中古車店やカレー店が多くみられる。そのほかにも工場や企業で働く会社員，技能実習生，留学生などがいる。
　彼らが日本で暮らしていくにあたって信仰生活を支える場もつくられるようになった。すべてのムスリムには 5 つの義務（五行[24]）が課せられ，その 1 つに 1 日 5 回の礼拝がある。特に金曜午後の礼拝は，男性はモスクにおいて集団で

---

21) 参照元は注 4 と同一。
22) インドは国民の約 1 割がムスリムである。
23) 留学生が多いモスクでは，エジプトやトルコ，チュニジアなどの出身者が多数を占める。
24) 五行と呼ばれる義務行為は，礼拝のほかに信仰告白，喜捨，ラマダーン月の断食，聖地マッカへの巡礼がある。一方，内面の信仰箇条としては六信があり，唯一絶対の神アッラー，天使，預言者，啓典，来世，定命である。これらの義務はまとめて六信五行と呼ばれ，ムスリムであることの根幹をなすものである。

写真 12-7　千葉県にあるモスク（川﨑撮影）
入り口は男女で分かれている。

行うことが定められている[25]。他にもモスクにはコミュニティ・センターや教育の場としての役割もあり，信仰と生活には欠かせない場となっている。日本で働く外国人ムスリムにとって，故郷の言葉で語り合い，人生の目的を思い出させてくれるモスクは心のよりどころであった。

　1990年時点で日本には大使館付属など数カ所しかモスクはなく，彼らは職場や大学近辺のアパートの一室などを借りて，一時的な礼拝所としていた。しかし，落ち着いて礼拝ができる常設モスクの建設が目指され，在日ムスリムの寄付を資金として1991年に埼玉県に一ノ割モスクが設立された。2000年以降，ビジネスで成功した者からの寄付額が増え，国内外のイスラーム団体のネットワークを活用した結果，モスク建設は加速する［樋口ほか2007］。現在では全国におよそ70のモスクがある[26]。ムスリムが集中する関東に半数近くがあり，次に東海地域が多い。また地方には留学生を中心とするモスクが多い。

---

25）女性，子ども，旅行者，病人は除かれる。
26）「イスラム便利帳」http://www2.dokidoki.ne.jp/islam/benri/benriindex.htm，早稲田大学人間科学学術院アジア社会論研究室『日本のモスク調査2―イスラーム礼拝施設の調査記録―』（2009年）参照。

これらのモスクのほとんどは工場や商業ビルを買い取ったもので，モスクであることを示すのは尖塔やドームを模した飾りと看板くらいであり，民家やプレハブの建物のままであるところも多い。近年では女性用礼拝室や集会室などを設けたものに改装する動きも活発である。これらのモスクには，金曜礼拝には近隣の職場などから数十人が集まるところも多く，年に2度のイード（祭り）の際には，女性や子どもも含めて数百人が集まり，一斉に礼拝を行うこともある。

　ムスリムには食べ物に関する禁忌（ハラーム）もある。豚肉はもちろんであるが，食肉は本来，クルアーンに定められたとおりに処理されたもの以外はハラームであり，酒も同様である。これらを原材料とする添加物や調味料にも注意する人もおり，宗教的に許容された（ハラール）食品を販売する食品・雑貨店が各地にある。こうしたハラール・ショップには食肉以外にも冷凍食品やスパイス，母国の新聞・雑誌・CDなども置かれている。エスニック料理店と併設されていることも多く，モスクと同様に情報交換や交流の場にもなっている。

## 在日ムスリムが抱える問題

　日本人ムスリムの大部分を占めるのが結婚に際して改宗した女性であるという点は，諸外国のムスリム移民の例と比べても日本に特徴的な点であろう。イスラームではムスリム同士の結婚が原則とされるので，日本人女性がムスリム男性と結婚するには基本的に改宗が前提になる。近年はイスラームに惹かれて自発的に改宗する人もおり，日本人ムスリム同士の結婚も増えているが，ほとんどの日本人ムスリムは結婚のために改宗した女性である。こうした家庭に生まれる子どもたちはもちろん生まれながらのムスリムである。イスラームの信仰実践は生活に深く結びついているが，日本の主流社会に生きてきた母親たちはそうした知識や実践の方法をほとんど知らず，子どもたちをムスリムとして育てていくすべが解らない，という問題に直面した。イスラームでは家庭や子育ては基本的に女性の領分であり，夫は仕事に忙しくあまりあてにできない。モスクでクルアーン暗唱教室があっても，子どもも興味を持ちにくく，それだけではムスリムとしての自覚は根付かない。子どもの教育はいま，日本のムスリム家庭にとって最大の問題である。

第 12 章　グローバル化する日本の宗教

写真 12-8　モスクでの礼拝風景（川﨑撮影）
礼拝はマッカの方向を向いて行われる。

　そうしたなかで日本人ムスリマ（ムスリムの女性）たちは，モスクで行われる女性向け勉強会を通じて自身も信仰を深めつつ，子育ての情報交換をし，助け合ってきた［工藤 2008］。ムスリムの子どもたちは基本的にほとんどが日本の公立学校で学んでいるが，女児は 10 歳前後から肌の露出や男性との同席・交際を避けることなどが求められるようになる。体育の授業や制服のスカートはどうするのか。学校給食でハラームな食品が含まれる場合にはどうするか。そもそも教育は日本で受けさせるのか，父親の母国で受けさせるのか。これらの問題は手探りで個別に学校との交渉が始められたが，近年はアレルギーなどで食事制限がある子どもや，イスラーム諸国以外からも外国にルーツを持つ子どもが増加し，学校側も柔軟な対応をすることが多いという。どこまでムスリムとしての規範を守らせるかは親の意向次第であり，家庭ごとにイスラーム教育の仕方はさまざまである。近年ではクルアーン暗唱教室だけではなく，子どもに合わせた工夫がなされた包括的な教育イベントも行われている。そうした場では海外でイスラームの高等教育を受けた日本人ムスリムも講師を務め，イスラームの生活規範や宗教的な物語や歌，行事などが教えられている。また，イスラーム学校の設立も模索されている。

　もう 1 つ，在日ムスリムの生活で大きな関心が集まっているのが，墓地の問題である。ムスリムが信じるべき六信の 1 つに「来世」がある。最後の審判の

日に現世での行いに応じて来世で肉体をともなって天国か地獄かに復活すると信じられているため，ムスリムは土葬が不可欠である。しかし現在，日本ではほとんどの地域で火葬が義務づけられており，衛生面などから地域住民が難色を示すことが多く，土葬ができる墓地を確保することが難しい。日本初のイスラームの宗教法人「日本ムスリム協会」が山梨県塩山市（現・甲州市）の仏教寺院の理解を得て敷地内に土地を購入し，1978年に市の認可を受けて「イスラーム霊園」を初めて開所した。これは長らく日本唯一のイスラーム墓地であって，以来，日本人・外国人のムスリムが埋葬されてきた。

また，外国人ムスリムのなかには遺体を母国で埋葬することを望む者も多いが，遺体の冷凍空輸には高額の費用がかかる。寄付で賄われることもあるが，日本人の改宗者も増加の一途をたどり外国人ムスリムの定住年数も数十年に及ぶ現在，国内の土葬墓地確保が切望されている。そこで現在は，公立霊園で土葬が許可されている外国人用区画に埋葬されることもあるほか，在日ムスリム独自のイスラーム霊園をつくる動きも出てきており，2010年には茨城県に300m$^2$のイスラーム墓地が開所された。

日本にムスリムが増加し始めてから20数年が経った。その後も来日は続き，子どもたちの数も，幼稚園から大学を出てすでに成人している者まで数千人になる。なかには3世が生まれるケースも出始めている。不景気や震災・原発問題などで日本を離れる人々もいるが，日本社会のなかにムスリムたちの生活と信仰は着々と根づいている。

## 6　おわりに

本章では，近現代の日本宗教の海外展開と近年の日本における外来宗教の広がりについて取り上げた。

宗教も近代日本の海外への勢力拡大という流れと無縁だった訳ではなく，そうした海外進出の趨勢に乗って伝統仏教を中心とするさまざまな宗教教団が，日本の勢力下に置かれたアジア太平洋地域や，多数の海外移民が移住したハワイ・アメリカ大陸へと渡り，おもに在外日本人や日系移民に向けて活動を展開した（戦後，アジアや旧南洋地域に関しては撤退を余儀なくされる）。戦後になると，

普遍的な救済を説く新宗教教団が海外布教を活発化させ，一部の教団では非日系人信者を数多く獲得することに成功した。しかし，伝統仏教などの日本的な性格の強い教団に関しては，日本人や日系人といったエスニシティの境界を越えた広がりをなかなか見せられないまま現在に至っている。

　また，近年，多くの外来宗教が移民とともに日本に移入されている。その内実は多様であり，本章で取り上げた在日大韓教会やブラジル系プロテスタント教会などは，特定のエスニシティを中心としたものであって，日本の地域社会とは没交渉で閉鎖的な存在となっている傾向が見られる。一方，イスラームのモスク，カトリック教会，近年増加している韓国系プロテスタント教会などでは，日本人信者も含めた複数の集団が併存しており，特定のエスニシティを越えた活動を行っている。

　もちろんこれは，どちらが良い／悪いといった類の問題ではない。本章を通じて理解して欲しいのは，人々とともに国境を越えて移動する宗教は，ルーツを同じくする同胞たちだけの間で親密なコミュニティを築こうとするものと，新たな環境のなかで多様な背景を持った人々が関係を構築しようとするものの2種類に大別できる，ということだ。

　今後，少子高齢化にともなう労働力不足がますます深刻化していくと予想される日本では，不足する労働力を補ってくれる在日外国人の数は増えていくだろう。近年増加している外来宗教が日本社会に定着していくかどうかは，それらを支えるニューカマーたちの存在も含め，受け入れ側の社会の対応の如何にも大きく関わってくる。とりわけ，2008年秋に発生したリーマン・ショック後の外国人労働者の大量解雇とそれにともなう帰国，そして，2011年3月11日に発生した東日本大震災と原発事故が，在日外国人に与えてきた影響は小さくないため，今後も動向を注視していく必要があるだろう。

第 12 章　グローバル化する日本の宗教

◆さらに学びたい人のためのブックガイド
　日本宗教の海外布教については，『海を渡った日本宗教』（井上順孝）がハワイや北米大陸におけるその歴史を包括的に扱っている。ブラジルについては，『ブラジル日系新宗教の展開』（渡辺雅子）が，台湾については『旧植民地における日系新宗教の受容』（寺田喜朗）が，それぞれ重厚な成果だ。一方，日本での韓国系宗教の広がりに関しては，『越境する日韓宗教文化』（李元範・櫻井義秀編著）が詳しい。日本におけるブラジル人コミュニティと宗教の問題を考えるうえでは，『顔の見えない定住化』（梶田孝道・丹野清人・樋口直人）がその理論的な射程の広さも含めて基本文献といえるだろう。日本のムスリム社会については，入門書としては『日本のムスリム社会』（桜井啓子）が，社会学的な調査に基づく成果としては『国境を越える』（樋口直人ほか）がある。

## 参考文献

藤井健志 1997「台湾における日系新宗教の展開 (4)」『東京学芸大学紀要 第 2 部門』48：47-53．
藤田富雄 1994「ラテンアメリカのプロテスタント―その歩みと展望―」G. アンドラーデ・中牧弘允編『ラテンアメリカ 宗教と社会』新評論，61-82．
金義哲・本田洋・金周姫・伊藤英人・原尻英樹 1996「コリアンニューカマーズの『日本社会』への参加」『青丘学術論集』8：211-324．
樋口直人・稲葉奈々子・丹野清人・福田友子・岡井宏文 2007『国境を越える―滞日ムスリム移民の社会学―』青弓社．
飯田剛史 2002『在日コリアンの宗教と祭り―民族と宗教の社会学―』世界思想社．
井上順孝 1985『海を渡った日本宗教―移民社会の内と外―』弘文堂．
井上順孝・孝本貢・対馬路人・中牧弘允・西山茂編 1990『新宗教事典』弘文堂．
梶田孝道・丹野清人・樋口直人 2005『顔の見えない定住化―日系ブラジル人と国家・市場・移民ネットワーク―』名古屋大学出版会．
川端亮・秋庭裕・稲場圭信 2010「SGI-USA におけるアメリカ化の進展―多民族社会における会員のインタビューから―」『宗教と社会』16：89-110．
河田尚子編著 2011『イスラーム信仰叢書 7 イスラームと女性』国書刊行会．
小島勝・木場明志編著 1992『アジアの開教と教育』法藏館．
小杉泰 1994『イスラームとは何か―その宗教・社会・文化―』講談社現代新書．
工藤正子 2008『越境の人類学―在日パキスタン人ムスリム移民の妻たち―』東京大学出版会．
李元範・朴承吉・南椿模・趙誠倫 2005「韓日宗教の相互受容実態に関する調査―韓国に進出し

ている日本新宗教の実態─」『宗教と社会』11：185-204。
前山隆 1997『異邦に「日本」を祀る─ブラジル日系人の宗教とエスニシティ─』御茶の水書房。
マリンズ，M.R. 2005(1998)『メイド・イン・ジャパンのキリスト教』高崎恵訳，トランスビュー。
中牧弘允 1986『新世界の日本宗教─日本の神々と異文明─』平凡社。
─── 1989『日本宗教と日系宗教の研究─日本・アメリカ・ブラジル─』刀水書房。
裴昭 2007『となりの神さま─ニッポンにやって来た異国の神々の宗教現場─』扶桑社。
桜井啓子 2003『日本のムスリム社会』ちくま新書。
島薗進 1992『現代救済宗教論』青弓社。
菅浩二 2004『日本統治下の海外神社─朝鮮神宮・台湾神社と祭神─』弘文堂。
寺田喜朗 2009『旧植民地における日系新宗教の受容─台湾生長の家のモノグラフ─』ハーベスト社。
渡辺雅子 2001『ブラジル日系新宗教の展開─異文化布教の課題と実践─』東信堂。
山田政信 2010「在日ブラジル人の宗教生活」駒井洋監修，中川文雄・田島久歳・山脇千賀子編著『ラテンアメリカン・ディアスポラ』明石書店，249-262。

韓国語（原文は韓国語）

韓国基督教歴史研究所 1990『韓国基督教の歴史Ⅱ』基督教文社。
イム・チェワン，チャン・ユンスほか 2005『在外韓人集居地域の社会・経済』集文堂。
金守珍 1989『韓日教会の歴史』大韓基督教書会。
徐正敏 2005「在日韓国人の人権と宣教」『延世大学校神科大学 神学論壇』39：15-38。

# 第13章　社会を読み解くツールとしての宗教社会学

岡本　亮輔

本書でこれまで取り上げてきたような諸事例をばらばらの個別の現象としてではなく，現代日本の「宗教と社会」をめぐるより広い視点から検討しようとするとき，宗教社会学がこれまでに蓄積してきた理論は有益な視座を提供してくれる。本章では，宗教社会学のいくつかの理論を解説するとともに，今後の宗教社会学の展望についても考えてみたい。

クリスマスのパリのノートルダム寺院（岡本撮影）

第13章 社会を読み解くツールとしての宗教社会学

## 1 はじめに

　始まりも終わりも定かでないフィールド調査に比べれば，理論を学ぶことはきわめて容易である。だが注意しなければならないのは，「美しい花」はあっても「花の美しさ」など存在しないように，どこかに独立した宗教社会学の理論空間があるわけではないということである。宗教という具体的な現象を考えるためには，それが同時代的なものであれ歴史的なものであれ，第一には事例とデータが重要である。本書でも各章でさまざまな事例がとり上げられてきたが，宗教研究においては事例を得ることで初めて理論的考察が可能になるのであって，その逆ではない。個別的な宗教現象を前にして初めて宗教社会学は始まる。

　宗教社会学においてはすでに多くの理論や概念が提出されている。いずれもさまざまな宗教現象の観察と分析から導かれた示唆に富むものであるが，それらすべてをとり上げることはできないし，事例から切り離された理論を羅列することに意味はない。そこで本章では「近代社会の中の宗教と人間」という宗教社会学を誕生させた根本的な問題意識について主に述べてみたい。宗教社会学は科学的・合理的世界観が支配的になってゆく20世紀初頭の西欧社会において生まれ，その問題設定を引き継ぎながらその後も展開してきた。現代社会の宗教を考える上で，その問題設定をあらためて確認しておくことは無意味ではないはずである。

## 2 近代社会研究としての宗教社会学

　宗教社会学が最初期から現在まで抱え込んできた問題は近代化である。近代（化）とは何かを一言で説明することはできない。そもそも「近代（化）とはなにか？」という問いから始まったのが宗教社会学の歴史である。だが，宗教社会学が始まったヨーロッパのキリスト教社会の宗教状況を念頭に置けば，ひとまず「近代化は宗教の社会的影響力の低下とその後の現在まで続く宗教変容をもたらした」といえる。

　宗教社会学が生まれたヨーロッパでは近代化以前はほとんどの社会制度や組

織がキリスト教と不可分の関係にあった。キリスト教は国教とされ、政治や経済、学校や病院も宗教的権力の影響を受け、王の権力も教会の承認を得て初めて正当なものとなった。フランスでは19世紀の教育改革まではカトリックの聖職者であることは初等教育の教授資格をもっていることと同じであったし、欧米の多くの大学はそもそも神学校として始まった。

　このような社会を生きる人々は宗教を通して世界を体験していた。洗礼を受けることは人間として承認されることであり、死ぬ間際に儀式を施されなければ天国には行けないと信じられていた。現在でもヨーロッパの村や町の中心には教会がある。教会が鳴らす鐘の音の響きで一日の時間が管理され、日曜ごとの教会出席はその教会を中心とする共同体の構成員であることを確認する意味も持っていた。やや乱暴な言い方になるが、近代化以前の世界は宗教を中心に組織され、人々の考え方や感覚も宗教の世界観に強く規定されていたのである。

　もちろん、前近代の世界が隅々まで宗教によって管理され、あらゆる人々が宗教的に熱心だった「信仰の黄金時代」であったわけではない。しかし、実際に守るかどうかは別として、宗教が定めた法や規範が当然のものとみなされ、宗教にとって代わろうとするような強力な世界観や価値観が他にあったわけではないのである。

　このように宗教が公的領域の中心に位置し、その世界を生きる人々の考え方や感じ方を支配していた状況から、宗教が私的領域に囲い込まれ、人々が宗教なしで世界を体験するようになる過程が近代化である。たとえば「政教分離」という形で国家と特定の宗教が結びつくことが禁止されて政治が宗教から独立したように、さまざまな制度や組織が宗教から分化してきた。それまで宗教の一部であったものが固有の制度・組織として孤立したのである。そして、こうした分化の過程で生じた宗教と社会の変動を考えることから宗教社会学が始まった。

　エミール・デュルケムによれば、分化とは宗教が果たしてきた機能を世俗が奪いとってゆくことである。それまで宗教は「神の命令」という形で、人々に道徳を示し社会全体を方向づけてきた。同じ神を信じる共同体としての結束が社会全体をまとめあげていた。しかし、18世紀以降の啓蒙思想の展開、フランス革命による聖職者の特権廃止、チャールズ・ダーウィンの進化論の提唱といっ

た19〜20世紀にかけての科学的世界観と合理主義の発展は，道徳や法が神の命令として課される状況を終わらせた。政教分離を経ることで政治は神から権力を託された王によってではなく，理性的討論を行う議会によって担われることになったように，宗教が担ってきた役割を世俗的な制度や組織が分担するようになったのである。

　社会の分化は人々の意識における変化ももたらした。宗教が支配的な地位を失うことで，人々の考え方も必ずしもキリスト教の世界観の支配下に留まらなくなり，キリスト教的世界観と鋭く対立する科学的・合理的世界観をはじめ，さまざまな価値観や規範をもった人々が生まれた。デュルケムの『社会分業論』『自殺論』『宗教生活の原初形態』といった一連の著作は，分化による宗教の社会的影響力の後退が社会全体を多様化した時，果たしてそこにいかなる道徳や規範が設定できるのかという問いを考えることを主題としている［デュルケム 2005(1893)；1985(1897)；1975(1912)］。マックス・ウェーバーの『プロテスタンティズムの倫理と資本主義の精神』も，禁欲主義的な宗教倫理がいかにして資本主義を下支えする精神へと転化したのかを考察すると同時に，予定説によって「呪術からの解放」がもたらされ，人々の考え方や生活態度が合理化されたことを論じたものであった［ウェーバー 1989(1905)］。

　このように，何かひとつの考え方や世界観が支配的でなくなり，社会が同じ信仰をもつわけではない多様な個人の混成体となった時，人々はどのように共生できるのかという問いに悩むことから宗教社会学が生まれた。近代化とは宗教から社会が分化してゆく過程であり，「聖なる宗教」と「俗なる社会」というふうに並立するようになった両者のフロンティアに注目することが初期の宗教社会学の課題であったのである［山中 2006］。

## 世俗化論

　こうした最初期の宗教社会学の問題意識を引き継ぎながら提示されたのが世俗化論である。近代化の影響はヨーロッパのキリスト教社会では「教会出席率の低下」としてあらわれた。キリスト教では毎週日曜日の教会礼拝に参加することが宗教生活の中心となるが，イギリスやフランスでは19世紀後半頃からその出席率の低下が明らかになり，第二次大戦後，この低下傾向はさらに加速

する。西欧といえばキリスト教を長く国教としていたり，現在でも国教とする国が多く，「キリスト教文化圏」というイメージが強いかもしれない。しかし，たとえばフランスの場合，1980年代には70％以上が自分はカトリック教徒であるとしていたが，2000年頃には50％台にまで低下している。現在，毎週教会へ行く人は10％未満にすぎず，若い世代においては1％台となっている。聖職者を目指す人の数も減っている。1960年代には4万人以上の聖職者がいたが現在では半数以下になっており，その7割近くが70代の高齢者である。同じような状況は多くの西欧諸国にみられ，かつては「祈りの場」としてだけでなく「共同体の社交の場」として重要な意味をもっていた教会にほとんど人が集まらなくなっている。実際，維持できなくなった教会が，高い天井や大きな壁を利用して，サーカスの練習場やカーペット店に変わるような例も珍しくない。

　こうした状況を世俗化として論じたのがイギリスの社会学者ブライアン・ウィルソンであった。ウィルソンによれば，世俗化とは「宗教的な諸制度や行為および宗教意識が，社会的意義を喪失する過程」である［ウィルソン2002(1982)］。世俗化が進んだ社会では，社会生活を営んでゆく上でも合理的な行動と選択が求められる。たとえば車で交差点にさしかかった時，宗教的な美徳や他者への思いやりという観点から赤信号の車に道をゆずることは近代社会では賞賛されない。こうした細かな点においても合理的にふるまうことが求められるため，次第に考え方や感覚も合理性に馴らされてゆき，結果として，多くの人々においては意識も世俗化されてゆくというのである。

　それでは近代社会においては宗教の居場所はなくなるのだろうか。信仰を持ち続けるのはごく限られた人々だけで，大多数の人々はますます科学的・合理的にふるまうようになるのだろうか。実際，少なくない研究者がそのように考え，世俗化論は一時期には宗教研究のパラダイムとして機能したのであった。

## 3　宗教復興論と宗教定義の問題

　ウィルソンの世俗化論を引きついだ論者たちは，宗教は今後も公的領域から排除される一方であると予想し，宗教が生き残るには次の2通りしかないと考えた。つまり，個人的に宗教に関心のある一部の人々によって社会にはまった

く影響を与えないような仕方で信仰されるようになるか，社会の周縁に位置するマイノリティの心のよりどころとして，ごく一部で過激に信仰されるかである。要するに，近代化は理性的・合理的な世界観を備えた近代的な個人を生みだし，現代社会を生きるほとんどの人々は宗教なしで考え，感じ，ふるまうようになると主張したのであった。

## 宗教復興論

　しかし，宗教がますます衰退し，西欧以外の地域でも世俗化が展開してゆくと世俗化論が予想した1970年代以降，逆に世界各地で伝統宗教が社会の前面に出てくる状況が観察された。1979年のイラン革命では，米国の支援下で近代化政策・脱イスラーム政策をとり続けてきたパフラヴィー皇帝がイスラーム法学者ホメイニー師を指導者とする宗教勢力によって追放された［五十嵐1984］。分離独立後は社会主義共和国を目指してきたインドでは，1980年代，ヒンドゥー・ナショナリズムが勃興した。ヒンドゥー至上主義を掲げるさまざまなグループの運動が活発になり，インド人民党は1996年の選挙で第一党となり，宗教が中央政治にあらわれたのであった［中島2005］。

　宗教復興は世俗化が熱心に論じられた欧米社会においても報告された［ケペル1992(1991)；森1996］。アメリカでは「テレヴァンジェリスト」と呼ばれる牧師がテレビを通じて宣教して急速に支持を広げた。テレビショッピングのような形で莫大な献金を集めたテレヴァンジェリストの中には，自前のテレビ局・ラジオ局・大学を設立する者もいた。中絶・婚前交渉・同性愛・他宗教・科学的世界観を否定する保守的なキリスト教右派のグループも台頭し，大統領選挙の行方にも大きな影響を与えた［藤本2009］。これらの支持者には聖書の記述を歴史的事実として信じ，神による世界と人間の創造を主張し，進化論を公教育で教えることに反対する人々も数多く含まれている。

　アメリカほどではないが，同時期にはヨーロッパでもペンテコステ＝カリスマ派が目立つようになる。同派の礼拝は，聖書の知的な読解ではなく，聖霊の賜物による異言，預言，癒しなどが主であり，人々はますます理知的になると考えた世俗化論の予想を覆すものであった。また，フランスでスカーフ事件が起きたのも1989年であった。フランス生まれのマグレブ系の女生徒3名が公

立中学校の教室でイスラームの慣習であるスカーフを外すことを拒否して退学処分になったことで全国的な論争が巻き起こり，西欧諸国の中でも厳格な政教分離原則を採用してきたフランスにおいて宗教と社会の関係があらためて問い直されることになったのである。

　これら 1980 年代以降の世界規模での展開は一括して論じられるものではないが，多くの事例の観察・分析から明らかになったのは世俗化論の近代主義的・世俗主義的イデオロギーとしての一面であった［山中 2004］。世俗化論を主張した欧米の研究者の一部は「学問的な分析」としてではなく,「信念」として西洋近代のあり方を人間社会の進歩の当然の帰結だと考えた。彼らは西洋的な近代化が非西洋地域にも波及することを期待し，宗教を否定的に，世俗化を肯定的に論じた。しかし実際には，現代社会においても宗教はさまざまな仕方でその影響力を発揮している。こうして世俗化論は行き詰まり，基本的には西洋社会にあてはまる議論として相対化されたのであった。

## 宗教の実体的定義と機能的定義

　世俗化論をめぐる論争において重要なのは宗教の定義が再検討されたことであった。「宗教が衰退している」という命題を考える際には，そもそも「どこまでを宗教としてとらえ，どこからを宗教としないのか」がポイントになる。どのような宗教定義を採用するかによって，現代社会において宗教は衰退しているのかそうではないのかは当然変わってくる。宗教の定義については第 1 章でも言及したが，ここでは**実体的定義**と**機能的定義**の 2 つに区別して再び整理しておきたい。

　実体的定義の例としては宗教社会学者イヴ・ランベールのものが挙げられる。ランベールによれば，①人間的条件を超越する力や実在の存在，②こうした存在とコミュニケーションするための象徴的な手段，そして③教会のような共同体という 3 つの要素を備えたものが宗教である［Lambert 2004］。つまり，神や仏のような超越的存在を想定し，それらに礼拝や儀礼のような特殊な方法で働きかける集団が宗教なのである。他にも超人的存在との相互作用の制度を宗教とするメルフォード・スパイロのものも実体的定義として挙げられる［Spiro 1966］。ウィルソンをはじめとする世俗化論を主張した研究者の多くは実体的

宗教定義を採用した。したがって，すでに述べたような 19〜20 世紀にかけての西欧社会での教会出席率や聖職志願者数の急激な低下は「超越的存在とのコミュニケーション力や教会共同体の衰退」として理解され，世俗化は統計データによって実証できる現象として論じられたわけである。

　実体的定義は「宗教」という言葉を聞いた時に一般的に思い浮かべられるイメージと近く，感覚的にもつかみやすい。しかし，世俗化論者が積極的に採用したことからも分かるように，実体的定義はキリスト教における人格神と教会のあり方を念頭に置いた西洋中心主義的な宗教理解に基づいている。極端にいえば，実体的定義の観点からは，教団という形で運営され，共同での礼拝が定期的に開催されるものしか宗教とは呼ばれない。宗教を集団によって営まれるものに限定することで議論は分かりやすくなるが，たとえば明確な神観念をもたず個人志向の強いスピリチュアリティは研究対象にはならないし（→第 5 章），日常生活の中に溶け込んだ宗教性も同様である（→第 7 章・第 8 章）。日本も含めた非キリスト教世界ではむしろこうしたあり方こそが一般的であるにもかかわらず，実体的定義においては宗教とは見なされなくなってしまうのである。

　実体的定義に対する問題意識から提示されたのが機能的な宗教定義である。この立場は文字通り宗教現象に共通する「機能」に注目し，集団に限定せずに，社会のさまざまな部分に宗教を見出そうとする。宗教の機能とされるものはさまざまであるが，現代社会における宗教という観点から考えた場合，大きく共通するのは「意味づけ」の機能である。たとえば，J・ミルトン・インガーは，宗教を「人間集団がそれによって人間の生のこうした究極的諸問題〔死や人間集団の存続を脅かす挫折・苦難のこと〕と闘うところの，信念と実践の体系」と定義する［インガー 1989(1970)］。人は事故や病気など，さまざまな不幸に襲われるわけだが，そうした不条理と闘うための体系こそが宗教だというのである。

　宗教の意味づけ機能についてもう少し具体的にみてみよう。ハロルド・S・クシュナーに『なぜ私だけが苦しむのか』という著作がある［クシュナー 2008(1981)］。クシュナーはニューヨークのユダヤ教会の教師ラビとして，誠実に祈りながら日々をすごしていた。そんな彼に息子アーロンが生まれるが，生まれた直後から成長が止まる早老症と診断される。アーロンの身長は 1m を越えず，頭髪や体毛も生えず，子供の時から老人のような外見になり，10 代初めには死

んでしまうと医師から告げられる。それを聞いてクシュナーがまず感じるのは，その出来事の不公平さと偶然性に対する痛みである。

> こんなことが起こるなんて，どこに道理があるのだ。私は悪い人間ではなかった。神の前に正しいとされる生き方をしようと思っていた。それよりなにより，私ほど熱心に神に仕えていない人のなかにも，私より問題のない健康的な家族に恵まれている人がいるではないか。私は，自分が神の御心にかなう生き方をしていると思っていたのです。それなのに，なぜ私の家族にこんな不幸がおそいかかってきたのでしょうか？　もし神が存在するのならば，愛だの赦しだのと言う以前に，ほんのわずかでも公平をわきまえる神が存在するのならば，なぜ私をこんな目にあわせるのでしょうか？［同：xix］

不幸の不幸さが際立つのはそこに理由が見出せない時である。科学はある人がどのような病気になったのかは説明してくれるが，「なぜ他の人ではなくその人が病気になったのか」は教えてくれない。クシュナーの本の原題『善良な人に悪いことが起こる時』は，病気そのものよりも，その不条理さ，その無意味さの方が苦しいものであることを強く語る。

　アーロンを亡くした後の深い絶望と祈りを経てクシュナーがたどりつくのは全知全能の神ではなく，「意味づけを助ける神」である。ユダヤ教やキリスト教の伝統的な信仰では，この世界に起こるあらゆる出来事は「神の計画」だとされる。だが，そうだとすれば，アーロンの短すぎる人生も神の意志ということになり，最終的にはあまりに不条理な不幸を課した神を信じられなくなってしまう。いくら誠実に祈って生きていても災いを防げないのならば，いったい神はなんの役に立つというのだろうかということになる。

　これに対してクシュナーは，不幸な出来事の発生時にはそこには何の意味も納得できる道理もなく，そもそも「神になしうることには限界がある」と悟る。しかし，不幸が起きた後は「私たちのほうで意味を与えることはでき」，「私たちのほうで，それら無意味な悲劇に意味をもたせればよい」という。そして，そうした意味づけの試みを助けて励ますのが神の役割なのである。こうしてクシュナーは，生前のアーロンの外見や身体を気にせずに付き合ってくれた人々

こそ「神のことば」であり，同時にアーロンが短すぎる命を懸命に生きているのを目にした人々に影響を与えたことで，アーロン自身も神のために生きたのだと深く確信するに至る。

このように偶然に意味を与えて必然に変えることを宗教の機能の1つであるとすれば，宗教は教団として運営されるものに限られない。実際インガーは，「人生の究極的諸問題と闘う方法」として実証主義・マルクス主義・フロイト主義なども宗教として論じている。現代社会では，カウンセリングで意味を獲得する人もいれば，小説や映画の物語にそれを見出す人もいる。あるいは政治思想の中に自分が生まれてきた理由を探す人もいるかもしれない。人々はこれまで宗教と呼ばれてきたもの以外も通じて自らの世界観を打ち立てるようになっており，意味づけという観点からみた場合，宗教は現代社会のさまざまな領域に拡散していると考えられるのである。

しかし，これは実体的定義よりも機能的定義の方が優れているということではない。たとえばサッカーやサブカルチャーに対する思い入れや熱狂を宗教的だと論じたところで，それだけでは新たな洞察は得られない。さまざまな領域に拡散した宗教について研究することは重要であるが，その研究がいかなる理論的視野に基づいて行われているかが適切に示されなければ，それは自己満足的な宗教っぽいもののカタログ作りに堕落してしまう。

## 宗教の機能分化

　教会出席率や聖職志願者数といった「教団の活発度」だけに注目する実体的宗教定義の観点からは多様化した現代宗教の多くの部分を見落とすことになってしまう。意味づけという機能に着目すれば，宗教は教団だけでなく，さまざまな社会的形態をとりうる。こうした問題関心から近代社会における宗教の多様化・多次元化をとらえようとした類型として，井門富二夫の**宗教の機能分化**論がある［井門1974］。井門によれば，個人を中心に複雑化した現代社会においては「社会の分化」に応じた「宗教の分化」を考える必要がある。宗教的世界観に包まれた前近代社会から科学的・合理的世界観の下で運営される近代社会へ移行すると，一方で，宗教はその社会の文化をもっとも根本で支えるものとなり，他方では，個々人の心に根づいた「見えない習慣的考え方」になる。こ

うした観点から井門は①文化宗教，②制度宗教，③組織宗教，④個人宗教という4つの宗教の社会的形態を提示する。

②制度宗教は前近代に特徴的な国教のようなもので，特定の政治体制や集団と結びついた形で「社会制度」として位置づけられ機能する宗教の形態である。③組織宗教は個々人の主体的な参加によって形成される宗教集団である。この2つは実体的定義の観点からも宗教とみなされる形態であり，具体的な制度や教団として「見える宗教」である。一方，①文化宗教と④個人宗教は教団のような分かりやすい形態はとらない「見えない宗教」である。

①文化宗教は社会をその深層から文化的に特徴づけるとされ，たとえば「日本の伝統」「日本人の気質」などとして，ある社会文化の本質的な特性として言及されるものである。抽象的でわかりにくいが，文化宗教という考え方はロバート・ベラの**市民宗教論**ともつながっている。ベラが注目したのはアメリカ政治の宗教的次元であった。アメリカは政教分離を掲げる国家であり，その理念にしたがえば政治をはじめとする公共空間は宗教から独立して営まれなければならない。しかし，ジョン・F・ケネディら歴代アメリカ大統領の就任演説などを検討してみると，そこには特定の宗教組織や個人の宗教信念とは異なる漠然とした神への言及がみられるのである。つまり，政教分離という世俗化を経た社会においても政治は見えない仕方で宗教性を含みもっており，ベラはアメリカ人の大多数に共有される市民宗教の存在を主張したのである。また，ホセ・カサノヴァの**公共宗教論**は，世俗化論の厳しい批判と検証に基づきながら，現代社会において宗教が公的領域へと浮上する回路を論じたものである［カサノヴァ 1997(1994)］。

一方，個人宗教は，その名の通り，教団の束縛を嫌う個々人によっているので組織にならず「宗教」とははっきりと名指せない宗教形態である。個人宗教においては一人一人の趣味や意思がもっとも重要であり，信仰は個々人の心の内に留め置かれる。こうした形態はトーマス・ルックマンが宗教の**私事化**として論じた状況と同じである。

　　宗教表象の詰合せ——文字通りルーズな聖なるコスモス——は，消費者によって，全体として内面化されることはない。そうではなくて，"自律的"消

費者は，いろいろな宗教的主題を，提供されている詰合せから選択し，それらを，やや心もとない個人の"究極的"意味体系にまとめ上げる。かくして，個人の宗教意識は，もはや"公式"モデルの複写ないし相似形とはならない［ルックマン 1976(1967)：152-153］。

　宗教教団では，その教団が説く教えの体系をそのまま信者に信じさせようとする。教えの一部だけを信じたり，他宗教の教えと結合したりすることは許されない。しかし，現代の個人主義の展開は，こうした教団からの強制を嫌い，自分自身で信仰体系を作り上げるような人々を生み出した。そうした人々においては，教団が提供する「宗教表象の詰合せ」が丸ごと信じられることはなく，買い物をするように自分の嗜好に合わせて部分的に教えを選択するようになるのである。スピリチュアリティや宗教のツーリズム化などはまさにこうした宗教の私事化がもたらした個々人の選択の結果であるといえるし，葬式無用論や新しい葬送も教団が提示するやり方ではなく，自分たちの嗜好に合わせた宗教の編集なのである。
　井門の宗教分化論は，現代社会においては宗教は組織や教団として目に見えるものだけではなく，文化として社会の中に溶け込んでいたり，個々人の心の中に切り取られた形でも存在していることを示している。現代宗教の多様性と多元性をとらえるためには，いずれかだけに注目するのではなく，見える宗教と見えない宗教の双方に目配りすることが必要なのである。

## 4　日本の宗教社会学——理論から意味世界の探究へ

　ここまで「近代社会の中の宗教と人間」という問題意識に発した世俗化論とその批判を中心に述べてきた。西欧社会においては近代化はたしかに制度や組織として目に見える形での宗教形態を衰退させた。しかし，機能的宗教論や宗教分化論の観点からみれば，個別の教会や教団の衰退があったからといって社会全体から宗教が排除されたことにはならず，むしろ，社会のさまざまな領域に宗教が溶け出していると理解することができる。そしてその意味では，「近代社会における宗教の消滅」を主張する古典的な世俗化論は，西洋的な近代主

義・合理主義のあり方を良いものとみなすイデオロギーだということができるのである。

そして，こうした西洋近代主義に基づく宗教社会学と格闘してきたのが他ならぬ日本の宗教社会学の歴史でもある。日本の宗教研究は他の学問と同じように西洋からの輸入学問として始まったが，まったく異なる背景をもつ社会と文化の中で西欧産の理論や概念をどのように受容するかという点は大きな問題であった［山中・林1992；1995；寺田2000］。

西欧においては宗教社会学の成立自体が近代化の一部であった。宗教研究はキリスト教的世界観を客観的にとらえ批判する作業でもあり，その意味で，キリスト教との緊張関係の中で西欧の宗教研究は展開してきた。それに対して日本では1905年に東京帝国大学に姉崎正治を初代教授として宗教学講座が設置され，当初から特定の宗教教団の影響を受けずに研究が開始され，最初期から中立的な研究態度が自明の前提とされた。こうした環境の中で古野清人，小口偉一らによってデュルケムやウェーバーの研究が早くから消化されてきたのである。

一方，姉崎の宗教学講座とは別の宗教研究の系譜の存在も忘れてはならない。民俗学・人類学においては，特に戦時中は植民地支配のために国策としてアジア地域のフィールド調査や日本民族の源流の模索といった研究が行われ，そうした中で宗教が1つの項目としてとり上げられた。また，戦中戦後にかけて隆盛した農村社会学・家族社会学においては，家・同族団の研究において先祖祭祀や民間信仰の調査が必須であり，鈴木栄太郎，有賀喜左衛門，喜多野精一らによって日本の土着的信仰についての議論が蓄積されてきた。さらに，この分野の問題関心を引き継ぎながら提示された森岡清美の一連の研究は日本の宗教研究の里程標となっている［森岡1962；2005ほか］。

戦後になると，岸本英夫による行動科学の宗教研究への応用が大きな潮流を生み出した。岸本は姉崎以来の客観的な研究態度をさらに一歩進めて，宗教現象の実証的・科学的な研究を目指した。岸本の行動科学的宗教研究の提唱は，宗教研究と社会学・人類学といった隣接する社会科学との交流をもたらした。さらに1950～60年代にかけてはコンピュータを利用した計量社会学の展開と同時に，アメリカの社会学者タルコット・パーソンズの社会システム理論が隆

盛し，岸本の問題関心を引き継いだ安斎伸，井門富二夫，柳川啓一らによって宗教社会学の流行がもたらされた。彼らは日本への適用に苦心しながらも，教団論，機能主義理論，世俗化論といった当時最新の欧米の宗教理論を積極的に摂取したのであった。

輸入学問としての日本の宗教社会学に大きな変化をもたらしたのが1975年の宗教社会学研究会（以下，宗社研）の結成であった。さまざまな問題関心と研究方法をもった100名を超える研究者が参加した宗社研をひとくくりに論じることはできないが，西欧の宗教社会学を模範としてきた先行世代への批判と自前の理論と概念の構築という点では大きく共通しているといえる。そして，井上順孝，島薗進，西山茂といった宗社研の中核メンバーが研究対象として日本の新宗教に注目したことは大きな転換をもたらした。

すでに述べたように，1970～80年代は世界的に宗教復興が観察されはじめ，世俗化論の有効性が強く疑われるようになった頃である。しかし，宗社研は単に宗教復興の一事例として日本の新宗教に注目したわけではなかった。1950～60年代の世代はあくまで西欧宗教理論に修正を施して日本社会と日本宗教への適用を試みてきた。また「啓蒙の宗教学」という言葉に象徴されるように，前世代の井門にとって宗教社会学は学問的分析に留まるものではなく，西欧流の諸個人の自発的参加からなる宗教組織を展開させ，日本に近代的な宗教状況をもたらすための「手段」としてもとらえられていた。

これに対して，宗社研の新宗教研究においては，日本には日本独特の宗教史と社会文化的文脈が存在し，西欧の近代化とはまた違った形での宗教と社会の関係性が結ばれていることが強く意識された。とりわけ定期的な教会出席を前提とする世俗化論は，日本にはそもそもキリスト教のような支配的な制度宗教が存在せず，宗教伝統や実践のあり方も大きく異なることが指摘され，厳しい批判にさらされた。そして，たとえば欧米の研究史では重要な位置を占めてきたチャーチ／セクトといった教団類型論も言及されなくなったのである。

宗社研の研究観を象徴する概念として対馬路人らによる「生命主義的救済観」が挙げられる［対馬ほか1979］（→第2章）。西欧の宗教研究においては，ウェーバー以来，呪術は宗教よりも一段低い段階とされた。確固とした信念体系に支えられた宗教的救済に比べると，呪術が求める現世利益は原始的なものとみな

されてきた。それに対して対馬らは，新宗教には共通して日本の民俗宗教を基盤とする普遍的な生命の希求と現世利益の追求が結びついた独特の救済構造がみられることを指摘し，一神論／汎神論，宗教／呪術といった西欧的な宗教理解には収まらない日本に固有の概念とモデルが要請されることを論じたのである。

　先行世代が西欧社会学の枠組の中で宗教を根本的には近代社会の通念や慣習からの逸脱行動として理解していたのに対して，宗社研においては宗教を信じる人々の意味世界を細やかに読み解き，共感的に宗教を研究しようとする態度も強調された。同時代に展開する新宗教を対象としたため，参与観察・質問紙調査といったより実証的な調査方法の洗練も進み，宗教を外側から眺めるだけでなく，時には入信して実践するような形で信仰者によりそって内在的に宗教を理解することも目指された。そもそも学問の分析枠組と宗教の世界観には大きな隔たりがあるわけであるが，ごく一部には両者の溝をデータによる実証だけでなく，自身の直接的な宗教体験に基づく実感によっても埋めようとした研究者もいたのであった。

## 5　まとめ――宗教の社会学と「宗教＋α」の社会学

　本章では，西欧の宗教社会学の最初期からの問題設定である「近代社会と宗教の変容」に焦点を合わせ，世俗化論をめぐる論争，宗教定義の問題，意味づけとしての宗教，宗教の分化論などをとりあげた。冒頭でも述べた通り，宗教研究においては何よりも事例が大切である。しかし，諸宗教についてできるだけ詳しく情報収集を続けてゆけば，そこに自然と宗教社会学的思考が生まれるかといえば，そうではない。珍しい蝶を探しに行くような具合に，まだ知られていない宗教について次々と情報を貯えてみても宗教社会学は始まらない。

　そして，そこにこそ思考の触媒として理論が果たす役割がある。そもそも，どのようなデータを集めるべきなのか，なぜその事例を取り扱うのか，なぜあの宗教ではなくこの宗教に注目するのか，調査の始まりと終わりをどこに設定するのか，といった問題枠組の明確化こそが理論には期待される。ただし，それは理論が事例を後づけでそれらしく説明するためにあるということではない。

第13章　社会を読み解くツールとしての宗教社会学

集めた情報を系統立てて整理することも理論の役割ではあるが，もっとも重要なのは宗教社会学的思考を可能にする視座の構築である。

　この点で宗社研による新宗教研究と西欧宗教社会学の相対化は重要な契機であった。西欧の近代主義的な宗教理解を批判的に受容しながら，日本の宗教を考えるために独自の対象を設定し，固有の視座と方法論を打ち立てた。大きな近代化論という西欧宗教社会学の問題意識を忠実に引き継いで始まった日本の宗教社会学は，宗社研の新宗教研究において，西欧とは異なる仕方で宗教との距離感をとれるようになったといえる。

　今後の宗教社会学がどのように展開してゆくのかを予言することはできないが，1つの傾向として，宗教それ自体の研究に加えて，「宗教 + $\alpha$」の研究が増えてきていることが指摘できるだろう。新宗教という対象を発見し，時には対象を実感的にもとらえようとした宗社研の新宗教研究は宗教社会学を西欧的近代化論から解放したが，同時に「教団の社会学」としての宗教社会学のイメージを強くしたようにも思われる。現在でも新宗教，カルト，外来宗教といった教団の形をとった宗教の研究は活発に行われている。もちろんそれは依然として重要な研究テーマなのであるが，本書の構成にも表れているように，一方では社会参加，スピリチュアル・ブーム，ツーリズム，日常生活，生命倫理，政治，教育といった別の大きなテーマと宗教を合わせて考える視点も重要になってきているのである。

　こうした状況は宗教社会学にとって危機にも好機にもなるだろう。なぜなら一方では宗教集団だけを研究することにある種の限界が来ており，宗教社会学の研究対象がはっきりしなくなりつつあるということであるが，他方では，本章でも繰り返し述べた宗教の社会全体への拡散ということであり，宗教を軸に現代社会を考える視点の重要性がいささかも損なわれていないという風にも理解できるからである。いずれの立場をとるかは自由であるが，宗教と社会の切り結び方は今後ますます複雑で多様なものになってゆくだろう。

◆さらに学びたい人のためのブックガイド

　宗教社会学の理論的な諸課題を考えるには，論集『宗教とモダニティ』(竹沢尚一郎編)が参考になる。同書には，近代化と宗教の関係性をめぐる諸論考が収められており，近代化の普遍性と個別性がさまざまな地域の事例に基づいて再検討されている。『宗教社会学』(M・B・マクガイア)は，現在アメリカで最も読まれている宗教社会学のテキストである。入信論，教団類型論，機能的宗教論，宗教の私事化論，政治と宗教といった重要なテーマが，分かりやすく解説されている。また，『今日の宗教の諸相』(C・テイラー)は，多文化主義などで有名な社会哲学者による現代宗教論であり，宗教心理学の古典の再考を通じて，個人主義に傾いた近年の宗教理解に再び共同的な次元を見出そうと模索している。

## 参考文献

カサノヴァ，J. 1997(1994)『近代世界の公共宗教』津城寛文訳，玉川大学出版部。
デュルケム，E. 1975(1912)『宗教生活の原初形態』古野清人訳，岩波書店。
―――― 1985(1897)『自殺論』宮島喬訳，中央公論社。
―――― 2005(1893)『社会分業論』田原音和訳，青木書店。
藤本龍児 2009『アメリカの公共宗教―多元社会における精神性―』NTT出版。
五十嵐一 1984『音楽の風土―革命は短調で訪れる―』中公新書。
井門富二夫 1974『神殺しの時代』日本経済新聞社。
ケペル，G. 1992(1991)『宗教の復讐』中島ひかる訳，晶文社。
クシュナー，H.S. 2008(1981)『なぜ私だけが苦しむのか―現代のヨブ記―』斎藤武訳，岩波現代文庫。
Lambert, Y. 2004 "A Turning Point in Religious Evolution in Europe," *Journal of Contemporary Religion*, 9(1): 29-45.
ルックマン，Th. 1976(1967)『見えない宗教―現代宗教社会学入門―』赤池憲昭／ヤン・スィンゲドー訳，ヨルダン社。
森孝一 1996『宗教からよむ「アメリカ」』講談社選書メチエ。
森岡清美 1962『真宗教団と「家」制度』創文社。
―――― 2005『明治キリスト教会形成の社会史』東京大学出版会。
中島岳志 2005『ナショナリズムと宗教―現代インドのヒンドゥー・ナショナリズム運動―』春風社。

## 第13章　社会を読み解くツールとしての宗教社会学

中野毅　2002『宗教の復権―グローバリゼーション・カルト論争・ナショナリズム―』東京堂出版。
Spiro, M. 1966 "Religion: Problems of Definition and Explanation," M. Binton ed., *Anthropological Approaches to the Study of Religion*, London: Tavistock, 85-126.
宗教社会学研究会編　1992『いま宗教をどうとらえるか』海鳴社。
寺田喜朗　2000「20世紀における日本の宗教社会学―アプローチの変遷についての鳥瞰図―」大谷栄一・川又俊則・菊池裕生編『構築される信念―宗教社会学のアクチュアリティを求めて―』ハーベスト社，157-175。
対馬路人・西山茂・島薗進・白水寛子　1979「新宗教における生命主義的救済観」『思想』665：92-115。
ウェーバー，M. 1989(1905)『プロテスタンティズムの倫理と資本主義の精神』大塚久雄訳，岩波文庫。
ウィルソン，B. 2002(1982)『宗教の社会学―東洋と西洋を比較して―』中野毅・栗原淑江訳，法政大学出版局。
山中弘　2001「世俗化論とイギリス宗教史」『哲学・思想論集』27：53-74。
────　2004「宗教社会学の歴史観」池上良正・小田淑子・島薗進・末木文美士・関一敏・鶴岡賀雄編『岩波講座 宗教3　宗教史の可能性』岩波書店，107-129。
────　2006「宗教と世俗の乖離―世俗化論争と教会―」竹沢尚一郎編『宗教とモダニティ』世界思想社，15-48。
山中弘・林淳　1992「日本におけるマックス・ウェーバー受容の系譜―宗教学の視点から―」『愛知学院大学文学部紀要』22：193-212。
────　1995「日本における宗教社会学の展開」『愛知学院大学文学部紀要』25：301-316。
インガー，J. M. 1989(1970)『宗教社会学Ⅰ―宗教社会学の方法―』金井新二訳，ヨルダン社。

## コラム (3)　現代日本の「宗教と社会」についてさらに学ぶ／調べるには

塚田穂高・高橋典史

　このコラムでは，本書を読んで各章のテーマをもっと掘り下げたい，卒業論文などの「研究」につなげたいと考える読者たちのために，必要かつ信頼できる情報を得る手段，調査方法などについて簡単に解説してみたい。

### 「宗教」に関する文献や情報にどのようにアクセスするか

　何かを調べたければ，パソコンやスマホでインターネットに接続し，キーワードを入力して検索ボタンをクリックすればいい，そう思うかもしれない。だが，ヒットしたそれらの情報が信頼できるものなのか，重要なものなのか，判断できるだろうか。一方，キーワードがヒットしなかったからといって，「これに関する情報・文献はありませんでした」と言ってしまってよいだろうか。以下では，宗教に関する文献や情報へのアクセスの仕方についてみてみよう。

　まずは，一般的な書籍や雑誌記事を「ウェブ上で検索する」方法から。国内で刊行された一般的な書籍の大半は，国立国会図書館に所蔵されているので，検索してみよう (http://www.ndl.go.jp/)。書籍や諸資料が，どの大学図書館に所蔵されているかを調べるには，Webcat Plus (http://webcatplus.nii.ac.jp/) がある。見つかったら，直接行くか，借用を申し込もう。

　必要な文献は，書籍だけとはかぎらない。大学紀要や学術誌，雑誌などに掲載された論文や論考を調べるには，CiNii（サイニィ）(http://ci.nii.ac.jp/) が便利だ。新しいものを中心にかなりヒットする。なかにはすぐさま PDF ファイルで本文を読めるものも増えてきている。もっとも，PDF ファイルが見られないからといって，そこで探すのをやめてしまってはだめだ。まずは図書館で所蔵を調べ，なければ国会図書館などにコピーに行こう。また，図書館窓口での複写取り寄せ

コラム（3）　現代日本の「宗教と社会」についてさらに学ぶ／調べるには

サービスなどもある。通常のコピー代よりは少しかかるが、そこを惜しんではならない。

　ここで、近現代日本の宗教に関連しそうな論文類が掲載されている学術雑誌類を挙げておこう。宗教学・宗教社会学関連ではまず、『宗教研究』（日本宗教学会、以下学術雑誌はその刊行元を示す）と『宗教と社会』（「宗教と社会」学会）がある。どちらもバックナンバーの目次を検索でき、PDFファイルで読めるものも増えてきている。『近代仏教』（日本近代仏教史研究会）は近現代仏教関係の論文が充実している。『神道宗教』（神道宗教学会）には近現代のものが載ることもある。大学の研究室関係では『東京大学宗教学年報』（東京大学宗教学研究室）や、『宗教学論集』（駒澤宗教学研究会）などもチェックしてみよう。『宗教と社会貢献』（「宗教と社会貢献」研究会）というオンラインジャーナルも刊行されている（http://ir.library.osaka-u.ac.jp/web/RSC/）。

　また、社会学では『社会学評論』（日本社会学会）、人類学では『文化人類学』（日本文化人類学会）、民俗学では『日本民俗学』（日本民俗学会）がそれぞれ中心的な雑誌であり、宗教に関する論考が載ることもある。なお『日本民俗学』では、3年に一度ほど掲載される分野ごとの研究動向レビューに「信仰」についてのものが含まれているので、チェックしたい。思想史研究の『季刊　日本思想史』（日本思想史懇話会）にも、宗教に関する論考が目立つ。

　これらは各分野の専門学術誌と言え、査読などを経て掲載されたものがほとんどであるため、その内容もある程度の信頼性が担保されたものだと言える。

　ホットなトピックをおさえるには、毎年刊行される研究者・宗教者・作家らによるエッセイを多く収録した『宗教と現代がわかる本』（2007年〜、渡邊直樹責任編集）を糸口とするのもよい。巻末のデータ類も充実している。『現代宗教』（2001年〜、国際宗教研究所編）には、年ごとに「慰霊と追悼」「宗教教育の地平」「メディアが生み出す神々」「大災害と文明の転換」といったテーマに沿った論考が掲載されている。巻末には、その年の国内・海外の宗教動向が収められており、参考になるだろう。

　さて、ウェブでの検索は手軽だが、そこで得られた情報のみでOKかといえば、そうではない。次は「芋づる式に探す」方法である。まずは試しに本書の各章末尾の「参考文献」リストを見てみよう。そこに挙げられているのは、各

章を執筆する際に参考にした文献であるが，言い換えればその章のテーマに関わる重要な文献だということである。もしその章のテーマに関心を持ったのなら，次にその「参考文献」に挙げられている文献も手に入れてみよう。すると，その探した「参考文献」にもまた「参考文献」が挙げられているはずだ。今度はまたそれらを探してみる。そのように芋づる式に文献をたどっていくことで，同テーマに関する文献群の見通しがついてきて，理解が深まっていく。また，そこで何度も言及・参照されている文献とは，当該分野において相対的に重要度が高いものだということである。これは，どの研究領域でも共通のやり方だが，ぜひ面倒くさがらずにやってほしい。

　並行して，当たり前ではあるが「知っている人に聞く」ことも大切だ。本書を授業で用いている場合は，担当している先生に聞いてみよう。大学のゼミなどでは担当の先生や先輩などに尋ねてみよう。その研究領域について何が重要な成果・文献であるか知っている「先達」であるから，きっと適切な文献や情報を教えてくれるはずだ。

　以上の方法ですでにかなりの文献や情報に出会えているはずだが，非常に原始的でも意外に大切なのが「ぶらぶら探して，たまたま見つける」ことである。大型書店や大学図書館などの「宗教」「宗教学」コーナー，あるいは「社会学」「民俗学」「文化人類学」などのコーナーに行き，かたっぱしから目次を開いてパラパラめくってみよう。書籍名はウェブ検索でヒットするが，収録されている個々の論文や章題はヒットしないこともあるため，思わぬ関連文献が見つかるかもしれない。

　さて，入手した文献を読み進めていて，わからない言葉（それもどうやら学術用語らしい）に遭遇したらどうするか。事典・辞典を参照しよう。Wikipediaを見ればいいと思うかもしれない。だが，誰が書いたかわからず，内容の正確さについての保証がなされておらず，またいつ書き換えられるかもわからないといった不確実性がともなうため，勉強・研究のためにはあまり薦めない。まずは図書館などに行き，事典・辞典を手に取ろう。

　宗教社会学の基本的な概念や用語については，『新社会学辞典』（森岡清美ほか編），『社会学事典』（見田宗介ほか編）に載っている。『社会学事典』（日本社会学会社会学事典刊行委員会編）には「宗教」の項がまとまって載っているので参照

289

しやすい。『宗教学事典』（星野英紀ほか編）も概念・項目ごとの執筆で，参考になる。『宗教学文献事典』（島薗進ほか編）は，宗教研究の代表的な文献を調べるにはよい。『現代宗教事典』（井上順孝編）は，概念と事象，教団などに幅広く目配りしている。日本の宗教全般については，『日本宗教事典』（小野泰博ほか編），『日本宗教事典』（村上重良）などが利用しやすい。『神道事典』（國學院大學日本文化研究所編）は，近現代の神道に関する事項も詳しい。民間信仰・民俗宗教に関しては，『日本民俗宗教辞典』（池上良正ほか編）がまとまっている。新宗教については，『新宗教事典』『新宗教教団・人物事典』（ともに井上順孝ほか編）が必読である。人類学では『文化人類学事典』（日本文化人類学会編），民俗学では『日本民俗大辞典』（上・下，福田アジオほか編），生命倫理学については『新版増補生命倫理事典』（酒井明夫ほか編）あたりが定番だ。大学での演習の授業やゼミでの発表時には，このあたりの用語説明や解説をおさえて臨みたい。

## 「宗教」についてどのように調査・研究するか

　ひとくちに「宗教調査」といっても，その対象は，①教団の創始者・歴史・組織などを研究する場合，②地域社会における当該宗教あるいは信仰の，形態や社会的位置，歴史的変遷などを研究するような場合，③当該宗教・信仰に関わる個人の意識や活動（教団からの脱会者も含む）を研究する場合，などさまざまである［西山 1981 ほか］。そうした研究の照準に応じて，そのための方法論も当然変わってくるわけだ。以下では，文献調査研究とフィールドワークに基づく調査研究のケースを見ていく。

### (1) 文献調査研究

　歴史資料などを扱う研究については，資料が所蔵されている場所を探すことが重要である。国立国会図書館をはじめ，各種の資料館・博物館や，キリスト教・仏教（宗派ごと）・神道など宗教伝統ごとにその宗教系の大学図書館などを探すのがよい。キリスト教系なら上智大学・関西学院大学・同志社大学など，仏教系なら駒澤大学・大正大学・龍谷大学など，神道系なら國學院大學などであろう。また，天理大学の図書館も宗教研究のための資料が充実している。国立国会図書館の近代デジタルライブラリー（http://kindai.ndl.go.jp/）も充実しているので，一度検索してみるとよい。

コラム（3）　現代日本の「宗教と社会」についてさらに学ぶ／調べるには

　次に，神道・仏教・キリスト教・新宗教などそれぞれの宗派・教派や教団が出している教団刊行物類を資料とする場合である。刊行元の教団や関連出版社などにおいても，そろった形で閲覧できる望みは薄い。上述同様，まずは各宗教系大学の図書館をあたってみよう。立正佼成会の文化事業の一環である**佼成図書文書館**は，いくつかの教団の刊行物をある程度収蔵している。財団法人国際宗教研究所 **宗教情報リサーチセンター**（RIRC, http://www.rirc.or.jp/）も各教団の刊行物を収集しており，公開態勢を整えている。

　さらにメディアによる「宗教」報道を資料として用いるやり方もある。それらを通じて，社会がその宗教現象や事件などをどう捉えているかを間接的に読み解くことができる。ただし，その際には各メディアの特性には注意を払わなければならない。朝日新聞・読売新聞・毎日新聞・日本経済新聞の各全国紙は，**オンラインデータベース**（それぞれ，「聞蔵Ⅱビジュアル」「ヨミダス歴史館」「毎索」「日経テレコン21」など）が整っており，大学図書館や公立図書館などで利用が可能だ。全文検索が可能なので，キーワードの出現時期や，事件の推移などが容易にわかる。週刊誌など雑誌における「宗教」記事を探すのなら，**大宅壮一文庫**（http://www.oya-bunko.or.jp/）の雑誌記事索引が有効である。

　これらに加え，「宗教」情報に特化したものが，上述 RIRC の「**宗教記事データベース**」である（オンラインではなく，来館して利用）。ここには全国紙に加え，東京新聞や各地方紙，赤旗，宗教専門紙（神社新報，中外日報，仏教タイムス，キリスト新聞など）が収録されている［塚田 2011］。1984 年ごろから現在まで約 170 万件（2012 年 3 月現在）のデータが登録されており，フリーワードや「政党・行政」「事件」「習俗・慰霊」などのカテゴリごとで検索ができる。「宗教」に関する情報・報道のメディア間比較が容易なのが特徴である。なお，RIRC では宗教関連の報道をまとめたニュースレター『**ラーク便り**』を年 4 回刊行しており，それを一読すれば日本と世界の宗教をめぐるトピックの現況をかなり把握できる。

　こうしたメディア報道は，それだけでも工夫次第で研究のデータになりうるものだが，一方で後述するフィールドワークに出る前の下調べとしても十分に利用価値がある。

コラム（3）　現代日本の「宗教と社会」についてさらに学ぶ／調べるには

## (2) フィールドワークに基づく調査研究

　フィールドワークは，オリジナルのデータを得ることができるのが最大の魅力である。かといって，無手勝流でとにかく行けばいいというわけではない。

　宗教社会学の基本的な調査方法は，社会学や人類学・民俗学におけるものと共通部分が大きい（[好井・三浦編 2004, 佐藤 2006] ほかを参照）。ただし，後述するように宗教調査には，他の対象と同じように準備し注意すべきことがらだけでなく，対象が「宗教」であるがゆえに配慮すべき特殊性もある。

　社会学的な調査法としては，参与観察・質問紙調査・面接調査・インタビュー調査などが挙げられるだろう [磯岡 1994]。民間信仰や民俗宗教調査については，『民間信仰調査整理ハンドブック』（上・下，圭室文雄ほか編）に質問項目の例が詳しく載っている。新宗教調査では，『新宗教研究調査ハンドブック』（井上順孝ほか）に，質問紙や面接調査の例が紹介されており，参考になる。また，信仰者の自伝や語りから構成された個人のライフヒストリーに着目する手法も信仰意識を調べるには有効な手法の一つである [川又・寺田・武井編著 2006]。

　どの手法を取るにせよ，調査への入り方は重要である。地域社会の人々に「あなたの宗教について調べたい」といきなり言っても警戒されるだけだろう。教団窓口に「そちらの教団の調査をしています。組織の構成，人数，お金の流れについて教えてください」と言っても門前払いとなるだろう。自分だけなら「断られてしまった」で済むかもしれないが，場合によってはこれから研究しようとする学生や研究者に対する門戸が閉ざされてしまう可能性もある。前者だったら，「地域のお祭りについて知りたい」「お正月やお盆の行事にはどういうものがありますか」というような入り方がいいかもしれない。後者だったら，「教団の歴史に関心がある」「信者さんがどんな活動をしているか知りたい」と言ってもよい。当然のことながら，調査対象者（インフォーマント）への調査依頼をきちんと行い，調査の実施およびその成果の公表に際しては，個人情報保護などの調査倫理を守ることが不可欠だ。

　いずれにせよ，宗教調査の方法に王道はないなかで，重要なのは調査設計と下準備である。そのためにこれまで述べてきたような，先行研究や文献，教団資料やメディア報道を調べておくことが必要なのだ。モデルとしたいような先行研究を見つけておけば，自分が調査をし，研究を行う際にも具体的なイメー

ジを描きやすい。また，教団調査や地域調査においては，出てきた教団用語や民俗語彙などの説明をいちいち求めるわけにはいかない。これらにあらかじめ通じておけば，聞き取りもスムーズにいくだろうし，相手も調査者が理解しようとする姿勢を示していると考えるだろう。こうした準備がインフォーマントとのラポール（信頼関係）の形成につながるのである。

　最後に，宗教調査は，当事者の世界観や価値観に深く関わらざるを得ないという特殊性を持つことには注意が必要だ。特に新宗教の調査などでは，こちらにとっては調査対象であっても，相手からは布教対象と見られていることもしばしばある。また，感動的な体験談や熱狂的な集団力学により，否応なく感情を揺さぶられるようなときもあろう。「調査者自らが信仰をどう考えるか」という問いが常に突きつけられるのである。さらに，神秘体験や独善性などについての価値観・世界観を共有していない集団や相手の「言い分」をどこまで追認できるのか，問題性が見られる活動や教えなどに批判的な視角を持ちながらもどこまで調査研究を続けられるのか，といった問題に直面することもあるだろう。宗教調査には「魅力」があるが，こうしたある種の「重さ」が常に付随していることは肝に銘じておいてほしい。

**参考文献**

磯岡哲也 1994「社会調査を通してみた宗教」井上順孝編『現代日本の宗教社会学』世界思想社，197-229。
川又俊則・寺田喜朗・武井順介編著 2006『ライフヒストリーの宗教社会学―紡がれる信仰と人生―』ハーベスト社。
西山茂 1981「宗教調査」村田宏雄編『社会調査』勁草書房，289-307。
佐藤郁哉 2006『フィールドワーク―書を持って街へ出よう― 増訂版』新曜社。
塚田穂高 2011「宗教記事データベースの特性とその活用可能性」『ラーク便り』50：72-78。
好井裕明・三浦耕吉郎編 2004『社会学的フィールドワーク』世界思想社。

おわりに

　本書は宗教社会学の立場から，現代日本の「宗教と社会」に関わるさまざまな事象を解説し，理解を深めてもらうことを目的とした大学生向けの教科書である。
　現代日本では一般に寺や神社といった伝統宗教は衰退し，「宗教」なるものは人々の日常の生活からどんどんと遠のいていっているようなイメージが持たれがちだ。しかし実際はどうだろうか。本書を一読してわかるように，現代の日本社会が宗教的な「何か」と強く広く，多様な関わりを持っていることは明らかである。そして，現代日本の「宗教と社会」について学ぶことは，そのまま我々の生きている社会自体についての理解を深めることに繋がっていくのだ。
　教科書である本書の想定する読者は，第一には一般教養科目などで初めて現代の宗教について学ぶ大学1, 2年生である。けれども，研究者や小中高校の教員などをはじめ，広く一般読者にとっても本書は有益であると自負している。とはいえ，本書のように「若手」研究者だけで執筆した宗教社会学の教科書というのは珍しいだろう。今後，我々の成長とともに，本書に改良を行って版を重ね，いずれ定番の教科書へと育てていくことができたならば望外の喜びである。
　そもそも，良質の教科書を見つけられるかどうかというのは，我々のように教壇に立ってから日の浅い者たちにとっては切実な問題である。大学教育の充実が叫ばれる一方で，若手研究者が教歴を積んでいく環境は，ますます厳しいものとなってきている。そうした渦中にいる者たちの，「自分たちが使ってみたいと思えるような教科書を作りたい」という思いの結実が本書なのである。そして，同様の状況下にある他の仲間たちにも，ぜひ活用してもらいたいとい

# おわりに

う願いが込められている。

　最後に本書の刊行の経緯について記しておきたい。本書の企画が立ち上がったきっかけは，勁草書房の編集者の永田悠一氏が，私が東京学芸大学で非常勤講師として担当していた宗教社会学関連の授業のシラバスをたまたま目にされたことにある。永田氏から宗教社会学の教科書執筆のお話をいただいたときは，当然ながら「どうして私が…」と思ったが，むしろ教科書を必要としているのは我々のような若手であると考え直し，承諾することにした。しかし，こうした多岐にわたる内容を扱う書籍は，私個人の手によるよりも，それぞれ専門を異にする研究者が協働して作成した方がより効率的で，はるかに良質なものができあがることは間違いない。そのため，かねてより親交のある岡本，塚田両氏に編者として加わってもらい，議論を重ねて取り上げるテーマと執筆者を選定した。私からのお願いに惜しみなく尽力してくれた2人の編者と執筆者の皆さんには，深く感謝している。

　なお，本書執筆者のうち7人が，(財) 国際宗教研究所もしくはその附属機関である宗教情報リサーチセンターの現役または元研究員である。そこで得られた経験が本書にも活かされていると確信している。関係者の皆様には記して謝意を示したい。

　そして，もとより永田氏が企画し依頼してくださらなければ本書が生まれることはなかった。本書の作成段階でおかけした多大な面倒を深謝するとともに，ここであらためて心より御礼を申し上げたい。また，お名前を1人ひとり挙げることはできないながら，本書の刊行にあたっては，その他にも多くの方々にさまざまな形でお世話になったことも謝念とともに記しておきたい。

2012年4月<br>
編者を代表して　高橋　典史

## 索　引

### あ

赤沢文治（金光大神）　25, 26
麻原彰晃（松本智津夫）　26, 45, 48-54, 63, 212, 213
新しい公共　86
現人神　200, 201
Aleph（アレフ）　53
安楽死・尊厳死　178, 185, 195
イエ,「家」　12-16, 20, 21, 130, 133, 136, 149, 151, 155-158, 162, 164, 171, 173, 281, 285
生きづらさ　73-77, 79, 82, 87-89, 233
池田大作　34, 36-39
イスラーム　8, 11, 111, 124, 152, 195, 215, 221, 239, 241, 258-265, 274, 275
　——墓地　264
伊勢神宮　17, 35, 111, 204
インフォーマント　292, 293
インフォームド・コンセント　186
ウィルソン,ブライアン　273, 275, 286
ウェーバー,マックス　272, 281, 282, 286
氏神　13-15, 76, 130, 132, 136
氏子　5, 6, 14, 15, 76, 130, 132-134, 210, 211
御嶽　140, 174, 175
A級戦犯　205, 206
英霊　203
エスニシティ　254, 255, 265, 267
エスニック・チャーチ　242, 244, 257
NPO法人　42, 67, 73, 77, 81, 86, 101, 103, 122
江原啓之　42, 93-97, 105, 106, 108, 192
愛媛玉串料訴訟　209
エホバの証人（ものみの塔聖書冊子協会）　26, 60, 247
王政復古　17, 199
王仏冥合論　36, 38, 212

### か

オウム真理教　26, 29, 48-53, 62-65, 76, 212, 213, 218, 229
　——事件　47, 69
大川隆法　26, 39, 40, 213
大本　26-29, 181
オカルト　50, 95, 98, 108

海外神社　243, 244, 246, 267
改宗　18, 262, 264
戒律　158, 159, 167, 169
外来宗教　229, 239-241, 247, 264, 265, 284
拡散宗教　20
家族葬　165
カトリック　5, 17, 18, 73, 78, 84, 85, 111, 119-123, 125, 127, 179, 180, 185, 220, 223, 226, 230, 249, 253-255, 257, 258, 265, 271, 273
神々のラッシュアワー　19, 28
カリスマ　46, 251, 258, 274
カルト　46-49, 53, 63-65, 221, 229, 237, 284, 285
　——問題　20, 24, 45-48, 59, 62-65, 107, 221, 236
観光　20, 109, 110, 112, 116-118, 120, 121, 127, 131, 140, 142-145, 148, 149, 170, 174, 175
韓国人ニューカマー　248-252, 266
岸本英夫　10, 75, 89, 281, 282
期待される人間像　225
救援　88, 89
救済　30, 32, 36, 48, 49, 75, 82, 87, 88, 99, 101, 213, 246, 247, 265, 282, 283
　——宗教　32, 43, 267
教育基本法（1947）　224, 225, 228
教育勅語（1890）　17, 200, 222, 223
教団類型　43, 46, 282, 285

索　引

キリスト教　4-6, 9, 11, 15, 17-19, 22, 30, 49, 55, 56, 60, 75-78, 80, 111, 121, 152, 158, 179, 182, 185, 189-191, 195, 199, 204, 215, 220-223, 226-228, 231, 232, 240, 243, 247-252, 258, 267, 270-274, 276, 277, 281, 282, 285, 290, 291
金銭収奪　48, 54, 56, 61, 63
近代化　16, 19, 22, 24, 25, 27, 29-31, 39, 41, 43, 115, 139, 153, 155, 169, 172, 200, 270-272, 274, 275, 280-282, 284, 285
クルアーン（コーラン）　259, 262, 263
クローン技術　178, 187, 188
黒住教　25-27, 29
血縁　14, 16, 75, 77, 160, 164, 171
顕正会（冨士大石寺顕正会）　59
現世主義　30, 43, 192
現世利益　25, 31, 32, 36, 250, 282, 283
公安調査庁　53
公益法人　59, 67, 70, 77
公共宗教　217, 279, 285
合祀　203, 205-208
公式参拝　205, 206, 209
高度経済成長　25, 28, 29, 31, 37, 41, 76, 79, 115, 139, 155, 156, 207
幸福実現党　40, 212, 213, 218
幸福の科学　26, 29, 39-42, 50, 72, 212, 213
公明党　34, 36-40, 212, 215, 217, 228
（六信）五行　111, 260
国体　200, 201
　　──明徴声明　201
告別式　153, 154, 160, 165
国立戒壇　36, 37, 212
心直し　28, 31, 40, 100
心の教育　221, 232-234
心のノート　234, 236
国家神道　17, 19, 22, 35, 198-202, 204, 207, 217, 218, 223, 224
金光教　19, 25-27, 244

さ

再帰性　135
在家講　25, 35, 59
祭祀　5, 11, 14, 17, 67, 132, 133, 169, 199, 200, 203, 205, 217, 222, 244

祭政一致　17, 199
再生医療　179, 182, 187
在日コリアン（在日）　248-251, 265-267
散骨（自然葬）　162-164
三条の教則　199
JGSS（Japanese General Social Surveys）　77
私事化　279, 280, 285
寺檀関係　76, 158
私的参拝　205
児童虐待　48, 61, 65, 79
死の自己決定権　184
死への準備教育　230-233
社縁　75
社会参加　73, 77, 78, 88, 89, 284
折伏　35, 36, 59
　　──大行進　36
宗教社会学研究会　282, 286
宗教情報リサーチセンター（RIRC）　51, 64, 65, 218, 226, 291
宗教団体法（1939）　68
宗教知識教育　220, 221, 224, 226
宗教調査　290, 292, 293
宗教的ケア　191, 192, 196
宗教（的）情操教育　220, 221, 223-226, 228, 234
「宗教と社会」学会　288
宗教文化教育　22, 65, 218, 229
　　──推進センター（CERC）　229
宗教法人　5, 21, 33, 34, 36, 39, 42, 50, 52, 55, 59, 63, 66-72, 77, 81, 86, 174, 204, 207, 211, 212, 215, 249, 264
　　単位──　71
　　単立──　71, 72
　　被包括──　71, 72
　　不活動──　70
　　包括──　71, 72
　　──法（1951）　28, 67-70, 72
　　──令（1945）　28, 68
宗派教育　32, 220-224, 226, 228, 229
終末期ケア（ターミナルケア）　81, 190
宗門改　18
儒学　15, 192
祝福（合同結婚式）　56, 58, 60, 65
呪術的実践　25, 30, 31

索　引

樹木葬　162-164
巡礼ツーリズム　110, 114, 117, 118, 120, 122, 123, 125-127
摂受　35
正体隠しの詐欺的布教　48, 54, 59, 60
浄土真宗親鸞会　59
上祐史浩　53
自利　31, 43
自力　31
信教の自由　17-19, 28, 62, 67-69, 81, 199, 201, 202, 204, 216, 217, 222, 224
人工授精　184
神社神道　5, 9, 17, 200, 202, 207, 224
神社本庁　71, 214
新宗教　4-6, 9, 18-20, 23-33, 35, 37-43, 49, 52, 55, 63, 66, 68, 72, 75-77, 84, 100, 127, 169, 173, 176, 181, 204, 212, 214, 218, 226, 227, 240, 244-247, 254, 265-267, 282-284, 286, 290-293
新新宗教　29
人生儀礼　13, 129
神道　4-6, 15, 17, 27, 29, 76, 84, 95, 157, 195, 199, 200, 202-205, 208, 211, 216, 217, 222-224, 227, 228, 288, 290, 291
　　──国教化政策　199
　　──十三派（教派神道）　17, 19, 27, 223, 244
　　──指令（1945）　202, 223
　　──政治連盟　214
　　──非宗教論　17, 27, 35, 199, 204, 216, 222
新日本宗教団体連合会（新宗連）　214
真如苑　26, 29, 31, 42, 245, 246
神仏習合　15
神仏分離　17, 27
真理党　50, 51, 212, 218
新霊性運動　106, 108
崇教真光　26, 29, 245
砂川市有地上神社違憲訴訟　209
スピリチュアル・アビューズ　63
スピリチュアルケア　177, 189-196
スピリチュアル・ブーム　91-94, 96, 99, 100, 105-107, 173-175, 284
政教分離　17, 19, 28, 37, 68, 69, 81, 82, 86, 192, 197-199, 202, 205, 207-212, 214, 215, 217, 218, 220, 224, 271, 272, 275, 279
精神の自由　62, 63
聖地巡礼　109-112, 114, 115, 118, 122, 123, 125-127, 142
生長の家　26, 28, 29, 40, 100, 214, 245, 246, 267
性的虐待　48, 60, 61, 63, 65
生と死の教育　221, 229, 230, 232-236
生命主義的救済観　30, 43, 282, 286
生命の破断　48, 60
生命倫理学　177-181, 184, 187-189, 194-196, 235, 290
生命倫理教育　235
世界救世教　19, 26, 28, 29, 100, 245
世界真光文明教団　26, 29, 245
セクト　46, 282
世俗化　179, 180, 272-276, 279, 280, 282, 283, 286
摂理　60-62, 65, 247
禅（Zen）　29, 35, 98, 226, 244, 245
全国霊感商法対策弁護士連絡会　56
先祖供養，先祖祭祀　13-15, 20, 28, 29, 76, 157, 158, 169, 170, 281
全日本仏教会　214
創価学会（創価教育学会）　5, 19, 24, 26, 28, 32-41, 43, 59, 72, 212, 215, 217, 218, 245, 246
臓器の移植に関する法律（1997）　182
葬祭業者（葬儀屋）　153-155, 162, 166, 174
葬式仏教　15, 89, 158, 167-169, 193
僧侶　36, 38, 59, 76, 84, 87-89, 153, 157, 158, 166-168, 174, 209, 220, 222
葬列　153, 154
ソーシャル・キャピタル　79, 89
俗信　129, 130, 132, 147, 149
組織宗教　32, 279
空知太神社　209, 210

た

ターナー，ヴィクター　112-116, 127
第二バチカン公会議（1962-1965）　179
大日本帝国憲法（1889）　14, 16-18, 68, 198, 199

索　引

他力　31
檀家（制度）　6, 15, 76, 133, 134, 169, 173, 243
団体規制法（1999）　53
治安維持法（1925）　27, 28, 35
地縁　16, 75, 76, 160, 164
地下鉄サリン事件（1995）　48-53, 76, 213, 229
地鎮祭　207, 208, 210, 218
チャーチ　46, 282
　　――-セクト論　46
チャプレン　81, 87, 189-191
中央教育審議会（中教審）　225, 233
忠魂碑　208, 210
中絶　178, 180, 182, 184-187, 196, 274
直葬　165, 166
追善供養　13, 15, 158, 242, 243
通過儀礼　13, 112, 127
通俗道徳　16
津地鎮祭訴訟　207
デーケン，アルフォンス　230-233, 235, 237
デカセギ　240, 241, 252-256, 258
出口王仁三郎　26, 27
出口なお　26, 27
death education　230-232
デノミネーション　46
手元供養　164, 165
デュルケム，エミール　10, 271, 272, 281, 285
寺請制度　15, 18, 158
テレビ霊能者　94-96, 108
天皇　17, 27, 199-202, 205, 206, 217, 222, 223, 244
　　――機関説　201
　　――制　17, 19, 201, 222
天理教　19, 25-27, 29, 72, 89, 100, 212, 244, 246
統一教会（世界基督教統一神霊協会）　26, 47, 48, 54-60, 62, 64, 65, 247
特定商取引に関する法律（特商法）（1976）　57
戸田城聖　34-36, 38, 212
ドナーカード　183

な

中山みき　25, 26
日蓮　25, 28, 29, 33-36, 38, 39, 59, 158

　　――正宗　34-38, 43, 59
日本国憲法（1946 公布，1947 施行）　19, 28, 67, 68, 197, 200, 202, 207, 213, 215, 224
日本宗教学会　288
ニューエイジ　20, 49, 96, 98-100, 105, 106, 108, 124, 125, 173
ニューカマー　240, 265
人間宣言（1946）　202
認証　5, 36, 50, 55, 67, 68, 72, 213
年中行事　13, 14, 32, 129, 130, 133, 140, 141, 242
脳死・臓器移植　178, 181-184, 188, 195

は

ハイパー宗教　49
（相対的）剥奪　31, 75, 76
ハッジ　111
ハビトゥス　135
ハラーム　262, 263
ハラール　262
パワースポット　92, 93, 104, 125-127, 142, 169
非営利法人　67
東日本大震災　84, 141, 149, 167, 211, 265
ひかりの輪　53
非継承墓　164
ひとのみち教団（PL教団）　26, 28, 245
ビハーラ　81, 87, 191
貧・病・争　31, 76
ファン・ヘネップ，アルノルト　112, 127
フィールドワーク　131, 134, 290-293
Faith-Related Organization（FRO）　78-88
福祉多元主義　79
不敬罪　27, 28, 35
仏教　4-6, 9, 11, 15, 17, 19, 25, 29, 30, 33, 34, 38, 40, 48, 52, 67, 68, 75, 76, 78, 81, 84, 87-89, 98, 118, 119, 132, 133, 151, 152, 157-159, 161, 166-169, 171, 173, 174, 181, 182, 190, 191, 193, 195, 199, 214, 216, 220, 223, 226-228, 240, 242-244, 246, 249, 253, 264, 265, 288, 290, 291
フマネ・ヴィテ　179
プロチョイス　185
プロテスタント　17, 18, 78, 80, 83, 84, 223,

299

索　引

226, 240, 241, 247, 249, 250, 253-258, 265, 266
プロライフ　185
文化庁宗務課　71
ペットの家族化　162
ベラ, ロバート　279
ペンテコステ派　250, 254, 257, 274
遍路　109, 111, 113-116, 118, 120, 122, 127, 142
法の華三法行　61, 62
暴力的布教　48, 59
ホスピス　81, 87, 190, 191, 231
ホメオパシー　99-103
ほんみち　26-29
本門佛立宗　25, 26

ま

マインド・コントロール　47, 64, 65
牧口常三郎　26, 34, 35, 38
水子供養　182, 185
ミスティーク　46
ミッション・スクール　18, 226
箕面忠魂碑違憲訴訟　208
民俗　13, 20, 34, 126, 129, 131-137, 139-149, 168-171, 174, 176, 281, 288-290, 292, 293
――宗教　29, 30, 40, 43, 49, 55, 129-131, 141, 144-147, 173, 176, 283, 290, 292
無縁社会　75, 89
ムスリマ　263
ムスリム　216, 259-264, 266
ムラ（村）　12-14, 16, 18, 20, 21, 25, 37, 130, 132, 133, 136-138, 144, 146, 147, 149, 153, 158, 159, 168, 171, 201, 211, 271, 281
村上重良　22, 217, 218, 290

文鮮明　26, 55, 56
メガ・チャーチ　249
メディア　27, 32, 39, 40, 47, 50-52, 54, 79, 92, 95, 96, 105, 108, 125, 127, 131, 140, 142, 144, 146-148, 162, 163, 168, 205, 211, 256, 288, 291, 292
目的効果基準　207-209
モスク　111, 239, 241, 258, 260-263, 265
門中　170-172

や

靖國神社　197, 203-209, 217, 218
靖國問題　197, 198, 202-207, 209, 217
柳田国男　13, 34, 132, 144, 148, 149, 170
山口自衛官合祀拒否訴訟　208
ユタ　170-176

ら

ライフヒストリー　292, 293
ラポール　293
利他　31, 43, 89
立正佼成会　19, 23, 26, 28, 29, 32, 181, 214, 245, 291
臨床牧会教育　189, 195
倫理的実践　31
ルックマン, トーマス　279, 280, 285
霊感商法　48, 56, 65, 107
レイキ　99-101, 103, 106
霊友会　19, 26, 28, 29, 32
religion　9, 10

わ

和田心臓移植　182

## 執筆者紹介（○印は編者，五十音順）

李　賢京（い　ひょんぎょん）　　第12章
東海大学文学部准教授
1979年生。北海道大学大学院文学研究科修了。博士（文学）。専門は，宗教社会学。主な業績に，「在韓日本人コミュニティの形成と宗教」（『比較日本学』34輯，2015年），『しあわせの宗教学―ウェルビーイング研究の視座から―』（共著，法藏館，2018年）など。

大澤　広嗣（おおさわ　こうじ）　　コラム（1）
文化庁文化部宗務課専門職
1976年生。大正大学大学院文学研究科単位取得退学。博士（文学）。専門は，宗教学。主な業績に，『戦時下の日本仏教と南方地域』（法藏館，2015年），『仏教をめぐる日本と東南アジア地域―アジア遊学196―』（編著，勉誠出版，2016年）など。

碧海　寿広（おおみ　としひろ）　　第8章
武蔵野大学教授
1981年生。慶應義塾大学大学院社会学研究科単位取得退学。博士（社会学）。専門は，宗教学，近代仏教。主な業績に，『入門　近代仏教思想』（ちくま新書，2016年），『近代仏教のなかの真宗―近角常観と求道者たち―』（法藏館，2014年）など。

○岡本　亮輔（おかもと　りょうすけ）　　第6章・第13章
北海道大学大学院メディア・コミュニケーション研究院准教授
1979年生。筑波大学大学院人文社会科学研究科修了。博士（文学）。専門は，宗教社会学。主な業績に，『聖地巡礼―世界遺産からアニメの舞台まで―』（中公新書，2015年），『聖地と祈りの宗教社会学―巡礼ツーリズムが生み出す共同性―』（春風社，2012年）など。

執筆者紹介

門田　岳久（かどた　たけひさ）　　　第7章
立教大学観光学部准教授
1978年生。東京大学大学院総合文化研究科修了。博士（学術）。専門は文化人類学・民俗学。主な業績に，『巡礼ツーリズムの民族誌―消費される宗教経験―』（森話社，2013年），『〈人〉に向きあう民俗学』（共編著，森話社，2014年）など。

川﨑　のぞみ（かわさき　のぞみ）　　　第12章
筑波大学大学院人文社会科学研究科一貫制博士課程
1986年生。修士（文学）。専門は，宗教社会学（移民と宗教）。主な業績に，「在日ムスリムの教育問題―群馬県伊勢崎市のモスクの事例―」（『宗教学・比較思想学論集』11号，2010年）。

白波瀬　達也（しらはせ　たつや）　　　第4章
関西学院大学人間福祉学部教授
1979年生。関西学院大学大学院社会学研究科博士課程後期課程単位取得退学。博士（社会学）。専門は宗教社会学，福祉社会学。主な業績に，『宗教の社会貢献を問い直す』（ナカニシヤ出版，2015年），『貧困と地域』（中公新書，2017年）など。

新里　喜宣（しんざと　よしのぶ）　　　コラム（2）
長崎外国語大学外国語学部准教授
1983年生。ソウル大学校大学院宗教学科博士課程卒業。博士（宗教学）。専門は，宗教学（韓国のシャーマニズム，近現代の韓国宗教）。主な業績に，「韓国における巫俗言説の構造と展開」（『宗教と社会』23号，2017年），「迷信と巫俗」（『韓国朝鮮の文化と社会』16号，2017年）など。

○高橋　典史（たかはし　のりひと）　　　第1章・第11章・第12章・コラム（3）
東洋大学社会学部教授
1979年生。一橋大学大学院社会学研究科単位修得退学。博士（社会学）。専門は，宗教社会学（日本宗教の海外布教，移民と宗教）。主な業績に，『移民，宗教，故国―現代ハワイにおける日系宗教の経験―』（ハーベスト社，2014年），『日本に生きる移民たちの宗教生活』（共著，ミネルヴァ書房，2012年）など。

○塚田　穂高（つかだ　ほたか）　　第2章・第3章・第10章・コラム（3）
上越教育大学大学院学校教育研究科准教授
1980年生。東京大学大学院人文社会系研究科博士課程修了。博士（文学）。専門は，宗教社会学（近現代日本の宗教運動，政治と宗教）。主な業績に，『宗教と政治の転轍点―保守合同と政教一致の宗教社会学―』（花伝社，2015年），『徹底検証 日本の右傾化』（編著，筑摩選書，2017年）など。

平野　直子（ひらの　なおこ）　　第5章
明星大学・駒沢女子大学非常勤講師
1979年生。早稲田大学大学院文学研究科単位取得退学。修士（文学）。専門は，宗教社会学，近現代社会史。主な業績に，「「オルタナティブな食」の言説と身体」（『宗教研究』386号，2016年），『流動化する世界を生きる』（共著，弘文堂，2016年）。

藤本　龍児（ふじもと　りゅうじ）　　第10章
帝京大学文学部准教授
1976年生。京都大学大学院人間・環境学研究科修了。博士（人間・環境学）。専門は，社会哲学，宗教社会学。主な業績に，『アメリカの公共宗教―多元社会における精神性―』（NTT出版，2009年），『現代社会論のキーワード―冷戦後世界を読み解く―』（共著，ナカニシヤ出版，2009年）など。

星野　壮（ほしの　そう）　　第12章
大正大学文学部准教授
1975年生。大正大学大学院文学研究科博士後期課程単位取得退学。博士（文学）。専門は，宗教学・宗教社会学。主な業績に，『日本に生きる移民たちの宗教生活』（共著，ミネルヴァ書房，2012年），「不況時における教会資源の可能性」（『大正大学大学院研究論集』35号，2011年）など。

山本　佳世子（やまもと　かよこ）　　第9章・第11章
天理医療大学医療学部准教授
1981年生。京都大学大学院人間・環境学研究科単位取得退学。博士（人間・環境学）。専門は，死生学（デス・エデュケーション，グリーフケア，スピリチュアルケア，生命倫理等）。主な業績に『宗教者は病院で何ができるのか』（共編著，勁草書房，2022年），『グリーフケア入門』（共著，勁草書房，2012年）など。

宗教と社会のフロンティア
宗教社会学からみる現代日本

2012年8月30日　第1版第1刷発行
2023年3月10日　第1版第7刷発行

編著者　高橋　典史
　　　　塚田　穂高
　　　　岡本　亮輔

発行者　井村　寿人

発行所　株式会社　勁草書房
112-0005 東京都文京区水道2-1-1　振替 00150-2-175253
（編集）電話 03-3815-5277／FAX 03-3814-6968
（営業）電話 03-3814-6861／FAX 03-3814-6854
日本フィニッシュ・中永製本所

©TAKAHASHI Norihito, TSUKADA Hotaka, OKAMOTO Ryosuke　2012

ISBN978-4-326-60242-1　Printed in Japan

＜出版者著作権管理機構 委託出版物＞
本書の無断複製は著作権法上での例外を除き禁じられています。
複製される場合は、そのつど事前に、出版者著作権管理機構
（電話 03-5244-5088、FAX 03-5244-5089、e-mail: info@jcopy.or.jp）
の許諾を得てください。

＊落丁本・乱丁本はお取替いたします。
　ご感想・お問い合わせは小社ホームページから
　お願いいたします。

https://www.keisoshobo.co.jp

岸　清香
基礎から学ぶ宗教と宗教文化　　　　　　　　Ａ５判　2,640 円

武藤慎一
宗　教　を　再　考　す　る　　　　　　　　Ａ５判　2,530 円
　　　　　　　　　　　中東を要に，東西へ

宇都宮輝夫
宗　教　の　見　方　　　　　　　　　　　　Ａ５判　2,640 円
　　　　　　　　　人はなぜ信じるのか

森田敬史・打本弘祐・山本佳世子 編著
宗教者は病院で何ができるのか　　　　　　　Ａ５判　2,970 円
　　　　　　　　　非信者へのケアの諸相

ロナルド・イングルハート　山﨑聖子 訳
宗　教　の　凋　落　？　　　　　　　　　　Ａ５判　4,180 円
　　　　　　100 か国・40 年間の世界価値観調査から

髙木慶子 編著　上智大学グリーフケア研究所 制作協力
グ　リ　ー　フ　ケ　ア　入　門　　　　　　四六判　2,640 円
　　　　　　　　悲嘆のさなかにある人を支える

Ｌ・フェスティンガー，Ｈ・リーケン，Ｓ・シャクター　水野博介 訳
予　言　が　は　ず　れ　る　と　き　　　　Ａ５判　5,500 円
　　　　　　この世の破滅を予知した現代のある集団を解明する

古川敬康
キ　リ　ス　ト　教　概　論　　　　　　　　Ａ５判　2,530 円
　　　　　　　　新たなキリスト教の架け橋

―――――――――――――――――――――――――勁草書房刊

＊表示価格は 2023 年 3 月現在，消費税(10％)を含みます。